Socialismo.info

Edizione 2018
Proprietà riservata

MIKOS TARSIS

MARX ECONOMISTA

L'amore del denaro cresce tanto quanto cresce il denaro.

Giovenale

Nato a Milano nel 1954, laureatosi a Bologna in Filosofia nel 1977, già docente di storia e filosofia, Mikos Tarsis (alias di Enrico Galavotti) si è interessato per tutta la vita a due principali argomenti:
Umanesimo Laico e Socialismo Democratico, che ha trattato in homolaicus.com e che ora sta trattando in quartaricerca.it e in socialismo.info.
Ha già pubblicato *Pescatori di favole. Le mistificazioni nel vangelo di Marco*, ed. Limina Mentis; *Contro Luca. Moralismo e opportunismo nel terzo vangelo*, ed. Amazon.it; *Protagonisti dell'esegesi laica*, ed. Amazon.it; *Metodologia dell'esegesi laica*, ed. Amazon.it; *Amo Giovanni*, ed. Bibliotheka.
Per contattarlo info@homolaicus.com o info@quartaricerca.it o info@socialismo.info

Premessa

Questo libro non è che la seconda parte di quello intitolato *Maledetto Capitale*. Qui si ha sempre a che fare col "Marx economista", ma non con quello specifico del *Capitale*.

È giusto comportarsi così, poiché una cosa sono gli appunti o le analisi compiute prima della stesura finale della sua principale opera, oppure le analisi svolte parallelamente ad essa e su argomenti che non vengono trattati espressamente o approfonditamente dal *Capitale*; un'altra è l'opera definitiva, che poi risulterà pubblicata, da parte di Marx, solo nella sua prima parte (per le altre due dovrà pensarci Engels).

Tuttavia, anche se qui si leggeranno cose diverse o in parte analoghe rispetto a quelle trattate nel *Capitale*, la tesi che si vuole dimostrare è sempre la stessa: Marx non ha mai capito la vera importanza ontologica del *valore d'uso*, né ha mai accettato l'idea che una comunità basata sull'*autoconsumo* potesse costituire l'unica vera alternativa al mercato capitalistico.

Le altre due opere, correlate a questa, sono *Il meglio di Marx* (che prende in esame la prima parte della sua vita, quella antecedente al soggiorno londinese) ed *Esegeti di Marx* (che prende in esame alcuni marxisti interessanti per l'argomento della nostra tesi.

La questione del lavoro

La divisione del lavoro nell'*Ideologia tedesca*

Nell'*Ideologia tedesca* (1845-46)[1] Marx ed Engels affermano che la "coscienza tribale" porta alla divisione del lavoro non in seguito a una rottura sociale ma spontaneamente: in virtù dell'accresciuta produttività, dell'aumento dei bisogni e della popolazione (p. 50). Da notare che per Marx la "coscienza tribale" implica la "proprietà tribale" e quindi già una società divisa in classi, che non ha nulla a che fare col comunismo primitivo né con le società pre-schiavistiche: infatti nella società tribale è prevista la presenza degli schiavi. Nell'*Ideologia tedesca* ancora non ci s'immagina l'esistenza di un libero comunismo primitivo, o comunque questo non è oggetto d'interesse.

Marx sostiene che esistono due forme di divisione del lavoro: una spontanea, naturale, istintiva e qui Marx dice che la prima divisione è quella "nell'atto sessuale", in quanto la donna è preposta in maniera più esplicita, diretta, alla riproduzione della specie.

L'altra divisione del lavoro è basata sulla forza fisica, il bisogno, il caso (p. 51), ed è per così dire "relativa", non costituendo un vero problema sociale. Infatti, "la divisione del lavoro diventa una divisione reale solo nel momento in cui interviene una divisione tra il lavoro manuale e il lavoro mentale" (ib.): cosa che non si verifica nella società tribale, dove essa non è che "un prolungamento della divisione del lavoro nella famiglia" (p. 38), e la schiavitù si sviluppa "con l'aumento della popolazione e dei bisogni, e con l'allargarsi delle relazioni esterne, così della guerra come del baratto" (ib.).

Ora facciamo attenzione. Lasciamo perdere il fatto che Marx non spieghi il passaggio dal comunismo primitivo alla società tribale e che dia per scontata la presenza dello schiavismo in quest'ultima o comunque che supponga uno sviluppo spontaneo dello schiavismo nel tribalismo (cosa, in realtà, tutt'altro che assodata). Ciò che ci preme sottolineare è che la vera divisione del lavoro che produce qualcosa di inedito, in senso negativo, è quella che separa il lavoro manuale da quello intellettuale.

Infatti, "da questo momento in poi - dice Marx - la coscienza *può* realmente figurarsi di essere qualche cosa di diverso dalla coscienza della

---
[1] Testo di riferimento: K. Marx - F. Engels, *La concezione materialistica della storia*, Editori Riuniti, Roma 1974.

prassi esistente, concepire *realmente* qualche cosa senza concepire alcunché di reale: da questo momento la coscienza è in grado di emanciparsi dal mondo e di passare a formare la 'pura' teoria, teologia, filosofia, morale, ecc." (p. 51).

Per Marx questo non costituisce "problema" ma anzi il "senso della storia", poiché indica la differenza tra *uomo pensante* e *uomo animale* (o uomo non pensante, istintivo, tribale). Marx infatti parla di "coscienza da montone o tribale" (p. 50).

La stranezza di questo modo di ragionare, dovuto probabilmente al fatto che le conoscenze storiche erano ancora approssimative, si riflette laddove Marx è poi costretto ad affermare che contestualmente a questa divisione del lavoro, da manuale a intellettuale, che pur dà origine alla coscienza, si forma la pratica dello sfruttamento del lavoro altrui, cioè si forma lo schiavismo vero e proprio.

Qui evidentemente mancano dei passaggi logici, poiché non ha senso che da un lato la divisione del lavoro favorisca la nascita della coscienza e dall'altro questa stessa divisione porti l'uomo pensante a vivere contraddizioni insostenibili, anzi così intollerabili che ad un certo punto Marx si sente indotto a chiedere la fine della stessa divisione del lavoro. La possibilità che gli individui non entrino in contraddizione "sta solo nel tornare ad abolire la divisione del lavoro" (p. 51).

Infatti è proprio un difetto di questa divisione l'assegnare a individui differenti ciò di cui ognuno avrebbe bisogno e diritto: "l'attività spirituale e l'attività materiale, il godimento e il lavoro, la produzione e il consumo" (ib.). In forza di questa divisione si crea una "coscienza idealistica", che altro non è se non una rappresentazione astratta di individui isolati, l'espressione mistificata di conflitti sociali, di "ceppi e barriere molto empirici" (p. 52).

Marx ed Engels arrivano persino ad affermare con grande sicurezza che "divisione del lavoro e proprietà privata sono espressioni identiche" (ib.), in quanto una è la forma del contenuto dell'altra. Infatti, "la divisione del lavoro... fondata sulla divisione naturale [nel senso di spontanea] del lavoro nella famiglia e sulla separazione della società in singole famiglie opposte l'una all'altra, implica in pari tempo... la ripartizione *ineguale*, sia per quantità che per qualità, del lavoro e dei suoi prodotti, e quindi la proprietà, che ha già la sua prima forma nella famiglia, dove la donna e i figli sono gli schiavi dell'uomo" (ib.). In una parola, "i diversi stadi di sviluppo della divisione del lavoro sono altrettante forme diverse della proprietà" (p. 37).

Il difetto di questa tesi sta proprio nell'aver estrapolato la prima, rudimentale, forma di schiavitù presente nella famiglia dal contesto sociale in cui essa s'è formata. Storicamente infatti non si è passati da una schiavitù limitata nell'ambito familiare a quella più estesa nell'ambito della società, tra persone non consanguinee, non imparentate.

Il potere di vita e di morte che il "*pater familias*" aveva sulla propria donna e sui figli era una conseguenza della società divisa in classi, e quindi un effetto dell'affermazione *già sociale* del principio della proprietà privata. In tal senso la prima forma di divisione del lavoro non si verifica tanto nell'ambito della famiglia, quanto in quello della stessa comunità, tra uomo libero e schiavo, e non può essere considerata come frutto di semplici determinazioni quantitative e progressive. L'introduzione di una differenza di così grande valore, basata sul rapporto di forza, determinerà la discriminazione tra uomo e donna.

Resta comunque interessante che il giovane Marx avesse nei confronti del pre-capitalismo maggiori forme di attenzione che non nel suo periodo inglese (vedi tuttavia il cap. VI del I libro del *Capitale* e le *Formen*), ma non è da escludere che questa parte sia stata scritta da Engels, che poi riprenderà, ampliandola, nella *Origine della famiglia, della proprietà privata e dello Stato*.

Quel che è certo è che Marx considerava o comunque accettava l'idea che la divisione del lavoro è un'attività in contraddizione con "l'interesse collettivo di tutti gli individui che hanno rapporti reciproci... [interesse] che esiste anzitutto nella realtà come dipendenza reciproca degli individui fra i quali il lavoro è diviso" (p. 52). Questa idea non traeva forse la sua ispirazione dalle formazioni sociali pre-capitalistiche?

Anche quando Marx parla esplicitamente del capitalismo, non c'è apprezzamento, nell'*Ideologia tedesca* come invece negli studi inglesi, per la divisione del lavoro, poiché essa determina "la separazione del lavoro industriale e commerciale dal lavoro agricolo e con ciò la separazione fra *città* e *campagna* e il contrasto dei loro interessi. Il suo ulteriore sviluppo porta alla separazione del lavoro commerciale da quello industriale" (p. 37).

Marx inoltre qui anticipa un argomento che svilupperà a Londra: "fintantoché gli uomini si trovano nella società naturale [istintiva, non consapevole]... l'azione propria dell'uomo diventa una potenza a lui estranea, che lo sovrasta, che lo soggioga, invece di essere da lui dominata. Cioè appena il lavoro comincia a essere diviso, ciascuno ha una sfera di attività determinata ed esclusiva che gli viene imposta e dalla quale non può sfuggire..." (p. 53). Negli studi inglesi Marx arriverà a dire che questa potenza estranea è la stessa organizzazione di produzione e riproduzione del capitale.

Ma ciò che più lascia perplessi sono le conclusioni operative di questo discorso. Per realizzare il socialismo Marx ed Engels non pensano affatto a recuperare le dimensioni sociali del pre-capitalismo, ma anzi sperano ch'esse vengano definitivamente distrutte dal capitalismo, in modo che la stragrande maggioranza della gente sia priva di proprietà. Così la reazione al capitalismo sarà non solo su basi del tutto nuove, ma anche inevitabile. Di qui l'apprezzamento del fatto che la produzione capitalistica permette agli uomini di realizzare delle "relazioni internazionali" (p. 57), in opposizione al localismo della produzione feudale.

Il proletariato, per farsi valere come classe, in opposizione non solo alla borghesia, ma anche ai contadini proprietari della terra, deve conquistare il potere politico, "per rappresentare a sua volta il suo interesse come l'universale..." (p. 54). Il grande sviluppo delle forze produttive capitalistiche porterà, a motivo della proprietà privata dei mezzi produttivi, a negare tale proprietà alla massa della popolazione; porterà anche a una ricchezza mal distribuita. Se i lavoratori vedranno da un lato la loro miseria generale e dall'altro la ricchezza particolare di pochi capitalisti, si ribelleranno inevitabilmente.

Riflessioni sulla divisione del lavoro

In una società produttiva - aveva ragione Marx nelle sue opere giovanili - non dovrebbe mai essere troppo marcata la divisione del lavoro, e comunque non dovrebbe essere oggetto di costrizione, perché un lavoratore non può essere costretto, direttamente dalla politica o indirettamente dall'economia, a fare sempre le stesse cose.

Posta la socializzazione dei fondamentali mezzi produttivi, la divisione del lavoro dovrebbe riguardare solo un aspetto del lavoro collettivo, una sua particolare attività: nel senso che l'uomo può accettare, liberamente, di specializzarsi in un dato ramo produttivo o anche semplicemente in un'attività utile o apprezzata dalla collettività, senza che questo vada a detrimento della sua esigenza di completezza e di globalità.

Un lavoratore si sente realizzato quando anzitutto può provvedere ai propri bisogni essenziali, cioè quando è in grado di gestire *autonomamente* la risposta a un bisogno. Una divisione del lavoro avrebbe senso o per le necessità non essenziali (p.es. le comodità, il surplus, un'espressione artistica), oppure, se per le necessità essenziali, per quelle al cui soddisfacimento chiunque possa in qualche modo contribuire.

Un contadino può aver bisogno dell'idraulico per fare l'impianto di casa propria, ma non può averne bisogno in maniera *assoluta*, cioè come se la realizzazione di quell'impianto dipendesse *unicamente* dalla capacità dell'idraulico. Se un lavoratore dipende *in toto* da un altro lavoratore, esisterà sempre la possibilità che l'uno si arricchisca a spese dell'altro. La dipendenza, al massimo, può avere un senso se è *relativa* e, possibilmente, *reciproca*.

In generale vanno evitate tutte quelle forme di lavoro che possono essere utilizzate per ricattare economicamente o anche solo moralmente chi non svolge la medesima attività. La sottomissione alle competenze altrui dovrebbe essere vissuta come scelta spontanea, senza alcuna forma di costrizione.

Cioè l'uomo potrebbe concedersi alla divisione del lavoro se potesse rinunciarvi in qualsiasi momento. Questo ovviamente significa che le condizioni concrete dell'attività lavorativa vanno tenute costantemente sotto controllo. Non fa problema la specializzazione in sé, la professionalità, ma il fatto ch'essa sia il frutto di un'espropriazione della possibilità di rispondere ad esigenze vitali.

Un lavoratore è completo quando sa provvedere per gran parte alla totalità dei suoi bisogni, o quando sa che la dipendenza dagli altri lavoratori rappresenta non una minaccia alla propria autonomia, ma una fonte di sicurezza.

Riflessioni sul lavoro astratto

L'idea di voler considerare "sociale" la produzione capitalistica e "individuale" quella pre-capitalistica fu un errore che Marx si trascinò sino agli ultimi anni della sua vita, allorquando il contatto col populismo russo (non dimentichiamo che, nel momento in cui venne pubblicato, il *Capitale* ebbe più successo in Russia che in Europa occidentale) gli fece aprire gli occhi sul valore delle risorse umane e sociali di un'esperienza rurale come quella dell'*obščina*.

In effetti, l'aver basato la socialità della produzione capitalistica sul "lavoro astratto" fu un'operazione più *filosofica* che non storiografica.

La socializzazione dei produttori, inerente al fatto che si trovano insieme a lavorare in fabbrica, è solo una maschera strumentale alla realizzazione di un profitto privato, e se vogliamo considerare "sociale" il fatto che i produttori vengono trasformati in ingranaggi che devono far funzionare la macchina che fa accumulare capitali, allora bisogna dire che i sistemi schiavistici dell'età pre-cristiana erano non meno "socializzanti" dell'attuale capitalismo.

La cosiddetta "cooperazione dei produttori" è contingente alla loro specifica mansione, tant'è che in occasione delle crisi periodiche di sovrapproduzione il loro licenziamento tronca di netto ogni forma di socializzazione produttiva. Il capitalismo, seguendo in questo la dottrina calvinistica, ha posto il lavoro al di sopra dell'uomo perché ha posto il profitto al di sopra del lavoro. E i lavoratori occidentali riescono a sopportare questa situazione disumana solo perché, mentre pensano di non avere alternative, il capitale riesce a dare loro, per sopravvivere, quello che riesce a togliere ai lavoratori del Terzo Mondo.

Marx aveva ben capito che dietro la merce - che gli economisti borghesi volevano far passare come un prodotto neutro, frutto di una libera contrattazione - c'era un rapporto *sociale* basato sullo sfruttamento e che tale sfruttamento trovava degli addentellati nell'alienazione religiosa. Tuttavia il pregiudizio che nutriva nei confronti della religione lo indusse a scorgere come unica vera forma di socializzazione, nelle economie pre-capitalistiche, quella della fase dello scambio dei prodotti, che inevitabilmente era ben poca cosa rispetto a quella borghese vera e propria, in quanto basata sulle eccedenze o comunque sull'acquisto di beni particolari, che non potevano essere autoprodotti dalla comune agro-artigianale.

In sostanza egli guardava il pre-capitalismo non come realtà a sé, coi suoi pregi e difetti, ma come una realtà del tutto inferiore a una che in virtù della conoscenza scientifica e del progresso tecnologico era riuscita a trasformare completamente lo stile di vita a milioni di persone.

Quando Marx diceva che se nel capitalismo la socializzazione è un *a-priori* della merce, nel pre-capitalismo è invece un *a-posteriori*, non si rendeva conto di attribuire al concetto di "socializzazione" una valenza meramente economico-produttiva, tralasciando di considerare gli aspetti *socio-culturali*.

Nel mondo rurale del feudalesimo ci si sentiva socializzati anche quando si svolgevano mansioni isolate o di poche persone. Non era tanto (o solo) il lavoro che teneva uniti, quanto il *valore* che si attribuiva allo "stare insieme": era la *vita* che dava un significato al lavoro. E questo nonostante la tristissima esperienza del servaggio e l'insopportabile peso del clericalismo.

Marx non ha compiuto una vera rivoluzione *culturale*, in quanto si è servito della falsa rappresentazione capitalistica della socializzazione per screditare non solo l'esperienza religiosa pre-borghese (il che si può capire), ma anche l'esperienza *sociale* sottesa a quella religiosità.

Eppure proprio quell'esperienza ci fa capire che un lavoro non acquista il carattere della "socialità" nel momento stesso in cui si diventa "macchine *umane*" a fianco di altre "macchine *fisiche*" o nel momento in cui il bene prodotto viene scambiato. Un lavoro è "sociale" se lo è l'*esistenza* in cui esso si manifesta. È la pratica del *valore sociale delle cose* che dà al lavoro un carattere di socialità, a prescindere dall'effettivo scambio dei prodotti e dal fatto stesso di lavorare più o meno insieme.

Infatti, se in una società è assente il concetto di proprietà privata (che comunque nel Medioevo esisteva, ma in forme molto più sopportabili di quelle odierne, in quanto la capitalizzazione delle derrate era vincolata al consumo che se ne poteva fare e l'accumulo di terre aveva più che altro lo scopo di soddisfare ambizioni di potere politico o di prestigio personale), ogni bene prodotto è prodotto per tutti, è "sociale" per definizione, come un aspetto immanente alle cose.

Viceversa, nel capitalismo un bene diventa sociale solo quando si trasforma in merce, cioè quando viene scambiato contro denaro sul mercato. Se, per un qualunque motivo (p.es. la sovrapproduzione o la concorrenza di un prodotto analogo), non potesse esserci lo scambio, il bene resterebbe invenduto e, benché frutto di un collettivo di produttori aziendali, esso non avrebbe alcun carattere di socialità; il che dimostra, in maniera evidente, come lo scambio serva per realizzare un'attività *anti-sociale* per antonomasia: l'accumulo privato di capitali.

È stata proprio la trasformazione del concetto di valore da etico a economico (p.es. ha valore solo ciò che ha un prezzo o che permette di realizzare profitti) che ha distrutto ogni forma di socializzazione. Se Marx avesse analizzato senza pregiudizi ideologici le formazioni pre-capitalistiche si sarebbe accorto che la misura del valore delle cose non sta tanto (o solo) nel tempo socialmente necessario per produrle, quanto piuttosto nell'importanza *etica*, *culturale* che la comunità attribuisce loro. Una cosa può avere molto valore anche se per produrla è occorso un tempo relativamente breve, non viene venduta sul mercato e i mezzi impiegati per produrla non sono di gran pregio: è il caso del *vino* per i contadini romagnoli, simbolo principale di un intero stile di vita.

Il tempo di lavoro socialmente necessario è una definizione astratta se applicata al sistema capitalistico, in quanto la determinazione dei prezzi delle merci tiene conto solo in minima parte di quella definizione. Non essendoci un valore "etico" delle cose, l'instabilità, inclusa quella economica, è la regola sotto il capitale (lo dimostrano continuamente la sfrenata concorrenza, l'inflazione, i licenziamenti in caso di sovrapproduzione, il ricorso all'avventurismo bellico ecc.), al punto che non è più così pacifico che una libertà formale sia sempre meglio di una servitù reale.

I prezzi di mercato, nel capitalismo maturo, non tengono conto, se non relativamente, dei costi di produzione, non perché i capitalisti non riconoscono il plusvalore, ma perché quanto più i mercati s'allargano, tanto meno i capitalisti sono in grado di mettere in relazione le due cose. P.es. nei costi di produzione incide sempre più la burocrazia statale, che non c'entra nulla coi mercati, ma incide anche la criminalità organizzata, l'efficienza nella distribuzione delle merci, cioè il livello delle infrastrutture realizzate dallo Stato o dagli Enti locali, il tipo di pubblicità per vendere i propri prodotti, ma anche la resistenza allo sfruttamento da parte di lavoratori più o meno sindacalizzati. Si possono avere alti costi di produzione e bassi prezzi semplicemente perché si tiene conto di una clientela molto vasta o perché si conta nel valore del proprio pregresso e che quindi, anche se si perde, strada facendo, una parte della propria clientela, questa un giorno sarà indotta a ritornare "all'ovile".

Nella decisione di stabilire un prezzo alla propria merce c'è più psicologia di quel che non si creda, alla faccia di tutta la scienza economica! Non basta un mercato mondiale, una gestione monopolistica delle risorse, un costo del lavoro sotto controllo, un costo sufficientemente preciso delle macchine, delle materie prime, della logistica... L'anarchia di fondo impedisce sempre una valutazione obiettiva del costo delle merci. Gli stessi investitori di borsa han smesso di guardare ai ricavi che possono ottenere nel medio-lungo periodo e preferiscono speculare giorno per giorno. In tal senso non è da escludere che l'eccessiva volatilità dei prezzi non porti un giorno a rivalutare l'importanza del baratto e dei metalli pregiati.

Differenza tra schiavismo e lavoro salariato

Il lavoro salariato è uno sfruttamento più sofisticato, più speculativo, dello schiavismo, in quanto, da un lato, garantisce la libertà *formale* (giuridica), dall'altro nega ogni libertà *sociale*, se non si dispone di proprietà adeguata.

Il lavoro salariato presuppone che l'imprenditore si ponga come unico scopo della propria esistenza l'accumulazione di capitali, cioè il possedere per possedere.

Mentre gli schiavi servivano per lavorare la terra, per edificare palazzi e monumenti, per le faccende domestiche, ecc., il lavoro salariato invece serve per accumulare quattrini, che in buona parte non vengono neppure reinvestiti per allargare la produzione.

Si determina così la netta prevalenza degli aspetti finanziari su quelli produttivi e il capitalismo assume sempre di più le caratteristiche delineate da Lenin nel suo libro sull'*Imperialismo*.

Lavoro produttivo e improduttivo[2]

---

[2] Testo di riferimento: K. Marx, *Risultati del processo di produzione immediato*, Editori Riuniti, Roma 1984.

Nelle sue analisi (antecedenti al *Capitale*, nel caso del libro in questione) sul lavoro produttivo e improduttivo, Marx ha messo in evidenza cose di straordinaria importanza, a riprova, se ce ne fosse ancora bisogno, che per la costruzione del futuro socialismo democratico bisogna cercarne qui le premesse materiali fondamentali.

1. Anzitutto egli ribadisce continuamente, a chiare lettere, che in presenza della proprietà *privata* dei mezzi produttivi non è possibile una vera democrazia sociale, basata su una equità di tipo produttivo, in quanto non è possibile eliminare lo sfruttamento del lavoro. Altrove Marx ed Engels diranno, e Lenin s'incaricherà di verificarlo concretamente, che se lo sfruttamento può essere ridotto in virtù della contrattazione sindacale, è solo con la rivoluzione *politica* che si può eliminarlo, quella rivoluzione in grado di realizzare la proprietà *sociale* dei mezzi produttivi.
2. Se il denaro si presenta in maniera indipendente, al cospetto del lavoratore, come un potere la cui oggettività appare in tutta la sua estraneità, la trasformazione del lavoratore in operaio salariato è inevitabile, a meno che il lavoratore non disponga di mezzi produttivi adeguati (o comunque di risorse adeguate) per diventare capitalista. Tale trasformazione è specifica del capitalismo, in quanto solo in questa sistema sociale il lavoratore è da un lato salariato, cioè sottoposto alla volontà del capitale, e dall'altro cittadino giuridicamente o formalmente libero.
3. Marx non si pone la domanda se la trasformazione del denaro in capitale va considerata come un processo storico inevitabile: la dà per scontata ("il denaro è destinato a funzionare come capitale", dice a p. 23). E più estesamente: "sebbene il denaro che si trova in possesso del compratore di capacità lavorativa... diventi capitale solo mediante questo processo [capitalistico]... tuttavia è capitale *in sé* [cioè in fieri, in potenza]: per la forma indipendente in cui sta di fronte alla capacità lavorativa... fin da principio il denaro ha di fronte agli operai la *determinatezza sociale* che lo rende capitale e gli dà il comando sul lavoro" (ib.).

È noto che Marx non è mai riuscito a chiarire l'origine storico-culturale di questa contrapposizione di capitale e lavoro, in quanto le sue analisi economiche e storico-economiche non si sono mai intrecciate, se non *en passant*, con quelle che avrebbe dovuto fare sulla teologia, specie quella cattolico-romana, che ha in sostanza posto le basi della "cosificazione della persona", poi sviluppate dal protestantesimo, sino all'elaborazione dell'altro, decisivo, aspetto del feticismo borghese, che porterà alla nascita

del capitalismo: la "personalizzazione delle cose" (vedi il punto 7 in questo elenco).
4. Un lavoratore indipendente, in quanto padrone dei propri mezzi produttivi, cioè un artigiano o un agricoltore, da un lato è capitalista e dall'altro è un salariato di se stesso, ma egli è comunque destinato, nel sistema capitalistico (specie in quello dove è sviluppato il macchinismo), a trasformarsi in un piccolo capitalista che sfrutta lavoro altrui, oppure in operaio salariato, indotto a ciò dalla concorrenza dei capitalisti più forti (p. 43). *Tertium non datur*. Proprio perché mentre l'unione tra capacità lavorativa e proprietà dei mezzi produttivi appare sotto il capitalismo come accidentale, la separazione tra i due elementi è invece la regola (p. 42).
5. Il vero lavoro produttivo per il capitale è unicamente quello che produce plusvalore, immediatamente, per cui essere "produttivi", nel sistema capitalistico, non è per il lavoratore una fortuna bensì una disgrazia, per quanto l'essere "salariato" sia, per chi è privo di proprietà, un'esigenza di sopravvivenza.

    Portando le cose all'estremo non sarebbe azzardato sostenere che un'azienda capitalistica può decidere di chiudere anche se il suo bilancio non è passivo, proprio perché il criterio di produttività è relativo al plusvalore accumulato e non tanto al fatturato complessivo.
6. Al capitale, la cui personificazione è il capitalista, interessa ciò che lo valorizza, non gli interessa il soddisfacimento di bisogni immediati, né il lavoro come prestazione di servizi, né una semplice circolazione di denaro che serve per acquistare merci. Tutto ciò gli può interessare solo nella misura in cui, indirettamente, contribuisce alla realizzazione di plusvalore, che è una parte di lavoro non pagata, cioè la differenza tra il salario pattuito e la capacità creativa del lavoro, in grado di aggiungere un surplus al valore alla merce. L'imprenditore non paga il lavoro, ma la *forza-lavoro*, cioè la capacità di lavorare in maniera creativa, aggiungendo valore alle merci, oltre il tempo sufficiente a riprodurre la stessa forza-lavoro.
7. Nelle pagine dedicate al lavoro produttivo di questo volumetto antologico, a volte s'incontrano riferimenti alla teoria del feticismo, che Marx svilupperà in maniera magistrale nel *Capitale*, secondo cui "ciò che distingue [il capitalismo] da tutte le forme precedenti, è il fatto che il capitalista non esercita il suo dominio sull'operaio grazie a qualche qualità personale, ma solo in quanto

egli è 'capitale'" (p. 13). Si ha quindi un capovolgimento di ruoli: una "personificazione della cosa" (il capitale che impiega lavoro) e una "cosificazione della persona" (l'operaio come mezzo per produrre plusvalore). È il "lavoro oggettivato" (capitali, materiali, mezzi...) che prevale sul "lavoro vivo" del lavoratore (l'impiego della forza-lavoro). Quindi in definitiva tutto si contrappone all'operaio: cooperazione, manifattura, fabbrica, ivi inclusa la scienza e la tecnica che stanno dietro ai diversi processi produttivi.

8. Non volendo ammettere la natura dello sfruttamento del lavoro da parte del capitale, la borghesia sostiene che qualunque lavoro che produce valori d'uso e di scambio è produttivo: col che essa si limita a contemplare lo scambio degli equivalenti che avviene nella fase immediatamente precedente allo sfruttamento vero e proprio, che è la fase dello scambio di lavoro (inteso come merce) contro denaro (inteso come capitale in sé). (cfr pp. 38-39, 61)

9. Il vero lavoratore produttivo nel capitalismo non è il singolo operaio ma quello *complessivo*, manuale e intellettuale, soggetto a una determinata suddivisione di mansioni, la cui ricomposizione si verifica unicamente nel prodotto finale: la merce. Per operaio complessivo si deve intendere anche quello che estrae materie prime, quello che le lavora, quello che le distribuisce ecc. (p. 51). Tuttavia il fatto che l'operaio sia "complessivo" non determina il carattere "sociale" della produzione. Ciò in quanto il carattere "sociale" appartiene unicamente al capitale: l'operaio resta un individuo isolato, una rotella dell'ingranaggio, che non ha neppure piena consapevolezza di ciò che fa. Per organizzare la produzione in maniera "sociale", dal punto di vista del lavoratore, bisogna prima abolire la proprietà privata dei mezzi produttivi.

10. In genere, precisa Marx, il vero lavoratore produttivo per il capitale è quello che permette al capitale di separare nettamente il lavoratore dalla merce prodotta: il che è possibile anzitutto in virtù del macchinismo. I lavori fruiti come *servizi* (p.es. un insegnante che tiene corsi) possono generare plusvalore per l'imprenditore, ma essendo legati esclusivamente alla persona costituiscono una quota insignificante rispetto agli altri lavori produttivi (p. 58).

11. Per poter sussistere, il capitalismo, essendo basato sull'ingiustizia sociale dello sfruttamento del lavoro altrui, ha bisogno di dotarsi di tanti lavoratori improduttivi a scopo ideologico o apologetico (i cosiddetti servitori del sistema e dello Stato): il che contrasta con la funzione prioritaria assegnata dalla borghesia al lavoro

produttivo. E nel *Capitale* verrà detto che lo sfruttamento capitalistico delle macchine non ha diminuito ma aumentato il numero degli "schiavi domestici moderni" o "classe dei servitori".
12. Marx inoltre sostiene che tutto quanto non viene reinvestito in mezzi produttivi e di sussistenza, ma consumato come reddito in articoli non riproduttivi, solo per "soddisfare capricci, desideri ecc.", da parte del capitale, inevitabilmente frena lo sviluppo della ricchezza (p. 59). La produzione di oggetti di lusso rientra nel concetto di lavoro produttivo, ma un eccessivo consumo di questi oggetti è indice di un minor investimento nei mezzi di sussistenza necessari.

Oltre il concetto di lavoro produttivo

Fatta la rivoluzione politica, cioè dando per scontato che il capitale non può rinunciare spontaneamente a sfruttare il lavoro, e affermata la proprietà sociale dei mezzi produttivi (*sociale*, non *statale*, altrimenti si ricade nell'assurdità di un socialismo amministrato dall'alto), come sviluppare il socialismo democratico in chiave *umanistica*?
1. Posto che la dignità della persona umana non può essere data *stricto sensu* dal lavoro, ovvero che la sua identità non può dipendere, *ipso facto*, da un'attività che dovrebbe acquisire il suo significato dallo stesso essere umano, ha ancora senso parlare di "lavoro produttivo" e "lavoro improduttivo"? Queste categorie borghesi non devono forse essere superate? A livello etico l'unica differenza ammissibile dovrebbe essere quella tra "lavorare" e "oziare", nel senso che "chi non lavora non mangia", a meno che non sia impedito da qualcosa di oggettivo (malattia, handicap, età ecc.).
2. A livello economico occorre ribadire la necessità di affermare l'unità di lavoro intellettuale e manuale.
3. Nel socialismo democratico non ha senso distinguere tra "lavoro" e "hobby", tra "tempo di lavoro" e "tempo libero". Lavorare è una necessità per poter vivere *fisicamente*, perché la ricerca di cibo, la fabbricazione di una casa, di un mezzo di trasporto o di un abito è comunque "lavoro", ma qualunque attività creativa che aiuti a vivere spiritualmente, intellettualmente, culturalmente, artisticamente, cioè in maniera *immateriale*, ha la stessa dignità del lavoro svolto per la sopravvivenza materiale e per la riproduzione della specie.
4. Una ripartizione del reddito sulla base del lavoro non ha senso

nel socialismo democratico, poiché non ha senso stabilire dei criteri d'importanza per le mansioni che si svolgono. Ognuno deve lavorare sulla base delle proprie capacità e possibilità e, sotto questo aspetto, ogni lavoro è importante ai fini della conservazione e riproduzione della comunità. Le responsabilità sono di natura *etica* e per queste non ci può essere compenso materiale. Quindi il reddito va equamente distribuito per soddisfare esigenze basilari, materiali e immateriali. Il resto è *surplus*. Prima viene il sociale, poi l'individuale. Il sociale deve poter garantire uno standard vitale per tutti; posto questo, l'individuale può anche andare alla ricerca di un plus particolare.

La legge del valore

Quando il marxismo dice che la sostanza del valore delle cose (oggetti d'uso e beni in generale) è il *lavoro*, non si rende conto che questo principio non può di per sé intaccare *l'ideologia del capitalismo*. Il marxismo ha usato il concetto di "lavoro" contro quello di "capitale", il quale, a sua volta, è strettamente legato a quello di "plusvalore", che rappresenta l'espressione economica dello sfruttamento del lavoratore.

In realtà, la vera opposizione al capitalismo va fatta all'interno dello stesso concetto di "lavoro", poiché non esiste alcun lavoro che, *di per sé*, dia significato alle cose. Persino il valore economico di un bene di consumo acquista il suo vero significato al di là del lavoro puro e semplice. Esiste un *quid* che dà significato non solo alle cose, ma anche allo stesso lavoro che le produce, al punto che, quand'esso viene a mancare, le cose acquistano un valore fittizio, proprio perché il lavoro presume di dare ad esse un valore che in realtà non è in grado di dare.

Ogniqualvolta si sostiene che il significato della vita sta nella dignità che il lavoro può dare, si fa del lavoro uno strumento per impedire che le cose abbiano il loro vero valore.

Quando ci si accontenta di dare alle cose un valore meramente *economico*, in virtù appunto del lavoro, si è già tolto alle cose un altro valore, quello "spirituale", e con ciò si è fatto del lavoro un'operazione prima *ideologica* e poi puramente *meccanica*, che non ha nulla di creativo, di piacevole, di artistico... Se nelle cose si va a cercare solo il lato materiale, il lavoro che le produce sarà necessariamente alienante, perché frutto di una dicotomia tra *significato ontologico della vita* e primato dell'esigenza economica.

L'aspetto contraddittorio di questo indebito primato sta nel fatto che da un lato il capitalismo riconosce al lavoro (sarebbe meglio dire: allo sfruttamento del lavoro altrui) la fonte del valore (questa - come noto - non è stata una scoperta del marxismo), e dall'altro fa di tutto per ridurre il tempo di lavoro necessario per produrre una qualsivoglia merce.

Tale riduzione non dipende solo - come vuole il marxismo - dall'oggettiva necessità che il capitale ha di estorcere plusvalore all'operaio, ma dipende anche dal fatto che quando si concede il primato al lavoro, nulla può, ad un certo punto, impedire che glielo si tolga.

Se il lavoro è strumentale al profitto, può esserlo a maggior ragione la *macchina*, che, riducendo il tempo di lavoro al minimo, permette all'imprenditore profitti supplementari.

Compito dell'operaio, quindi, non deve soltanto essere quello di "impadronirsi della macchina", di metterla al suo servizio, di lavorare il meno possibile (in quanto il lavoro comporta stress, fatica, pericolosità ecc.), di dedicare quanto più tempo libero possibile alla propria fantasia creativa, alla propria originalità di "inventore" o di ideatore. Compito dell'operaio deve essere anche quello di riscoprire il *significato della vita*, poiché è una grande ingenuità pensare che l'operaio potrà riscoprire il lato creativo e artistico del lavoro solo dopo che avrà espropriato il capitalista.

L'operaio deve sapere che il capitalista (quale figura simbolica dell'economia borghese) ha usato lo strumento del lavoro per emanciparsi, come individuo singolo contro gli interessi della collettività. Attraverso il lavoro, il capitalista ha dato alle cose un valore diverso da quello che prima avevano. È appunto questo *valore perduto* che va recuperato. Ma, per poterlo fare, all'operaio non basta espropriare il capitalista, né basta garantire il lavoro a tutti: occorre anche dare un senso *spirituale* alla vita e quindi, secondariamente, al lavoro che si svolge.

Non ha senso rivendicare una transizione al socialismo solo per garantire ai lavoratori una maggiore organizzazione (o pianificazione) del loro lavoro. Il cittadino non è anzitutto un "lavoratore", ma un "essere umano", che ha bisogno, per *vivere*, non solo di lavorare, ma anche e soprattutto di *essere*, cioè di avere un significato per cui esistere. Non ha veramente senso pensare che lo sviluppo delle forze produttive possa dipendere dal risparmio del tempo di lavoro: questa forma di "sviluppo" non garantisce assolutamente nulla circa lo sviluppo della *qualità della vita*.

*

Secondo Marx i *prezzi* delle merci sono in contraddizione col loro *valore* appunto perché si tratta di merci *capitalistiche*, soggette al tipico antagonismo di capitale e lavoro. La deviazione dei prezzi delle merci dal loro effettivo valore è considerata naturale o legittima dal punto di vista del capitale, ma questa deviazione viene pagata molto cara da chi non possiede mezzi di produzione: non solo perché, in ultima istanza, risulta impossibile un controllo sui prezzi, ma anche perché la stessa forza-lavoro (che è una merce al pari di altre) viene venduta a un prezzo molto più basso del valore che poi produce.

Alla tesi borghese secondo cui nessuna merce capitalistica ha un vero valore che non sia il suo prezzo e che la deviazione di tale prezzo dall'effettivo valore di una merce è parte costitutiva del gioco della domanda e dell'offerta, Marx rispose cercando di dare un fondamento scientifico alla teoria del valore e pensò di averlo trovato nel concetto di *tempo socialmente necessario*: valore e prezzo possono coincidere dal punto di vista del valore se esiste un collettivo che sappia attribuire un tempo socialmente necessario alla produzione di una determinata merce (è il cosiddetto *lavoro astratto*).

È noto che la teoria marxiana del valore ha bisogno di una rivoluzione politica per realizzarsi: una rivoluzione che sostituisca lo spontaneismo anarchico dell'economia capitalistica con una programmazione razionale della produzione collettivizzata.

Oggi questa soluzione (leninista), dopo il fallimento del socialismo reale, non è più ritenuta sufficiente. Tuttavia, il fatto di non aver cercato delle alternative praticabili al leninismo (se si esclude la parentesi della *perestrojka*) ha portato a questa situazione paradossale: tutte le teorie d'ispirazione socialista sembra abbiano la funzione di porsi come mero *correttivo* agli eccessi del capitale.

Quanto a questa strumentalizzazione delle teorie socialiste abbia contribuito lo stesso Marx è documentato dal fatto ch'egli era convinto della possibilità di una conduzione "normale" della concorrenza in cui domanda e offerta coincidono: il socialismo altro non avrebbe dovuto fare che garantire detta "coincidenza", del tutto impossibile nel sistema capitalistico.

Come noto, gli economisti borghesi si sono serviti di queste tesi per istituire il cosiddetto "Welfare State", col quale si voleva porre un argine agli abusi del *laissez faire* (che portarono alle due guerre mondiali). Lo Stato assistenziale si pone come una sorta di socialismo filantropico per quelle categorie di cittadini che non riescono a sopportare gli antagonismi sociali e che per questa ragione potrebbero trasformarsi in un fattore destabilizzante per l'economia. Tuttavia il capitale tenta continuamente di smantellare le forme di assistenzialismo ch'esso stesso ha dovuto darsi dietro la pressione popolare (lo sto facendo a partire dall'inizio degli anni Ottanta). L'altra soluzione del capitale è di regola il ricorso a conflitti bellici contro paesi terzi.

Spesso Marx ha dato l'impressione di avere come punto di riferimento una sorta di capitalismo teorico o primordiale, antecedente alla rivoluzione industriale del XVIII sec. Un capitalismo che nei confronti del feudalesimo aveva tutte le ragioni per imporsi e che però, per svilupparsi in maniera adeguata, avrebbe avuto bisogno di correttivi in senso sociale.

La sua stessa teoria del valore, se si prescinde dalle esigenze di una rivoluzione politica, sembra trovare un qualche riscontro in quel periodo storico di transizione dal feudalesimo al capitalismo in cui effettivamente il borghese cercava di dare al proprio lavoro un valore superiore a quello che nel feudalesimo si stabiliva sulla base della rendita fondiaria. La legge di Marx sembra necessitare, per la sua attuazione, di una sorta di onestà di fondo da parte del produttore. È come se presupponesse uno stile di vita pre-capitalistico (in cui dominava il valore d'uso!) in condizioni sociali capitalistiche. Cioè il rapporto tra costi di produzione e prezzi di mercato sarebbe onesto se non esistesse un mercato capitalistico.

Marx in sostanza sembrava volesse far capire agli economisti borghesi che se non fosse stato possibile stabilire una normale legge del valore, il capitalismo si sarebbe *autodistrutto*, in quanto nessuna società può reggersi sulle fondamenta del più assoluto arbitrio, e che per realizzare una normale legge del valore occorreva necessariamente socializzare la proprietà dei mezzi produttivi.

Marx aveva tutte le ragioni nel criticare gli economisti borghesi quando sosteneva che se il valore di una merce è determinato, in ultima istanza, solo dal suo prezzo, al punto che solo il prezzo è indice del suo effettivo valore, allora tutto è affidato al *caso*, poiché in una società fondata sul mero profitto i prezzi sono quanto di più volatile esista. E il mercato, in tal senso, non ha la forza sufficiente per regolare la vita sociale: se così appare nelle società capitalistiche è perché, oltre al mercato interno, esse possono avvalersi delle migliori condizioni per sfruttare i mercati esteri delle colonie.

Tuttavia Marx non è andato oltre questa critica e i suoi epigoni non hanno contribuito a svilupparla in profondità.

Noi sappiamo che un bene di consumo deve essere preso in esame sotto un duplice aspetto: come bene *materiale* (costi di produzione, tempo di lavoro occorso, prezzo di mercato ecc.) e come bene *culturale* (valori personali e collettivi, tradizioni di usi e costumi ecc.).

I beni di consumo, le merci, gli oggetti in generale, hanno un loro determinato valore materiale, ma l'uomo deve sempre assicurarsi di possedere la facoltà di attribuire a quelle stesse cose un valore diverso, connesso a condizioni o situazioni *immateriali* dell'esistenza. L'uomo deve poter essere libero di usare le cose a prescindere dal loro valore materiale.

I valori spirituali - se sono puri, spontanei, genuini - sono infinitamente superiori a quelli materiali, ed essi non possono essere misurati né sulla base dei costi produttivi, né sulla base del tempo lavorativo. Un valore spirituale (p. es. amicizia, affetto, riconoscenza...) può rendere preziosa una cosa apparentemente insignificante, poiché le imprime un carattere *simbolico* e, viceversa, può rendere superflua, inutile, una cosa che sul mercato può avere un grande valore commerciale.

Una cosa ha valore per l'uso che se ne fa, ma, oltre a questo, essa ha il *valore umano* che l'uomo, in quel momento, le attribuisce. Se le cose hanno un valore che non dipende dalla volontà degli utilizzatori, questi sono inevitabilmente schiavi delle merci.

Se un uomo non sa apprezzare il *valore simbolico* di un oggetto, allora egli è schiavo della mentalità che attribuisce alle cose solo un *valore materiale*. Persino il capitale fa di tutto per creare valori simbolici (tramite la pubblicità, le mode, i capi firmati ecc.) con cui realizzare maggiori profitti.

Spesso a cose insignificanti si attribuiscono grandi valori simbolici, proprio per il fine immateriale che a loro attribuiamo.

Domanda: Marx avrebbe accettato l'idea che il prezzo di un bene di consumo potesse essere determinato da fattori *extra-economici*? Si badi, qui non stiamo pensando ai fattori coercitivi del socialismo di stato, dove i prezzi e le tariffe erano tenuti volutamente bassi per favorire il bene comune: cosa che Marx forse non avrebbe condiviso.

Affinché il valore immateriale di un bene sia riconosciuto da una collettività, occorre la presenza di una storia comunitaria, di tradizioni condivise, consolidatesi nel tempo. Un valore è davvero spirituale non quando viene deciso dal singolo, ma quando è riconosciuto da una collettività. Ed è solo in presenza di questa collettività, fondata sui valori *culturali*, che si può attribuire alle cose il loro vero valore *materiale*.

Ecco perché non ha senso sostenere che nel capitalismo la misura del valore di una merce è data dal *tempo di lavoro socialmente necessario*. Il *lavoro astratto* presume che la vita collettiva (l'unica in grado di decidere il tempo *socialmente* necessario) sia gestita dalla collettività stessa e non da pochi individui proprietari dei mezzi produttivi, che alla fine del processo decidono i prezzi che vogliono (fatte salve alcune imprescindibili leggi di mercato). Un capitalista cercherà sempre e in ogni caso di ottenere il massimo investendo il minimo, anche a costo di minare la salute o la sicurezza del lavoratore e dell'ambiente in cui vive. Di "sociale" nel capitalismo vi è soltanto l'obbligata massificazione all'acquisto di merci basate su bisogni indotti. È una socializzazione conseguente al fatto che l'operaio (o il lavoratore in generale privo di proprietà) deve accettare un'occupazione servile, essendo soltanto libero di morire di fame.

Se la collettività credesse in un tempo di lavoro "oggettivo", perché appunto "socialmente necessario", ogni abuso privato che violasse questo principio dovrebbe essere punito. Un singolo non può violare una legge (scritta o non scritta) contro gli interessi della collettività.

Se si vuole, il capitalismo è nato proprio nel momento in cui la comunità non era più in grado di tutelarsi da chi aveva messo in discussione la possibilità di stabilire un tempo di lavoro socialmente necessario, cioè da chi, in sostanza, si era preso la libertà di decidere, per la produzione di determinati beni, un tempo diverso, usando mezzi diversi.

Ecco perché il capitalismo non sarebbe mai potuto nascere senza una contestuale rivoluzione *culturale* e un'altra di tipo *tecnico-scientifico*. Se si unisce la proprietà privata dei mezzi produttivi con la rivoluzione tecnologica ci si accorge facilmente che il tempo di lavoro socialmente necessario per produrre un determinato bene di consumo varia di continuo, anche contro gli interessi dello stesso capitalista. Infatti, è la legge della concorrenza che impedisce al capitalismo di "avere pace", cioè di poter fare affidamento su leggi oggettive "positive".

Una volta innestato il meccanismo individualistico della concorrenza, ogni stabilità è perduta. E anche quando s'instaura il regime di monopolio, la concorrenza non è mai completamente abolita, poiché, essendosi il mercato esteso a livello mondiale, è molto facile che si formino nuovi concorrenti in aree geografiche insospettate.

La concorrenza permane tra monopoli di rami diversi, all'interno di uno stesso paese, perché l'uno teme che l'altro possa estendere il proprio monopolio in nuovi settori; permane altresì tra monopoli di rami analoghi, presenti in paesi diversi, perché una nazione cercherà sempre, favorendo i propri monopoli, d'indebolire la nazione concorrente; la concorrenza inoltre si crea quando paesi non tradizionalmente capitalisti, decidono - con costi spaventosi - di diventarlo, come sempre più spesso succede nell'area del Terzo Mondo.

Ogniqualvolta un paese del Terzo Mondo recide il cordone ombelicale che lo lega mani e piedi all'occidente, e comincia a pretendere una certa autonomia politica ed economica, la concorrenza tanto temuta dai monopoli occidentali costringe a fare assegnamento su tutte le risorse finanziarie e tecnologiche disponibili per poterla fronteggiare (prima di ricorrere ai mezzi estremi di tipo bellico).

Insomma furono i troppi pregiudizi nei confronti del mondo rurale che impedirono a Marx di considerare il fatto che là dove domina il principio del *valore d'uso* e là dove un bene è riconosciuto dalla collettività come assolutamente fondamentale per la propria sopravvivenza, il suo prezzo non può essere determinato né dalla volontà del produttore, né dalla contrattazione che si verifica sul mercato.

Qui devono entrare in gioco fattori *extra-economici* di tipo *naturale*, come p.es. una tradizione socioculturale consolidata nell'uso di quel bene; il valore che una determinata collettività attribuisce per consuetudine a quel particolare bene comune; la volontà politica del governo in carica di tutelare i cittadini dalle possibili forme di speculazione su di esso, ecc. Il socialismo reale è fallito anche perché non è andato a cercare tali fattori nel mondo *rurale*, ma ha cercato di imporre altri in maniera artificiale, desumendoli dall'organizzazione industriale tipica del capitalismo.

Quando domina il valore d'uso, l'economia è sempre tenuta sotto controllo dalla politica. Una concorrenza "pura", "onesta", che prescinda dalla politica, non è mai esistita. E quando la politica esiste, tale concorrenza non è mai possibile (o comunque è molto difficile) su quei beni di largo consumo che assicurano la sopravvivenza di una determinata popolazione. In una società pre-capitalistica il valore economico delle cose è sempre influenzato (e, in un certo senso, tenuto sotto controllo) dal valore *culturale* che una determinata collettività assegna, per tradizione, alle cose.

Certo, ci può essere concorrenza anche quando il produttore abbassa volontariamente il prezzo di una merce oltre il suo valore abituale, onde acquisire una maggiore clientela e possibilmente rovinare altri concorrenti. Ma se domina il *valore d'uso*, questa tattica non ha ragione di esistere, poiché essa presuppone *già* il primato del valore di scambio (e infatti per molti secoli non è mai esistita nel Medioevo).

Nessuno volontariamente produce in perdita; se e quando lo fa, è perché sa che altri stanno facendo per lui (cioè per il suo bisogno di sopravvivenza) esattamente la stessa cosa - ma questo implica, ancora una volta, il primato del *valore d'uso*.

Dunque il prezzo può essere inferiore al valore di una merce di uso comune quando il produttore sa che la sua sopravvivenza non dipende dalla vendita di quella merce, ma dalla volontà dell'intero collettivo. Ecco perché il socialismo scientifico deve studiare molto di più i criteri produttivi dei sistemi pre-capitalistici.

Oggi le contraddizioni del capitalismo sono diventate così stridenti e complesse che se si volesse vendere un prodotto al suo *valore*, sarebbe meglio scambiarlo con un altro ritenuto di valore equivalente (non a caso il baratto è durato per migliaia di anni). Questo perché nessuno, neppure il capitalista, è in grado di stabilire il vero valore di una merce né quindi la corrispondenza tra valore e prezzo, e anche se fosse in grado di farlo, la sua tentazione principale sarebbe quella d'imporre un prezzo di monopolio.

Cioè se si vuole sostenere - come fanno gli economisti borghesi - che il valore delle merci non può essere determinato dal tempo di lavoro socialmente necessario a produrle, allora bisognerebbe eliminare lo scambio delle merci sulla base di un prezzo monetario. Lo scambio dovrebbe avvenire unicamente sulla base dell'*uso* e in una forma non molto diversa da quella dello *scambio in natura*. Questo sarebbe l'unico modo per ridare una qualche oggettività all'azione economica.

Non ha senso sostenere che, poiché nel capitalismo una merce non coincide quasi mai col suo valore effettivo, la teoria del valore di Marx non ha nulla di scientifico. Se non può esistere, *in generale*, una teoria scientifica del valore, allora *nel capitalismo* le uniche leggi oggettive sono di natura "negativa": la sovrapproduzione, la concentrazione dei mezzi produttivi nelle mani di pochi monopolisti, la crescente disoccupazione, la caduta tendenziale del saggio di profitto, il continuo sfruttamento delle colonie, il crescente primato degli aspetti finanziari su quelli produttivi, la tendenza a militarizzare l'economia, l'autoritarismo sempre più forte degli Stati ecc.

Invece di fare l'apologia di un sistema irrazionale, che pur basandosi sul primato dell'economia, non riesce neppure a far coincidere prezzo con valore, bisognerebbe arrivare a dire che la legge marxiana del valore può trovare la sua piena attuazione solo in una società dove i contraenti sono effettivamente *liberi* e quindi entrambi in grado di decidere se un prezzo è congruo al valore delle cose.

Questa *libertà contrattuale*, nel capitalismo, non è mai esistita. Infatti, se c'è una cosa che il capitalista, sul piano pratico, non sopporta è proprio l'equivalenza tra domanda e offerta (che invece viene sbandierata come un dogma sul piano teorico). Egli in realtà vuole che la domanda resti sempre più alta dell'offerta, al fine di poter realizzare il massimo profitto. E questo nonostante che, proprio a causa della contraddizione tra capitale e lavoro, egli finisca con l'ottenere esattamente il contrario, e cioè di produrre più di quanto possa vendere.

Proprio a causa della proprietà privata dei mezzi produttivi, e quindi della concorrenza, normalmente si ha che l'offerta superi la domanda e che quindi si finisca, periodicamente, nelle cosiddette crisi di sovrapproduzione, che i lavoratori, di regola, pagano col licenziamento.

Il sogno del capitalista è sempre quello di poter mettere alle proprie merci un prezzo di molto superiore al loro effettivo valore; il suo incubo è quello di vedere come, proprio a causa dello sfruttamento perpetrato ai danni dei lavoratori, questi non sono in grado di acquistare le merci (da essi stessi prodotte) al prezzo che egli impone.

Ecco perché diciamo che quando si parla di "vendita" si presuppone, di per sé, l'uso del *denaro* e quindi la possibilità di un guadagno che vada al di là del valore effettivo di una merce. Chi "vende" non lo fa solo per ottenere, attraverso il denaro, dei beni che non riesce a produrre (o che non trova conveniente produrre), ma lo fa anche per realizzare un guadagno.

Normalmente tale guadagno viene concepito come garanzia di sicurezza per la propria vita. L'uso del denaro, infatti, è tipico dei regimi antagonistici. Laddove è stata distrutta la comune proprietà dei mezzi produttivi, esiste sempre l'esigenza di sostituire una sicurezza venuta meno: quella offerta dalla *comunità*, con una nuova sicurezza: quella offerta dal *denaro*. Per ottenere il quale ogni mezzo viene considerato più o meno lecito: tant'è vero che in forza di tale accumulazione si giustifica lo sfruttamento dell'uomo sull'uomo.

Ora, come si può parlare di "giustizia" quando i prodotti che si vendono (proprio perché si *vendono*) sono la conseguenza di uno sfruttamento? Perché ci sia veramente uno scambio di equivalenti occorrerebbe anzitutto abolire la *vendita qua talis* o comunque la sua necessità: in tal caso tutta la valutazione del valore verrebbe affidata alle parti che si scambiano delle merci sulla base di esigenze comuni e condivise, appartenenti a collettività differenti.

Quando i conquistadores scambiavano perline e specchietti contro l'oro degli indios, i contraenti erano entrambi soddisfatti della transazione avvenuta, anche se i primi avevano cercato d'ingannare i secondi. Evidentemente per gli indios l'oro non aveva altro valore che quello che si può attribuire a un ornamento estetico (è infatti un prodotto durevole e praticamente incorruttibile). Importante era la *libera scelta* della contrattazione, che, come noto, durò allora assai poco.

Ora, perché si possa realizzare e conservare nel tempo tale libera scelta, occorre che le parti in causa restino prevalentemente *autonome*. È ovvio: se c'è bisogno di contrattazione commerciale, l'autonomia è relativa, poiché una comunità può aver bisogno dell'altra, almeno per determinati prodotti.

L'importante è che una comunità non debba dipendere da un'altra per le sue *esigenze vitali* (come il mangiare, il bere, il dormire, il vestirsi, il riprodursi...). Non si possono sottoporre a contrattazione beni di uso quotidiano, la cui mancanza, anche temporanea, metterebbe in pericolo la sussistenza di una comunità.

Certo, il sale e le spezie, nel Medioevo, erano di uso quotidiano, anche se venivano comprati sul mercato, ma una comunità non minacciava di scomparire se venivano meno quei due condimenti. Almeno non tanto quanto avveniva nel caso in cui la si privava della terra da coltivare per trasformarla in pascolo o in monocolture per il mercato.

In realtà il socialismo scientifico deve tornare a riflettere sul concetto di *valore d'uso*, che in sostanza significa "*autoconsumo*" e quindi indipendenza dalle fluttuazioni del mercato, dalle speculazioni dei produttori privati, dalle deviazioni verso l'alto dei prezzi delle merci, rispetto al loro effettivo valore, ecc. Il commercio per il (o sul) mercato deve ridiventare un aspetto *secondario* dell'attività economica di un collettivo.

Avendo sempre fatto coincidere "valore di scambio" con "forma sociale" del rapporto produttivo, il marxismo non è mai riuscito a vedere nel "valore d'uso" altro che un mero "contenuto materiale", cioè l'espressione di un interesse contingente o specifico. Per Marx il valore d'uso, in sé, esprimeva qualcosa di rozzo, di arretrato, persino di individualistico, perché così gli appariva la vita rurale. Viceversa, il valore di scambio gli appariva come qualcosa di evoluto, progressivo, addirittura di "socializzante".

Il marxismo non ha mai visto il valore d'uso come espressione economica di un valore *culturale* (etico, ontologico) molto più grande. E così è caduto nell'ingenuità di pensare che si potesse salvaguardare il migliore capitalismo (p.es. il primato dell'industria sull'agricoltura o della città sulla campagna), senza lo sfruttamento dei lavoratori.

Oggi invece bisogna affermare che, quando si parla di fine dello sfruttamento del lavoro, ciò non implica soltanto (come nel leninismo) la fine della proprietà privata dei mezzi produttivi, ma anche la fine del primato dell'industria sull'agricoltura, della città sulla campagna, del lavoro intellettuale su quello manuale, del valore di scambio su quello d'uso, dell'uomo sulla natura, del maschio sulla femmina e così via. Non solo, ma il semplice fatto che sotto il capitalismo si "deve" produrre per il mercato, in quanto non si è liberi di fare qualcosa che non sia un obbligo per le esigenze mercantili, cioè il semplice fatto di dover produrre *anzitutto* per il mercato e non per se stessi o per il collettivo di appartenenza, è già indice sicuro di un'alienazione sociale. L'alienazione sta proprio nel fatto che si finisce col produrre cose la cui quantità e qualità, il cui valore e prezzo vengono decisi altrove, da terze parti.

È giusto produrre cose per un uso collettivo, è giusto considerare di valore cose che hanno soprattutto una finalità sociale, ma tra il collettivo e l'individuo vi dev'essere un'intesa stretta, in modo che ognuno possa dire la sua sul prodotto che vende o che compra.

La sicurezza di ogni singolo individuo può dipendere solo dalla comunità di appartenenza, e in questa comunità egli deve poter produrre ciò di cui ha bisogno, oppure deve poter acquistare agevolmente ciò che gli permette di sopravvivere, offrendo, nella misura in cui gli è possibile, qualcosa in cambio.

La sicurezza non può essere garantita dal mercato, che è sempre molto fluttuante nei prezzi, nella disponibilità delle merci, nel valore effettivo delle cose... Inoltre quando esistono dei monopoli produttivi, la libertà del mercato è praticamente vanificata. Oggi molto più di ieri. La trasformazione dei prezzi di produzione in prezzi di monopolio è un dato di fatto incontrovertibile.

Il mercato non solo è per sua natura instabile, ma in presenza dei monopoli diventa persino pericoloso, perché manda facilmente in rovina i piccoli produttori, obbliga a scelte indesiderate, fa pagare queste scelte a milioni di persone...

Poter consumare ciò che si produce è una forma di sicurezza che mai nessun mercato potrà dare. Ancora più grande è la soddisfazione di sapere che la comunità si preoccuperà di soddisfare i nostri bisogni anche nei momenti di maggiore difficoltà personale.

Quando esiste *autoconsumo* si sopportano meglio le possibili ingiustizie che avvengono nello scambio dei prodotti. La garanzia di sopravvivenza all'interno di un collettivo permette di attutire meglio gli inevitabili abusi generati dallo scambio.

Il problema quindi non è semplicemente quello di eliminare il primato del valore di scambio o l'uso della moneta o di ridurre gli scambi favorendo l'autoconsumo: è quello piuttosto di come ricostruire un *collettivo* i cui singoli produttori e consumatori capiscano che il perseguimento dei loro interessi personali non è, non può e non deve porsi in contraddizione con quelli dell'intero collettivo.

Si tratta quindi di tornare al Medioevo, ma senza servaggio né clericalismo. Questo obiettivo è alla portata dell'Europa occidentale? o degli Stati Uniti? o del Giappone? Non è forse passato troppo tempo perché i lavoratori possano recuperare la *memoria del valore d'uso*?

Per poter riaffermare il primato del valore d'uso su quello di scambio, il primato del lavoro sul mercato, del valore sul prezzo, ecc. occorre che tutti gli uomini ripensino il modello generale della loro società, il significato stesso della parola "sviluppo".

Marx, partendo nel *Capitale* dal concetto di "merce", ha voluto far capire che il primato concesso dal capitale al valore di scambio si opponeva agli interessi del lavoratore soltanto perché questi era un salariato al servizio del capitalista, e non anche perché un *qualunque* primato concesso al valore di scambio, ai danni del valore d'uso, porta il lavoratore, qualunque lavoratore, anche quello proprietario dei mezzi produttivi, a non essere *mai libero*, mai *se stesso*.

In tal senso dobbiamo francamente dire di non credere che "la prima legge economica" risieda nella tendenza insita nell'impiego del lavoro umano di "risparmiare il tempo" al fine di produrre determinati beni. È vero che le innovazioni che alleviano il lavoro riducono il tempo di lavoro per unità di prodotto e in tal modo ne elevano la produttività.

Ma questa non è una tendenza *naturale*.

Per una mentalità "naturale" ciò che conta è poter consumare ciò che produce o di poter ottenere dei beni di consumo in maniera relativamente agevole o sicura, e non tanto di far ciò nel minor tempo possibile, a meno che non lo richieda una necessità immediata, improvvisa, contingente.

Chi fa del "risparmio di tempo" un presupposto della produttività, già vive un rapporto alienato con la realtà. Non è il tempo infatti che appartiene all'uomo, ma il contrario. Quando si dice che il risparmio del tempo di lavoro è la molla dello sviluppo delle forze produttive, non si dice nulla circa la "qualità" di questo sviluppo. Non dovrebbe essere molto difficile capire che uno sviluppo quantitativo delle forze produttive può non implicare affatto uno sviluppo della qualità della vita. E, viceversa, uno sviluppo della qualità della vita può anche non implicare quello delle forze produttive.

Le innovazioni che alleviano il lavoro e che riducono il tempo, nascono già da una vita che considera il lavoro come un peso insopportabile. E se il lavoro viene concepito come tale, allora significa che in quella società esistono dei rapporti sociali basati sull'antagonismo.

Nel capitalismo la tecnologia si sviluppa per migliorare la produttività, ma più si sviluppa la produttività e più occorre nuova tecnologia per superare l'alienazione del lavoro. È un circolo chiuso. Gli operai lottano per avere migliori condizioni di lavoro e non si accorgono che quanto più lottano tanto più rischiano di essere sostituiti dalle macchine. Invece di combattere contro il sistema in generale, combattono i suoi singoli difetti, risolti i quali il sistema, dopo un certo tempo, diventa ancora più invivibile.

Per il socialismo democratico - Proprietà e lavoro

Il criterio specifico, caratterizzante del socialismo democratico dovrebbe stare non tanto nella proprietà quanto nel *lavoro*. Cioè chi lavora ha diritto ad avere una proprietà per uso personale. L'esproprio dell'altrui proprietà si rende necessario quando questo principio non riesce a realizzarsi per tutti, quando chi vorrebbe lavorare non può farlo, o può farlo solo accettando condizioni indegne di una persona umana.

Per Marx il *modo* di lavorare questa proprietà deve per forza essere *sociale* e non individuale: la terra e gli altri strumenti di lavoro vanno sfruttati *socialmente*. Invece secondo noi che il soggetto lavoratore sia individuale o collettivo non fa molta differenza: certamente gli uomini possono associarsi per il bene comune e quindi gestire la proprietà in una maniera più efficiente che non restando separati tra loro. Si tratta però di una loro *scelta*. Le forme di socializzazione e cooperazione debbono restare un'*opzione*, non un criterio obbligatorio imposto dall'alto. Ogni imposizione della socializzazione si trasforma inevitabilmente in una burocratizzazione o statalizzazione del socialismo, cioè nel suo contrario.

L'importante è affermare il principio che chi lavora deve poter disporre non solo della propria forza-lavoro, ma anche del diritto a una proprietà che lo aiuti a realizzarsi come persona e come lavoratore. Finché l'uomo è costretto a vendere la propria forza-lavoro a chi dispone di proprietà non si potrà mai parlare di socialismo.

Teorie sul plusvalore

Commento all'Appendice del vol. III[3]

Marx e il capitale produttivo d'interesse

Premessa

Raramente ci si rende conto che allo sfruttamento del Terzo Mondo non partecipa soltanto l'industria occidentale, ma l'intero occidente.

Per "Terzo Mondo" s'intendono i paesi cosiddetti "in via di sviluppo (sottinteso: capitalistico)", cioè quei paesi che, resisi formalmente o politicamente indipendenti, a partire soprattutto dal secondo dopoguerra, restano pur sempre economicamente dipendenti dalle economie di Stati Uniti, Europa occidentale (che oggi sta inglobando anche quella centro-orientale) e Giappone (oltre a certe aree avanzate dell'Asia: Taiwan, Hong Kong, Singapore, Sud-Corea ecc.).

Usa, Europa (Germania, Francia, Regno Unito, Italia) e Giappone, i tre principali centri dell'imperialismo mondiale, costituiscono, con l'aggiunta del Canada, quell'organo internazionale chiamato G7 (diventato G8 nel 1998, quando si è permesso alla Russia di non assistere più come spettatrice alle sue sedute), che determina il trend dell'economia mondiale. Nei paesi del G8 vive circa il 15% della popolazione mondiale che produce il 52% del prodotto lordo e il 69% delle esportazioni di beni e servizi (dati del 2007).

Naturalmente ai paesi del Terzo Mondo vanno aggiunti quelli del cosiddetto "Quarto mondo", definiti tali in quanto poverissimi, incapaci di qualunque forma di sviluppo borghese.

Oggi dal nucleo dei paesi terzomondiali vogliono decisamente uscire sia la Cina che l'India, ma anche il Brasile.

In particolare la Cina ha già superato il pil di nazioni come Italia, Francia, Regno Unito, Canada... Ma per essere in grado di "gestire l'economia mondiale" non è sufficiente avere un pil molto alto: occorre anche entrare nelle "grazie politiche" dei paesi cosiddetti "occidentali", sottostare a determinate regole, in virtù delle quali detti paesi vogliono tutelare i loro acquisiti privilegi. I paesi occidentali vogliono continuare a ge-

---

[3] Testo di riferimento: K. Marx, *Storia dell'economia politica. Teorie sul plusvalore*, Editori Riuniti, Roma 1993.

stire in maniera politica un potere economico che col tempo è andato sempre più indebolendosi, soprattutto in rapporto ai trend produttivi delle potenze asiatiche.

Da notare che fino al crollo del "socialismo reale" si consideravano paesi del "Secondo mondo" quelli appunto a orientamento socialista, prescindendo dal loro prodotto interno lordo. Oggi questa distinzione non ha più senso.

Vendendo a caro prezzo le proprie merci in tutto il mondo o ricavando sottocosto le proprie materie prime prevalentemente dai paesi sottosviluppati, di fatto l'occidente sfrutta il Terzo Mondo proprio in quanto "occidente", nel senso che, pur esistendo gradi e forme diverse di sfruttamento, nell'insieme il soggetto che opprime è unico (per quanto sui mercati mondiali si stiano affacciando i colossi asiatici).

In altre parole, è vero che un operaio occidentale viene sfruttato da un imprenditore occidentale, che peraltro lo paga con un salario in cui intrinsecamente esiste una quota derivata dallo sfruttamento di lavoratori non-occidentali, proprio in forza del rapporto di scambio non equo tra noi e il Terzo Mondo. Ma è anche vero che se questo operaio sfruttato versa una parte, risparmiata, del suo salario, in una banca occidentale, acquistando fondi azionari o obbligazionari emessi dai paesi terzomondiali (che ovviamente hanno interessi appetibili), detto operaio diventa, a sua volta, nel suo piccolo, uno sfruttatore finanziario delle condizioni di sottosviluppo di un qualche paese del Terzo Mondo (di cui peraltro non è neppure tenuto a sapere nulla). Cioè egli, mentre viene sfruttato nel mondo occidentale, può percepire, allo stesso tempo, un interesse derivato da uno sfruttamento diretto delle condizioni lavorative nel Terzo Mondo.

Marx naturalmente non aveva esposto le cose in questi termini, ma ne aveva poste le basi teoriche essenziali per poterle capire, e infatti Lenin esaminò le dinamiche dell'imperialismo mondiale proprio in questa direzione.

Quando Marx scrive che il capitale produttivo d'interesse è denaro che crea più denaro, secondo la formula D-D' (che supera quella capitalistica originaria: D-M-D' in cui M è la merce venduta), egli in sostanza faceva capire che il capitalismo finanziario tendeva ad assumere un'importanza centrale, sempre più preponderante, nel sistema capitalistico, proprio perché il profitto che si realizza nella forma dell'interesse è più facile, meno rischioso, soprattutto meno faticoso, anche se di recente si è scoperto, a proprie spese, che i rischi non sono affatto pochi: basti pensare ai bond argentini, alle azioni della Parmalat, della Cirio, della Bipop, della Federconsorzi..., della Bank of Credit And Commerce International (la più grande banca "criminale" della storia), della Enron (il più grosso crack nella storia del mercato statunitense), alla bolla speculativa del web, detta "New Economy", agli inizi del duemila, ... sino alla recentissima crisi dei mutui ipotecari americani, che hanno scosso le borse di mezzo mondo.

Le aziende più significative sono quotate in borsa e quindi si muovono a livello internazionale, ma più si muovono a livello internazionale e meno possono essere controllate dagli azionisti, specie da quelli piccoli. L'attività delle aziende sembra essere fatta apposta per arricchire soltanto i loro manager e i grandi azionisti (di cui i maggiori sono le stesse banche): il successo di queste aziende dipende da un rapporto di fiducia nei confronti di operatori che sul piano etico non hanno alcun titolo per meritarsela.

Tutti dunque aspirano a diventare quel tipo di imprenditore il cui reddito proviene unicamente dall'interesse percepito sui propri investimenti finanziari.

Sono infatti due le forme feticistiche con cui il sistema borghese illude i propri cittadini: una è quella *tecnologica* (il possesso degli ultimi ritrovati illude sulle capacità di determinare il proprio destino, di controllare la realtà, di dominare la natura, di risolvere i guasti ambientali causati dalla stessa tecnologia, ecc.); l'altra è quella *finanziaria* (il possesso di capitali da investire in titoli, azioni, obbligazioni... illude sulla possibilità di vivere di rendita o comunque sulla possibilità di vivere non soltanto del proprio lavoro, ma anche e soprattutto sfruttando il lavoro altrui).

Marx, che non ha mai attribuito alla tecnologia alcunché di feticistico, pur non avendo mai messo in discussione la necessità storica di una rivoluzione tecnico-scientifica, era convinto che questa malattia mortale del capitalismo raggiungesse nel capitale produttivo d'interesse la sua massima espressione. Infatti, essendo un capitale completamente scisso dalla immediatezza di un rapporto di lavoro, la sua redditività (una produttività che si autovalorizza) risulta avere un che di magico.

Marx diceva queste cose per criticare quegli economisti borghesi che sostenevano l'inesistenza dello sfruttamento del lavoro proprio in virtù del fatto che anche il lavoratore poteva beneficiare di interessi monetari.

La questione del feticismo

Nell'ultimo capitolo delle sue *Teorie sul plusvalore*, intitolato *Il reddito e le sue fonti. L'economia volgare* (messo come "Appendice" nella *Storia dell'economia politica*, vol. III), Marx parla estesamente di quel feticismo inerente all'idea che i redditi capitalistici si ottengono a prescindere dallo sfruttamento del lavoro altrui. Le principali analisi di questa "Appendice" verranno poi riprese in varie sezioni del III volume del *Capitale*, anche se non integralmente.

È interessante notare come l'uso della parola "feticismo", pur essendo mutuato dalle scienze religiose, qui non abbia riferimenti espliciti alla teologia. Eppure Marx aveva perfettamente intuito i nessi "logici" e "culturali" di economia borghese e protestantesimo.

Scrive a p. 482, concludendo la sua disamina delle teorie di Richard Jones (che, guarda caso, era un prete anglicano): "Per sua essenza [il modo di produzione capitalistico] è cosmopolita come il cristianesimo. Perciò il cristianesimo è anche la religione specifica del capitale. In entrambi vale solo l'uomo. In sé e per sé un uomo vale quanto un altro. Per l'uno tutto dipende dal fatto se ha la fede, e per l'altro, se ha credito. Nel primo, però, si aggiunge l'elezione di grazia; nell'altro, il caso di essere nato ricco o no".

Qui il riferimento al protestantesimo è evidente, che del cristianesimo originario ha ereditato il culto dell'uomo astratto, cioè l'idealismo della generica uguaglianza di tutti gli uomini davanti a dio, l'uomo astorico che si salva semplicemente avendo fede nella grazia divina; quel protestantesimo che però, nello stesso tempo, ha trasformato questo idealismo in un crasso materialismo, specie quando sostiene che per salvarsi non basta la fede, ci vuole anche il "credito" (e la "grazia", in questo caso, consiste nella fortuna di essere già ricchi, poiché il diventarlo dal nulla è cosa quasi impossibile). "Nella produzione capitalistica - aveva scritto Marx poco più sopra - il miglioramento dipende unicamente dal denaro, e ciascuno può illudersi di diventare Rothschild" (ib.).

La teoria esclusivista americana poté sostenere l'idea di una relativa facilità nel processo di arricchimento individuale partendo dal nulla (mito del *self-made man*) soltanto perché, dopo il genocidio degli indiani (il più grande della storia), si era in presenza di territori immensi da conquistare. Oggi questa teoria, in presenza di gigantesche *corporations* monopolistiche, ha molta meno credibilità. Gli ultimi clamorosi arricchimenti individuali si sono verificati nel campo info-telematico, e se è vero che qui i capitali di partenza furono infima cosa, non lo furono certo le competenze intellettuali con cui farli fruttare.

Il feticismo non è tipico del solo sistema capitalistico, lo si ritrova in tutti i sistemi sociali basati sullo sfruttamento del lavoro altrui. Il "feticismo della nascita", alla base delle differenze di casta, influenza ancora oggi tanta parte della società indù, esattamente come quello della "morte" influenzò tutta la civiltà egizia, al punto che chi non poteva farsi imbalsamare e seppellire in una piramide era considerato meno di nulla, certamente non meritevole di alcun aldilà.

Ciò che più stupisce nell'analisi di Marx è che egli, pur avendo intuito i nessi di religione e capitalismo, non abbia mai pensato di approfondirli: il peso della sua analisi strutturale è decisamente sproporzionato rispetto a quello dell'analisi sovrastrutturale.

Egli è andato a cercare costantemente le ragioni dei processi economici nella sola *economia*, senza accorgersi che avrebbe potuto trovarli anche nella *religione*, ovvero nei mutamenti *culturali* della società civile. P.es. quando scrive che il feticismo esiste, nel Medioevo, là dove si ritiene che la fonte della rendita feudale provenga, più che dal servaggio, dalla ricchezza naturale della terra, egli avrebbe fatto meglio a contestualizzate tale assunto entro l'ambito semantico del cattolicesimo-romano, la tipica ideologia del feudalesimo occidentale. Anche perché non si può certo dire che a Marx mancassero gli strumenti per compiere un'analisi critica della sovrastruttura. Anzi, se si guarda il suo iter intellettuale, dobbiamo dire ch'egli, in Germania, esordì proprio criticando la religione cristiana, la filosofia hegeliana del diritto, la politica prussiana... tutti aspetti sovrastrutturali.

Dopo la parentesi rivoluzionaria franco-tedesca, Marx si immerse, anima e corpo, negli studi dell'economia politica borghese, tralasciando quasi del tutto i nessi storico-culturali che legavano il capitalismo al protestantesimo. E pensare ch'egli era perfettamente in grado di scorgere differenze sostanziali nell'atteggiamento "feticistico" riguardo alle fonti del reddito: cosa che nessun economista, prima di lui, era mai riuscito a fare.

Sono illuminanti, pur nella loro brevità, le ultime pagine delle *Teorie sul plusvalore*. Chiarita la natura del feticismo feudale, Marx prosegue descrivendo quello propriamente borghese, là dove dice che, sotto il capitalismo, il *lavoro*, e non lo sfruttamento del lavoro, appare come "fonte del salario". Il cosiddetto "datore di lavoro", nel sistema borghese, non è l'operaio ma l'imprenditore. Il prodotto del lavoro non è tanto la "merce" ma il "salario" con cui l'operaio può acquistarla.

Tale inversione di prospettiva Marx la individua anche nel capitalismo commerciale, là dove si ritiene che il profitto avvenga nel momento in cui, nello scambio, chi vende cerca di truffare chi compra. Questa sensazione generale di truffa e di raggiro la si avverte senza metterla in rapporto al più generale sistema di sfruttamento che incatena il nullatenente alla volontà dell'imprenditore.

Tuttavia il culmine del feticismo viene raggiunto, secondo Marx, nel capitale produttivo d'interesse, allorché l'interesse ottenuto da una transazione meramente finanziaria o speculativa (tipica p.es. dell'investimento borsistico o bancario), autovalorizza il proprio denaro, prescindendo formalmente (cioè in apparenza) non solo dal processo di circolazione ma anche da quello di produzione, essendo il soggetto che detiene il capitale interessato unicamente al risultato finale. In sostanza si guadagna senza far nulla di particolare, e si è convinti di poterlo fare semplicemente perché si dispone di capitali. In questa illusione feticistica possono cadere tutti, anche quanti dispongono di risorse infime (un'altra grandissima illusione è quella relativa alle scommesse, alle lotterie ecc. in cui spesso lo Stato gioca un ruolo di primo piano).

Scrive Marx: "La completa *reificazione*, il *rovesciamento* e la *follia* del capitale come capitale produttivo d'interesse... è il capitale... quando appare come un Moloch che pretende il mondo intero come vittima a lui spettante, ma che per un fato misterioso non vede mai soddisfatte, anzi, sempre frustrate le sue legittime richieste che derivano dalla sua stessa natura" (p. 491).

L'importanza attribuita al denaro non è certo inferiore a quella che durante il Medioevo si attribuiva alla terra: la differenza sta soltanto nel fatto che le parti in gioco, sotto il capitalismo, sono formalmente libere, cioè non è solo giuridicamente libero il proprietario di capitali ma anche colui che non ne dispone. Tale differenza è stata resa possibile dalla trasformazione del cattolicesimo, favorevole al servaggio in quanto religione politica, in protestantesimo, confessione individualistica per definizione.

Marx, *rebuss sic stantibus*, non può che biasimare coloro che, dandosi arie di "socialismo", si limitano a criticare il capitale produttivo d'interesse senza mettere in discussione il sistema *qua talis*. E giustamente fa notare che quando, nel XVII secolo, gli imprenditori capitalisti condannavano l'interesse usurario, lo facevano semplicemente per poter essere messi in condizione di sfruttare gli operai senza dover ricorrere ai capitali degli usurai. La lotta contro l'usura fu una delle armi vincenti della borghesia per creare il capitalismo.

Sotto questo aspetto è singolare come i teorici dell'economia borghese non vedessero una forma di sfruttamento nel fatto che l'impiego della forza lavorativa crea più valore di quanto in essa contenuto, quando lo stesso fenomeno si verifica nel capitale produttivo d'interesse, allorquando il valore d'uso del denaro ha la proprietà, in virtù dello scorrere del solo tempo, di creare "un valore di scambio maggiore di quello in esso contenuto"; infatti viene "prestato come valore che valorizza se stesso" (p. 492), differenziandosi, in tal senso, dalla merce vera e propria.

D'altra parte gli economisti borghesi non potevano certo negare le fondamenta dell'ideologia che li rendeva professionalmente tali. Come il prete non può mai partire dal presupposto che dio non esiste, così l'economista borghese non poteva neppure ammettere l'esistenza del plusvalore (e ancora oggi continua a negarla, in quanto i salari rientrano nei "costi", mentre nel profitto finale il plusvalore è come dio: se c'è non si vede).

Nel capitale produttivo d'interesse il denaro non viene venduto ma solo prestato per un certo periodo di tempo; viene venduto soltanto il suo valore d'uso, affinché possa accrescere il suo valore di scambio. Stessa cosa avviene nel rapporto imprenditore/operaio: quest'ultimo infatti non vende se stesso (come all'epoca dello schiavismo, quando la causa erano i debiti), ma vende temporaneamente la sua capacità lavorativa, che serve appunto ad accrescere un profitto a lui estraneo, che non gli appartiene.

Marx qui vuole sostanzialmente dire che mentre nell'esame del profitto si sarebbe anche potuto, con un minimo di onestà intellettuale, giungere alla nozione di "plusvalore", viceversa, nell'esame dell'interesse il riferimento al plusvalore richiede una maggiore capacità di astrazione. Il capitale produttivo d'interesse è infatti una forma sofisticata di quel capitalismo che tende ad essere sempre più finanziario e sempre meno produttivo (in senso industriale). Si nota sempre più l'attività di questo moderno capitale nelle scalate dei grandi gruppi industriali da parte di cordate di potenti azionisti, nelle fusioni bancarie o di *corporations*, nell'esportazione massiccia di capitali ecc. La produzione continua ad esserci ma la sua dinamica è del tutto subordinata a esigenze di tipo squisitamente finanziario.

Il capitalismo vuol vivere di rendita, investe non tanto per allargare la produzione quanto per aumentare i capitali, la cui entità è fine a se stessa, poiché serve unicamente alla propria autovalorizzazione: è un capitalismo "putrescente", direbbe Lenin. Le banche insomma sono state utili quando si trattava di vincere l'usura, ma ora sono diventate un freno allo sviluppo, sia perché sono diventate esose come gli antichi usurai, sia perché non sono mai riuscite, proprio per questo motivo, a sconfiggere definitivamente l'usura, sia perché la loro utilità sociale è diventata inversamente proporzionale alla loro grandezza: infatti stanno tagliando fuori dal circuito del credito nazionale le piccole imprese, non avendo queste sufficienti garanzie da offrire.

Nelle banche, negli istituti di credito e finanziari la proprietà giuridica del capitale è separata da quella economica, nel senso ch'essa risulta anonima e consociativa, mentre nel capitalismo industriale era personale. "Con lo sviluppo della grande industria - scrive Marx - il capitale monetario… è sempre meno rappresentato dal singolo capitalista… il capitale prestabile della società [è] concentrato in pochi serbatoi" (pp. 499-500).

Le motivazioni che possono far scoppiare delle guerre locali o regionali ora possono essere semplicemente il rifiuto di pagare i debiti o di dichiararsi insolventi, il crac delle banche o delle grandi aziende o addirittura degli Stati, persino il rifiuto di accettare crediti internazionali, in forza dei quali - come noto - i paesi capitalisti incatenano quelli del Terzo Mondo, sempre facilmente ricattabili, a uno sviluppo economico molto condizionato. Le motivazioni delle guerre sono sempre più dettate da questioni finanziarie, e non tanto da questioni territoriali o energetiche.

Uscendo dal soggettivismo anarcoide del singolo imprenditore, il capitalismo si consolida, ma nello stesso tempo diventa più pericoloso, in quanto la responsabilità individuale viene meno, si tende ad affermare sempre più la delega, scaricando su altri (che poi sono sempre i piccoli risparmiatori) le conseguenze di scelte economiche sbagliate o truffaldine.

Nel classico rapporto di lavoro industriale il proletariato poteva rendersi conto direttamente dello sfruttamento. Ma quando il capitale si trasforma da industriale a finanziario, si perde l'obiettivo contro cui combattere. E la classe operaia purtroppo non ha una consapevolezza internazionale delle dinamiche del capitalismo, non sa vedere le cose in maniera integrata, olistica, globale: i suoi dirigenti non riescono a infondere una solidarietà di classe a livello mondiale.

Questo è un problema serio, anche perché sotto il capitalismo finanziario non solo sono avvenuti i peggiori crac della storia (quelli di borsa e quelli di aziende che apparentemente sembravano solidissime), ma questi crac hanno anche avuto effetti internazionali, essendo i singoli Stati strettamente interconnessi sul piano economico.

Gli investimenti in titoli azionari e obbligazionari si rivelano sempre più spesso drammatici per il risparmio delle famiglie, che non a caso cercano d'investire con più frequenza nel "mattone". Là dove si è più convinti di aver fatto un buon investimento finanziario, lì si cela il rischio di una truffa colossale, in cui a rimetterci saranno solo molto parzialmente gli imprenditori o i manager aziendali, i quali sin dall'inizio della loro attività sono in grado di avvalersi a piene mani dei cosiddetti "paradisi fiscali", in cui l'anonimato è garantito al 100%. Sicché quanto maggiore è il feticismo nei confronti della capacità di autovalorizzazione del denaro (che prescinde dalla mediazione del rapporto industriale), tanto più grande è il rischio di una catastrofica disillusione.

Ciò appare in maniera del tutto paradossale, in quanto, mentre il profitto è "la risultante di oscillazioni contraddittorie" (p. 497) - dice

Marx -, il tasso d'interesse invece viene fissato quotidianamente a livelli più o meno generali. P.es. l'Europa, la cui recente unificazione è stata più che altro il risultato di un'operazione squisitamente finanziaria, rischia fortemente d'illudersi di poter fronteggiare con una moneta molto forte le periodiche crisi strutturali dell'economia. Si è scelta la soluzione della moneta dal corso elevato per eliminare la svalutazione, per assicurare un credito a tassi agevolati, per non pagare il petrolio coi dollari ecc., ma se è vero che la moneta in sé non perde di valore, è anche vero che il suo valore rischia di essere troppo alto per economie fortemente indebitate come quella italiana, per non parlare del fatto che una moneta così forte ha dato la percezione (psicologica) di un'economia in grado di svilupparsi nonostante il macroscopico debito pubblico e il disavanzo commerciale, sicché gli imprenditori, i commercianti, gli esercenti si sono sentiti indotti ad alzare notevolmente i prezzi dei loro beni: il che rende le stesse merci poco competitive sul mercato mondiale e molto onerose su quello nazionale. Persino la tanto declamata "crescita economica americana" è fondata su un debito colossale e non si traduce in crescita della produzione e dell'export (in particolare manifatturiero).

"Il saggio generale del profitto - scrive Marx - esiste di fatto solo come *cifra media* ideale, in quanto serve per la valutazione di profitti reali" (p. 497): non offre garanzie certe quando i lavoratori oppongono una certa resistenza al loro sfruttamento. Tant'è che sempre più spesso si vedono scomparire aziende apparentemente produttive, semplicemente perché i loro dirigenti hanno preferito dislocarle altrove, dove il costo del lavoro è di molto inferiore, oppure perché si è preferito investire i capitali acquisiti in maniera più "finanziaria" che "industriale". Le aziende che vengono dismesse o delocalizzate all'estero erano sì produttive, ma non abbastanza, e questo proprio in rapporto a quella "cifra media" di profitto di cui parlava Marx.

Mentre le banche raramente falliscono (semmai si accorpano, nel senso che le maggiori inglobano le minori), le operazioni di fusione (di trust o di cartello), quando si verificano in ambiti industriali, comportano sempre tagli al personale molto drastici e dolorosi, e spesso l'azienda inglobata finisce col chiudere i battenti o col perdere di prestigio, ovvero col diventare una semplice filiale della casa-madre (la Fiat, p.es., prima che l'Italia entrasse nell'euro, eliminò ogni forma di concorrenza automobilistica a livello nazionale).

Marx lo dice molto chiaramente, con una lungimiranza tale che lo porterà ad elaborare la famosa tesi sulla caduta tendenziale del saggio di profitto. "Se, in una sfera particolare, la caduta del saggio di profitto al di sotto della media ideale si prolunga, ciò è sufficiente per sottrarre capitale a questa sfera..." (p. 498), proprio perché il fine della produzione capitalistica non è soddisfare bisogni ma realizzare profitti, nel modo più semplice o sicuro possibile.

Un industriale diventa tale perché dai propri investimenti vuole ricavare il massimo. Quando i livelli di profitto non raggiungono la soglia prevista, ha molta meno pazienza di un agrario, che in fondo è diventato capitalista contro la propria volontà. Oggi poi la disponibilità al rischio e al sacrificio personale, avendo come fine il profitto, è praticamente ridotta al minimo. Chi investe si aspetta qualcosa di significativo nel breve periodo. Questo spiega anche il motivo per cui si preferisce l'investimento finanziario a quello industriale.

Va inoltre detto che mettere in piedi dal nulla (come si faceva un tempo) un'attività industriale in una società dominata dai monopoli, incontra difficoltà spesso insormontabili, a meno che non intervenga direttamente la politica a sponsorizzare l'iniziativa. Ma in genere le istituzioni statali tendono a favorire le posizioni monopolistiche (le concentrazioni industriali e le centralizzazioni dei capitali), specie là dove (come da noi in Italia) il capitalismo sta passando da una gestione familistica dell'industria a una gestione anonima della finanza.

Nel tempo intercorso tra le due forme di gestione (familistica e anonima) abbiamo assistito a un progressivo smantellamento della grande industria. Le attuali maggiori industrie nazionali (moda, alimentazione, turismo ecc.) non sono né strategiche né a contenuto tecnologico avanzato (ovviamente in rapporto ai livelli del capitalismo mondiale). Probabilmente l'unica grossa industria strategica che in Italia ha saputo innovarsi nel tempo è stata la Fiat, ma senza l'intervento diretto, protettivo, dello Stato non vi sarebbe riuscita.

D'altra parte da noi si spende pochissimo in ricerca e sviluppo; la fuga dei cervelli è considerevole; le università non sono funzionali alle esigenze produttive delle imprese; gli stessi brevetti in Italia sono ben poca cosa, se messi a confronto con quelli degli altri paesi avanzati. Il capitalismo italiano è in progressivo declino e l'ingresso in Europa, obbligandoci a un confronto con altri paesi nordeuropei, non ha fatto che peggiorare il trend negativo.

La crisi sembra procedere a passi lenti soltanto perché con il crollo del "socialismo reale" si sono improvvisamente aperti vasti mercati orientali, prima quasi ermeticamente chiusi. Ma questa boccata d'ossigeno ha un risvolto per noi spiacevole: l'Europa orientale, la Cina, l'India... sono seriamente intenzionate a diventare come noi, cioè paesi capitalistici avanzati, in tempi molto brevi, in quanto hanno la possibilità di sfruttare il loro enorme serbatoio di manodopera a costi irrisori (cosa che noi non possiamo fare con la loro stessa libertà e quando ci viene permesso di farlo, le delocalizzazioni delle nostre imprese finiscono inevitabilmente per danneggiare la nostra stessa forza-lavoro).

Il valore della cultura per il capitalismo finanziario

Il socialismo cosiddetto "reale", realizzato sotto lo stalinismo e con la stagnazione che lo seguì, può essere definito come una sorta di "feudalesimo statale", in cui l'unico vero proprietario collettivo del bene pubblico era non il popolo o la società civile, bensì lo Stato, il cui organo dirigente era un partito politico che si serviva, a tutti i livelli, della burocrazia amministrativa. La storia ha dimostrato, facendo pagare ai popoli dei prezzi incredibili, che non può essere questa l'alternativa alle contraddizioni antagonistiche del capitale.

Per superare il capitalismo bisogna indubbiamente trovare soluzioni di collettivismo, cioè di organizzazione socialista (in cui la stessa parola "socialista" non voglia semplicemente dire un'astratta partecipazione "sociale" alla vita collettiva, ma proprio una gestione "comune" dei mezzi produttivi). Tuttavia ciò non può che avvenire conformemente ai valori della democrazia e delle libertà individuali, le quali ovviamente devono trovare il loro senso nel rispetto delle esigenze comuni. I cittadini non devono avere l'impressione, impegnandosi per realizzare il socialismo, di fare un passo avanti e due indietro, anche perché faranno fatica, in caso di fallimento degli ideali, a impegnarsi per una nuova forma di socialismo, come gli attuali fatti dimostrano.

Il socialismo implica l'accettazione volontaria di sacrifici per il bene comune: se i risultati non sono tangibili, scatterà inevitabilmente la demotivazione e a nulla varranno i tentativi artificiosi dei governi, autoritari o paternalistici, per tenerla in piedi (p.es. l'esigenza dell'unità nazionale contro il nemico esterno; la presunta superiorità, rispetto al nemico, in taluni campi scientifici; la propaganda delle contraddizioni più macroscopiche del nemico ecc.). Questo anche se tutti sanno che nel capitalismo una stretta minoranza di proprietari, arricchitasi accettando vergognosi compromessi, vuol far pagare a tempo illimitato i propri "sacrifici" (iniziali) alla stragrande maggioranza della popolazione. A ben guardare la principale differenza *etica* tra i due sistemi sociali sta proprio nel concetto di "sacrificio", che sotto il socialismo non dovrebbe avere un carattere umiliante, non dovrebbe cioè mortificare l'amor proprio, col rischio di suscitare sentimenti di rivalsa personale. Il borghese è sempre qualcuno che, per un motivo o per un altro, odia il suo prossimo, anche quando fa beneficenza.

Certo è che in futuro non sarà facile riconvertire la produzione di aziende capitalistiche, unicamente interessate a realizzare profitti e non a soddisfare bisogni. La fatica sarà tanto più grande quanto più grandi saranno state queste aziende. Il loro destino rischia di diventare analogo a quello delle terme romane al tempo delle invasioni barbariche, o a quello delle piramidi egizie al tempo delle invasioni romane. Le esigenze collettive abbandoneranno al loro destino i capolavori dell'egoismo umano.

*

Qui si può tuttavia notare un aspetto davvero singolare del capitalismo finanziario, che Marx aveva scorto sul piano *fenomenologico*, ma che andrebbe analizzato anche su quello *ontologico*. Quanto più esso si sviluppa tanto più il capitale si estranea, formalmente, da ciò che l'aveva generato. "Nello sviluppo del capitale - scrive nelle *Teorie del plusvalore*, p. 501 - noi siamo partiti [nel I libro del *Capitale*] da D-M-D', di cui D-D' non era che il risultato. Ora troviamo D-D' *come soggetto*".

Per quale motivo il capitale cerca di dissimulare progressivamente il suo carattere antitetico al lavoro, il proprio antagonismo sociale? Il motivo è strettamente legato alla *cultura*. Può forse apparire paradossale che proprio nel momento del peggiore schiavismo romano, il maggiore filosofo dell'*establishment* imperiale, Seneca, scrivesse opere umanissime come *La tranquillità dell'animo*, *La clemenza*, *La beneficenza*, *Le lettere a Lucilio* ecc. Difficilmente si riuscirebbero a trovare spiegazioni dell'imperialismo romano o delle persecuzioni anti-cristiane leggendo i testi di Seneca. Questo scollamento di teoria e pratica dovrebbe indurci a riflettere, anche perché lo si incontra in tutti i sistemi antagonistici.

Quanto più la prassi diventa intollerante, tanto più la cultura diventa apparentemente democratica. In fondo l'impero romano, quando nacque, disse che aveva intenzione di sanare le contraddizioni della repubblica senatoriale. Oggi potremmo anche aggiungere che quanto più la cultura si democraticizza e si laicizza, tanto meno il capitale ha bisogno di elementi religiosi per mistificare il rapporto di sfruttamento economico. Nella sua essenza più sofisticata, il capitalismo finanziario illude i cittadini che il superamento dello sfruttamento sia una semplice conseguenza dello sviluppo della democrazia politica e della laicità. Non c'è dunque bisogno di realizzare il socialismo quando si è già culturalmente laici e politicamente democratici.

È significativo il fatto che quando i paesi del Terzo Mondo cercano di far capire all'occidente che non vogliono più sottostare alla dipendenza economica neocoloniale (oggi fatta passare sotto l'esigenza del "globalismo"), ecco che l'occidente interviene accusandoli di essere culturalmente e politicamente arretrati, di non rispettare i diritti umani e persino l'ambiente (!), di volersi dotare di armi di sterminio, di appoggiare il terrorismo internazionale, di predicare il fondamentalismo religioso ecc.

Il capitalismo finanziario, quello che in occidente fa di tutto per dissimulare il rapporto di sfruttamento economico tra imprenditori e operai, tra occidente e Terzo Mondo, si pone come "regno di giustizia e di libertà". Non è stato un caso che l'inizio del revisionismo nell'ambito del socialismo scientifico sia avvenuto in occidente proprio a partire dalle analisi sul capitalismo finanziario.

Marx considerava "socialisti volgari" quelli che si limitavano a criticare il capitalismo finanziario, cioè la pura rendita, semplicemente in nome di quello industriale, il quale, secondo loro, pur pensando al "profitto", assicurava comunque il "lavoro". Marx non poteva prevedere che gli stessi socialisti un giorno avrebbero detto che in nome del capitalismo finanziario non occorre più alcuna rivoluzione proletaria.

Le trasformazioni del capitale

Nella seconda parte dell'*Appendice*, Marx cerca di chiarire subito che dal punto di vista del sistema capitalistico, l'interesse e il commercio sono aspetti secondari rispetto all'industria. Non solo, ma sono anche aspetti anteriori all'industrializzazione, presenti in sistemi antagonistici completamente diversi dal sistema capitalistico.

Il capitale trova l'interesse (generalmente usurario) e il mercato prima ancora di diventare produttivo in senso industriale, e per potersi imporre su tutta la società deve prima sottomettere entrambe le forme d'uso del denaro. Per sottomettere gli usurai è sufficiente il sistema creditizio (l'istituzione delle banche) ed eventualmente la coercizione dello Stato. Il denaro deve costare poco perché lo si possa trasformare in capitale: i tassi d'interesse usurari, pur presupponendo il mercato, non portano mai una società a diventare capitalistica; essi, storicamente, hanno soltanto contribuito a distruggere il sistema feudale.

La vera figura che determina la transizione dal capitale commerciale a quello industriale è quella del *mercante*, che ad un certo punto si trasforma da mero distributore di merci prodotte dalle corporazioni artigianali cittadine o dal mondo contadino (nazionale e internazionale), in un imprenditore che acquista lavoro salariato, che lo organizza in manifatture al fine di produrre beni per il mercato.

Marx sa che questa è stata la principale trasformazione del mercante, ma non ne spiega la ragione *culturale*, cioè il mutamento di mentalità e di valori che l'ha determinata. Non lo fa neanche quando s'accorge di un'altra trasformazione sociale non meno significativa, e cioè il fatto che il produttore compra ciò che gli serve per produrre per il mercato e si trasforma quindi in commerciante. Così scrive Marx: "In origine il *commercio* è il presupposto della trasformazione del lavoro corporativo, del lavoro a domicilio nelle campagne e del lavoro agricolo feudale in produzione capitalistica. Esso trasforma il prodotto in merce..." (p. 504) e quindi finalizza la produzione esclusivamente per il mercato.

Marx però non riesce a spiegare il *motivo* per cui la presenza di un capitale commerciale, anche su scala molto diffusa, di per sé non genera il capitalismo. È sì un suo irrinunciabile presupposto, ma in sé il commercio non è sufficiente per la transizione al capitalismo. Occorre un mutamento di *mentalità*.

Responsabile principale di questo mutamento culturale, comportamentale, ideologico doveva necessariamente essere la *religione cristiana*, a quel tempo cultura dominante. La produzione esclusiva per il mercato, e quindi la produzione di massa su scala sempre più ampia, alla ricerca di mercati sempre più vasti, per soddisfare unicamente l'esigenza di profitto: tutto ciò richiese una contestuale rivoluzione culturale, che rendesse progressivamente obsoleta una tradizionale concezione di vita. Una rivoluzione cioè che permettesse di concepire il lavoro come finalizzato principalmente a un profitto, il quale a sua volta doveva poter essere ricavato da qualunque tipo di merce.

Il salto dalla quantità dei commerci alla qualità del capitalismo vero e proprio non si è verificato là dove mancava l'ideologia che trasforma lo schiavo in un cittadino giuridicamente e quindi formalmente libero. Il cristianesimo rende lo schiavo moralmente libero. Ma dal morale al giuridico il passo è relativamente breve, se a compierlo non è un soggetto, come quello aristocratico, che nella fattispecie si trova impigliato in un conflitto d'interesse tra la sua coscienza cristiana e la sua esigenza di vivere di rendita. La borghesia era maggiormente titolata a passare dalla finzione moralistica della chiesa, favorevole a una libertà meramente interiore, a una finzione giuridica, in cui la libertà è soltanto davanti alla legge, che si presume essere uguale per tutti. Naturalmente ciò che può indurre a compiere il passaggio da una finzione all'altra è il livello di corruzione dei poteri costituiti, i quali, ad un certo punto, non possono più giustificare lo schiavismo o il servaggio dominanti sul piano sociale e sono costretti a scendere a compromessi.

Prima erano i mercanti (privi di patrimoni terrieri, di ascendenze nobiliari ecc.) a far fortuna con le merci rare, preziose, esotiche... Ora invece il capitale commerciale sta per essere subordinato a quello industriale. Non solo, ma l'industria deve sottomettere a sé anche la proprietà fondiaria, poiché questa è un freno allo sviluppo del profitto, almeno finché si basa sulla semplice rendita. Il capitalismo industriale è una risposta (da Marx giudicata positivamente) alle irrisolte contraddizioni della rendita feudale e del servaggio, ad essa sempre connesso. Certo è che senza uno sviluppo *individualistico* della borghesia è quasi impossibile che nasca il capitalismo, anche se la Cina di oggi sta dimostrando ch'esso può evolvere in un contesto fortemente controllato dallo Stato e dal partito di governo.

Marx qui ricorda volentieri l'idea di Ricardo, secondo cui la proprietà fondiaria andava statalizzata, in modo che la rendita finisse direttamente nelle casse dello Stato. Tuttavia il capitale non può far questo, poiché non può inimicarsi un alleato così prezioso nella battaglia a favore dell'idea generale di sfruttamento del lavoro altrui.

Il profitto è contro la rendita ma entrambi sono favorevoli allo sfruttamento del lavoro. L'intesa tra profitto e rendita verrà ad un certo punto trovata sulle modalità di tale sfruttamento, che sotto l'egemonia capitalistica devono essere quelle del "lavoro salariato", il che presuppone la *libertà giuridica formale*, cioè la facoltà personale di vendere se stessi in qualunque momento. Finché il contadino è incatenato al feudo, non potrà mai trasformarsi in operaio salariato nella fabbrica di città, ove l'aria che si respira è - come si diceva - "libera".

Economia e cultura

Tutta l'*Appendice* delle *Teorie sul plusvalore* appare solo in forma di bozza, scritta da Marx in maniera abbastanza frettolosa, con molte parole ed espressioni lasciate in lingua inglese. Servì soltanto come base per lavorare al III libro del *Capitale*, ma non tutti gli argomenti dell'*Appendice* furono ripresi. Marx non ne ebbe il tempo.

P.es. una delle differenze maggiori che si notano tra queste prime bozze e le seconde (in fondo anche il III libro del *Capitale*, come d'altra parte il II, restò in forma di bozza), esattamente là dove gli stessi argomenti vengono ripresi e approfonditi in maniera organica, è il fatto che nel *Capitale* Marx si arrischia molto meno a fare paralleli tra struttura e sovrastruttura. È come se, sapendo di non avere una preparazione adeguata, lo scrupolo scientifico gli impedisse di cimentarsi in cose non sufficientemente dimostrabili.

Il Marx inglese si sentiva un economista, un fenomenologo dell'esistenza materiale, uno storico dell'economia, un critico dell'economia politica borghese: non ha mai preteso di affrontare l'economia come parte di un tutto, cioè in maniera *olistica*. Quando notava dei nessi evidenti tra cultura (religiosa) ed economia, non li approfondiva, sapendo che avrebbe dovuto esaminare testi di tipo teologico, che gli piacevano ancor meno di quelli economici (l'insofferenza per i testi borghesi di economia, posteriori ai classici, è una costante nell'epistolario con Engels). Non s'interessa della cultura in generale e neppure di questioni militari. Tutto doveva sempre essere riferito all'economico.

Egli d'altra parte aveva sempre sostenuto che la religione è un riflesso dell'economia, delle condizioni materiali d'esistenza. Non ha mai accettato l'idea che determinati mutamenti materiali potessero essere favoriti dai cosiddetti "mutamenti di mentalità" o di "cultura". L'economia - secondo lui - doveva trarre da se stessa le ragioni del proprio sviluppo o della propria evoluzione verso questa o quella formazione sociale o questo o quel modo di produzione.

Quando Marx esamina i testi di Lutero o di Aristotele, s'interessa soltanto di quelle parti specificatamente riguardanti l'economia. In realtà il lavoro da fare oggi è molto più vasto e complesso, che solo un'*équipe* di specialisti potrebbe affrontare. Si tratta infatti di analizzare soprattutto quelle parti del pensiero religioso che nel loro svolgimento pratico avrebbero potuto portare a determinate conseguenze sul piano socio-economico; conseguenze che non necessariamente sono identiche a quelle che si possono desumere analizzando invece i testi più direttamente economici; conseguenze che non necessariamente potevano o dovevano essere previste dallo stesso autore che aveva scritto quei testi. P.es. la teoria della predestinazione di Lutero non sembrava aver nulla di economico, eppure Calvino la trasformò in una teoria favorevole allo sviluppo capitalistico.

Questo per dire che quando ci si accinge a leggere i testi marxiani, non bisogna mai dimenticarsi dei limiti che caratterizzarono la sua analisi. Limiti di fondo, strutturali, il cui superamento non implica il superamento di tutte le tesi marxiane (sono tante le tesi rimaste ancora oggi scientificamente inconfutate), ma implica il superamento di quei presupposti *culturali* che sono serviti a Marx per compiere le sue analisi economiche.

Il *primo presupposto* riguarda appunto i rapporti tra cultura ed economia. In una concezione olistica della realtà, in cui tutto è integrato, si è arrivati alla conclusione che la cultura influisce sull'economia tanto quanto questa influisce su quella. Non c'è un prima o un dopo, non c'è una prima e un'ultima istanza, come tentò di dire Engels, rendendosi conto che il marxismo rischiava di diventare un determinismo economicistico. Non c'è, nel rapporto economia-cultura, un aspetto essenziale e uno secondario, meno che mai uno principale e l'altro derivato. C'è soltanto l'*essere umano*, che va inteso nella sua globalità e interezza. Se ancora si continua a pensare che l'economia, in ultima istanza, debba determinare tutto, l'alternativa al capitalismo ripeterà gli stessi errori, seppur in forme diverse.

Questo significa che per creare e sviluppare storicamente il capitalismo non è sufficiente una determinata *base materiale*, occorre anche una determinata *base culturale*. Questa base è stata di tipo "religioso" nella fase iniziale del capitalismo (dapprima nella forma *politica* del cattolicesimo-romano, successivamente in quella *sociale* del protestantesimo), ma nella fase avanzata del capitalismo (quella imperialistica), la base culturale ha sempre meno necessità d'essere "religiosa", o comunque può anche non essere d'ispirazione "cristiana".

Il Giappone p.es. è diventato una grande potenza industriale, commerciale e finanziaria partendo da basi culturali shintoiste, che si sono adeguate prontamente all'americanismo del dopoguerra e prima ancora, con maggiore fatica (in quanto si erano conservate molte forme feudali) all'occidentalismo. L'odierna Cina, dal canto suo, ha accettato il capitalismo su basi nettamente "ateistiche", che le derivano non solo dalle proprie filosofie o religioni del passato, come buddhismo, taoismo e confucianesimo, ma anche dalla moderna ideologia comunista, ereditata dal maoismo.

Quel che qui si vuole dire è che occorre una determinata *cultura* per favorire processi connessi a uno sviluppo capitalistico della vita sociale. Questa cultura è nata in Europa occidentale, avendo qui avuto due momenti di rottura autoritaria e individualistica ben precisi: il 1054, con lo scisma cattolico, e il 1517, con lo scisma protestante, preceduti entrambi da secoli di preparazione, con maggiore o minore consapevolezza.

Successivamente lo scisma protestante ha trovato il suo terreno più favorevole alla propria diffusione negli Stati Uniti d'America, ove minima era l'influenza della cultura cattolica, la quale - come noto - accetta l'individualismo solo sul piano politico e non anche su quello sociale, poiché qui deve invece dominare l'obbedienza alla gerarchia e l'organizzazione sociale di tale obbedienza.

Ora, la cultura protestante, depurata dei suoi elementi religiosi, si va diffondendo anche tra le società non occidentali, contribuendo allo sviluppo capitalistico mondiale. La progressiva laicizzazione della cultura cristiana ha permesso al capitalismo di diffondersi anche in paesi tradizionalmente non-cristiani.

La caratteristica principale della cultura cattolico-protestante, quella che deve avere una cultura utile a promuovere il capitalismo, è la *doppiezza*, cioè la capacità di far sembrare le cose in maniera opposta a come sono nella realtà. Tale doppiezza è, se vogliamo, intrinseca al cristianesimo sin dalle sue origini, in quanto sulla base di essa si è potuto trasformare un politico rivoluzionario della Palestina (Gesù Cristo) in un redentore morale dell'universo.

Marx, in tal senso, è stato un maestro nello svelare le mistificazioni degli economisti borghesi. Oggi va compiuta la stessa cosa a livello planetario, avendo ben presente che le mistificazioni più importanti avvengono sul terreno del *laicismo*, che sono sicuramente molto meno individuabili di quelle di natura religiosa, che la storia s'è incaricata di superare. La cultura che oggi giustifica il capitalismo su scala planetaria è sostanzialmente di tipo *ateistico*, anche quando il presidente degli Stati Uniti chiede la benedizione del proprio dio cristiano in favore dei soldati in guerra.

Bisogna in tal senso fare attenzione a un fatto del tutto inedito: una volta le posizioni ateistiche apparivano rivoluzionarie rispetto a quelle religiose; oggi invece, pur continuando a restare reazionarie quelle religiose, le posizioni ateistiche in sé non hanno più nulla di rivoluzionario, tant'è che sono rinvenibili in ambienti sia di destra che di sinistra e vengono spesso usate per giustificare sistemi sociali oppressivi.

Che significa questo? Significa che mai come oggi l'*umanesimo laico* va tenuto strettamente associato a una concezione di *socialismo democratico* alternativa a quella del capitalismo industriale e finanziario. Oggi una semplice battaglia a favore del laicismo o dell'ateismo, senza una contestuale battaglia politica a favore del socialismo, diventa una battaglia di retroguardia e rischia facilmente di non sortire alcun effetto significativo.

Il *secondo aspetto* che bisogna considerare è il fatto che Marx non ha mai messo in discussione la necessità di una rivoluzione tecnico-scientifica. Egli semplicemente riteneva che il proletariato industriale avrebbe dovuto impadronirsene per svolgerla in maniera democratica, così come doveva appropriarsi di tutti i principali mezzi produttivi, ponendo fine alla separazione tra capitale e lavoro.

I mezzi scientifici e tecnici avrebbero dovuto essere usati, sotto il futuro socialismo, per proseguire la produzione industriale generalizzata, su vasta scala, e per assicurare a tutti l'equa ripartizione dei redditi. Ovviamente la produzione socialista non sarebbe stata generata dal profitto ma dai bisogni.

Oggi, alla luce degli enormi disastri ambientali causati dalla tecnologia avanzata, questo ragionamento non regge più. Va rimesso in discussione tutto, anche ciò che prima sembrava avere un'apparenza neutrale. Di neutrale a questo mondo non c'è nulla. La nascita e lo sviluppo di un socialismo autenticamente democratico dovrà esserlo anche nei confronti della natura.

Marx arrivò a scoprire i segreti del sistema capitalistico alcuni secoli dopo che questo era nato. Li scoprì non tanto guardando gli effetti sociali ch'esso produceva (questo era noto assai prima di lui, da Tommaso Moro sino ai socialisti utopisti), quanto piuttosto analizzandone le oggettive contraddizioni interne, strutturali al sistema, quelle per le quali si rendeva necessaria una transizione al socialismo, al fine di evitare guasti irreparabili, immani sprechi di risorse, crisi cicliche di sovrapproduzione, soluzioni militari a problemi economici ecc.

Vi sono, in tal senso, alcune espressioni emblematiche, nella sua analisi, che meritano non solo d'essere riportate per intero, ma anche ulteriormente approfondite. Prendiamo p.es. questa: "Il denaro... si appropria nel processo di un plusvalore... solo perché è già presupposto come *capitale prima* del processo di produzione... dal punto di vista delle caratteristiche, che però si realizzano solo nel processo e, in generale, non hanno realtà che nel processo stesso. Se non vi entrasse come capitale, non ne uscirebbe neppure come capitale..." (pp. 509-510).

Queste parole, che ben sintetizzano il *circolo vizioso* da cui l'analisi di Marx ha sempre cercato di uscire, spiegano molto bene la differenza tra un processo capitalistico vero e proprio e uno semplicemente mercantile, ma non spiegano la *ragione ultima* che ha fatto scattare la transizione. Processi di tipo mercantilistico sono sempre esistiti: essi anzi coincidono con la nascita delle civiltà. Li troviamo persino durante il Medioevo, e tuttavia Marx decise di far nascere il capitalismo europeo solo nel XVI secolo, proprio perché occorreva non solo un capitale intenzionato a fare profitti, ma anche la possibilità *legale* di estorcere plusvalore dal lavoro.

Ma che cosa poteva trasformare il denaro da semplice mezzo d'acquisto a strumento che valorizza se stesso? Marx aveva soltanto intuito la risposta a questa domanda, senza mai riuscire ad approfondirla. È appunto in questa direzione che bisogna sviluppare la sua ricerca. Quand'egli dice che il denaro è capitale "latente" o "potenziale", dice una cosa vera, nel senso che il capitalismo non si forma solo là dove esiste la circolazione delle merci o l'uso del denaro come equivalente universale.

Eppure Marx non spiega sino in fondo il motivo per cui una cosa semplicemente latente ad un certo punto diventa "manifesta", e perché proprio in Europa occidentale e non altrove. Non basta avvalersi, nell'analisi economica, di "determinazioni quantitative" per spiegare un salto così "qualitativo", che andrà a scardinare completamente lo stile di vita tradizionale. Deve per forza esserci stata, nel XVI secolo o comunque nel processo che ha portato alla rottura storica in quel secolo, una *motivazione extra-economica*, una molla di tipo "culturale", una *rivoluzione di mentalità*, che, per quei tempi, non poteva che riguardare l'*ambito religioso*.

Ora, noi siamo soliti far risalire al protestantesimo l'origine culturale del capitalismo. La sociologia della religione di Max Weber ha inaugurato senza dubbio molti studi in questa direzione, anche se essi sono stati fatti per rinunciare all'idea di socialismo. In realtà nell'Italia comunale erano già state poste le premesse "teologiche" per un trapasso progressivo dal feudalesimo al mercantilismo.

Questa rivoluzione culturale inizia col distacco dalla teologia ortodossa e con la riscoperta dell'aristotelismo da parte della Scolastica. Ricerche in questa direzione Marx non le ha mai fatte. E anche le ricerche della sociologia borghese non hanno mai saputo mettere chiaramente in luce il ruolo della Scolastica nel favorire la nascita del mercantilismo o comunque il suo radicamento sociale. Generalmente gli storici tendono ad opporre Scolastica a mercantilismo, in quanto effettivamente la dottrina sociale della chiesa si basava su una teoria convenzionalista del denaro e non aveva ancora il concetto di "capitale".

Tuttavia le teorie tomiste relative al "giusto prezzo" della merce e del "giusto salario" dell'operaio sono, nella loro doppiezza, l'anticamera del mercantilismo, in quanto solo apparentemente avevano come scopo principale lo scambio equo o la giustizia commutativa: nella realtà servivano per tutelare una forma di proprietà privata (quella appunto borghese) non coincidente con quella terriera. Agli inizi del Trecento Duns Scoto elaborò una teoria del valore basata sul costo e sull'impiego di lavoro, che verrà ripresa nel XIX secolo da Ricardo e da Marx e, a metà del secolo scorso, in forma ampia e articolata nei modelli di Leontiev e di Sraffa. Forse più che le tesi di Weber, bisognerebbe approfondire quelle di Sombart, che scorgeva appunto nel tomismo e nella tarda Scolastica le argomentazioni per giustificare il guadagno fine a se stesso.

Nell'analisi marxiana ci sono dei passi che indicano addirittura in maniera drammatica quanto forte fosse sentita in lui l'esigenza di chiarire la trasformazione del denaro in capitale. Egli andava cercando nella storia le motivazioni di talune assurdità tipiche del mondo borghese: p.es. il fatto di percepire un interesse non per il proprio lavoro ma per il proprio non-lavoro. L'improduttività economica, quella che non produce profitto, viene premiata sotto il capitalismo se si è possessori di denaro che agisce come capitale. Il profitto era nato combattendo la rendita feudale, ma ora, nei panni dell'interesse, si andava trasformando in una nuova rendita parassitaria.

Cos'è che rende "capitale" il denaro prima che entri nel processo? La risposta di Marx, sul piano economico, è sufficientemente circostanziata anche quando viene formulata in "brutta copia": "Il fatto che al lavoro vivo si contrappone il lavoro morto, all'attività il prodotto, all'uomo la cosa, al lavoro le sue proprie condizioni oggettive come soggetti, personificazioni estranee, autonome, a se stanti, in breve come *proprietà altrui*... come *proprietà* del non-lavoratore..." (p. 510). In tutto ciò vi è una "determinatezza sociale antagonistica" (p. 511).

Marx è come se fosse arrivato sull'orlo del precipizio camminando all'indietro: s'è fermato proprio sul ciglio, avvertendo la fine del percorso, ma non ha potuto girarsi per vedere quanto lo strapiombo fosse profondo. Cioè non è riuscito a vedere che all'origine del capitalismo vi è una "scelta *culturale* di tipo *religioso*", di natura *individualistica*, con la quale s'è voluta infrangere, in maniera progressiva e con sempre maggiore convinzione, passando da una fase spontaneistica a una consapevole, una tradizione basata sul collettivismo agrario.[4] Questa scelta religiosa negativa è stata per la prima volta teorizzata dalla chiesa romana con l'istituzione di un papato superiore al concilio, superiore a ogni altra autorità terrena, praticamente onnipotente e in questa presunta onnipotenza, teologicamente infallibile.

Detto individualismo affermato in sede politica (che ha trovato la sua massima espressione teorica nel Concilio Vaticano I, ma la sua massima espressione pratica a partire dalla riforma gregoriana basso-medievale), verrà poi confermato dal protestantesimo a livello di società civile, secondo il principio: "ciò che può fare il pontefice può essere fatto da chiunque altro".

Non può certo essere stato un caso che nel basso Medioevo l'affermazione della teocrazia sia andata di pari passo con quella del mercantilismo. Il mercantilismo non poteva trovare una giustificazione di sé nel momento stesso in cui era emerso come attività pratica, né, tanto meno, poteva trovarla in chiave laica. I processi devono sedimentarsi nella vita della gente, ma questo non significa che non abbiano bisogno, nel momento in cui vengono a porsi concretamente, di una qualche giustificazione teoretica, che sulle prime sarà necessariamente informale, ufficiosa, poco motivata, ma che col tempo, scontrandosi con la volontà di forze opposte, andrà sempre più raffinandosi nelle sue argomentazioni. Questa giustificazione, inizialmente, dovette per forza fornirla il cattolicesimo-romano in rotta con l'ortodossia bizantina.

---

[4] Se ci pensiamo la stessa scelta a favore dell'agricoltura e della stanzialità, compiuta nel Neolitico, ha favorito la nascita di rapporti antagonistici, anche se questi hanno portato allo schiavismo vero e proprio solo 6.000 anni fa.

Vi sono tracce di questa giustificazione, seppur in maniera indiretta, come era d'altra parte naturale, persino nella disputa accademica sugli "universali", che fu un segno eloquente della crisi della teologia e della necessità di trovare spiegazioni contestuali ai fatti della vita. La posizione nominalista, interessata a scoprire le leggi e le cause della natura esclusivamente all'interno della natura stessa, lasciando alla fede il solo dominio delle verità religiose e allontanando progressivamente la ragione dalla ricerca intorno a tali verità, era in sostanza una posizione materialistica che favoriva lo sviluppo della borghesia. Cosa che, d'altra parte, lo stesso Marx aveva intuito.

In Italia le teorie favorevoli alla superiorità del papato sul concilio sono andate di pari passo con la prassi mercantilistica della borghesia comunale e quindi col progressivo sviluppo di teorie anticattoliche, minoritarie, sempre più laiche. Affermando l'autoritarismo politico, la chiesa romana era costretta a transigere sul piano della prassi economica, favorendo lo sviluppo di elementi borghesi fino a quel punto rimasti in ombra.

Qui non si vuole riproporre il simpatico quesito dell'uovo e della gallina, ma è evidente che tra struttura e sovrastruttura esiste un reciproco condizionamento. Lo sviluppo del mercantilismo è avvenuto entro il feudalesimo dell'Europa occidentale, con il tacito consenso della chiesa cattolica e, nel contempo, contro i princìpi feudali sostenuti dalla stessa chiesa insieme alla classe nobiliare. L'ambiguità del processo dipese appunto dal fatto che cattolicesimo e mercantilismo erano due realtà individualistiche, di cui la prima dotata del potere politico e ideologico.

Il mercantilismo è esistito molto tempo prima del cristianesimo, ma solo sotto il cattolicesimo-romano ha potuto porre le basi per una propria lenta trasformazione in capitalismo.

La riforma medievale di papa Gregorio VII si proponeva, tra le altre cose, il miglioramento dei costumi (l'autoritarismo politico s'impone meglio se fatto all'insegna della riforma morale), ma riuscì soltanto, com'era inevitabile, essendo un mero disegno politico accentratore, ad affermare esplicitamente (passando cioè da una situazione *de facto* a una *de jure*) la nuova identità teocratica del papato, cioè le sue pretese politico-ideologiche a livello planetario. La chiesa autoritaria non solo non riuscì ad arginare il fenomeno crescente del mercantilismo urbano, ma ad un certo punto cominciò persino a giustificarlo (si veda p.es. il grande dibattito sul prestito a interesse), nella convinzione di poterne trarre un vantaggio materiale personale.

E la riprova inconfutabile degli stretti legami tra economia e religione la si è avuta nel fenomeno di lunga durata delle crociate, scatenate dall'Europa cattolico-occidentale sia in Medio oriente (col pretesto dell'avanzata islamica) che nei Paesi Baltici (col pretesto di una latinizzazione di quelle terre pagane e in parte già rese cristiane dagli ortodossi) e in genere in tutta la parte orientale dell'Europa. Le crociate sono state una sorta di colonialismo cristiano-borghese *ante-litteram*, in quanto il vero colonialismo gli storici lo fanno risalire alla scoperta-conquista dell'America.

La chiesa romana ha smesso di giustificare il mercantilismo soltanto quando questo, consolidatosi sul piano socio-economico, pretendeva un peso politico equivalente, con cui poteva minacciarla: di qui lo scatenamento della Controriforma.

Che cos'è l'emancipazione borghese?

Marx in sostanza era arrivato alla conclusione che il vero obiettivo del capitalista maturo è quello di ricavare profitto estorcendo plusvalore non tanto in maniera produttiva, quanto in maniera esclusivamente finanziaria, cioè prestando soldi a interesse (la rendita capitalistica si chiama appunto "interesse"). Si tratta sempre di capitale "produttivo", ma in forma indiretta, in quanto chi investe capitali può anche non disporre materialmente o personalmente di alcuna impresa industriale. Lo sfruttamento avviene perché da qualche parte del pianeta qualcuno sta lavorando per un salario da fame, ma l'investitore non sa affatto chi sia e non gli interessa neppure saperlo.

Se ci fosse solo capitale produttivo d'interesse, senza industria, non ci sarebbe né capitalismo né mercantilismo, bensì "usura", e il prodotto interno lordo tenderebbe a diminuire vistosamente, visto che l'usuraio è il nemico principale di chi vuole cimentarsi nel campo dell'imprenditoria. L'interesse, sotto il capitalismo, è dunque una forma evoluta di profitto, che però non può prescindere dallo sfruttamento del lavoro, anche se così non sembra all'apparenza, proprio perché lo sfruttamento materialmente non si vede.

Le conseguenze della presenza di uno sfruttamento inaudito della manodopera terzomondiale si percepisce soltanto quando falliscono le banche o gli Stati si dichiarano insolventi o quando scoppiano rivolte politico-militari, che l'occidente qualifica sempre col termine di "terrorismo" o di "estremismo di sinistra".

Uno degli aspetti più paradossali dell'economia capitalistica è che mentre storicamente si è fatto del lavoro industriale una bandiera contro la rendita terriera, nella fase più avanzata, quella finanziaria, si vuole contrapporre decisamente la rendita finanziaria al lavoro produttivo. La fonte economica del valore materiale delle cose s'è trasformata in una condanna sociale che non dà valore a nulla. Il lavoro non arricchisce, al massimo fa sopravvivere: ciò che arricchisce è l'investimento finanziario in attività produttive che appartengono ad altri. Insomma per diventare ricchi bisogna già esserlo: ecco lo slogan che caratterizza il capitalismo maturo.

Storicamente un bene immobile, nominale, il denaro, acquisito col rischio e la frode, è riuscito a prevalere su un bene immobile, reale, la terra, conquistata con la forza delle armi e concessa in beneficio a un subordinato in cambio di un'obbedienza giurata di fedeltà. Due forme diverse di proprietà che hanno determinato un obiettivo comune: sfruttare il lavoro altrui (operaio l'uno, contadino l'altro) e vivere di rendita, da parassiti.

In questo la borghesia è degna figlia della cultura cattolica che l'ha generata. Infatti, anche se il borghese adulto ha voluto emanciparsi dalla tutela ecclesiastica, dandosi una cultura protestantica, più individualistica, la sua infanzia l'ha vissuta in ambito cattolico, a contatto con la cultura delle due classi feudali fondamentali: il clero e la nobiltà. Egli ha guardato lo stile di vita di questi ceti con un misto di rabbia e d'invidia, promettendo a se stesso che un giorno sarebbe diventato come loro e anche più grande di loro.

Sono famosi nella storiografia medievale le vicende di quei mercanti pentiti divenuti santi, come Godrich von Finchale, Omobono da Cremona, Giovanni Colombini... E ancora nella prima metà dell'Ottocento vi erano figure cristiano-borghesi emblematiche di un certo tipo di cultura, come p.es. il padre di Kierkegaard, che aveva maledetto dio d'averlo reso povero e che conservò il rimorso per quella bestemmia anche dopo essere diventato un ricco commerciante, così ricco da permettere al figlio di vivere di rendita.

La differenza tra il borghese e il nobile è che il primo ha dovuto avere il coraggio di dire esplicitamente che i valori in cui credeva la nobiltà di toga e di spada erano falsi in quanto contraddetti dalla pratica, e che in nome di questa incoerenza si dovevano ridurre le pretese degli ideali. Il borghese ha compiuto un'operazione di alta maestria, di grande illusionismo: ha saputo dimostrare che si poteva essere cristiani anche senza esserlo, pur salvando appena le apparenze, almeno finché neppure queste erano indispensabili. Per fare questo ha progressivamente trasferito sul piano sociale l'ambiguità che vedeva riflessa sul piano politico e istituzionale. Là dove la chiesa romana si vantava di rappresentare verità eterne, mentre di fatto si curava solo di acquisire poteri economici e politici, lì il borghese ha trovato la necessaria fonte d'ispirazione per riprodurre in tutti gli ambiti della società civile la medesima ipocrisia, questa volta però sbandierata come una forma democratica di superamento delle vecchie contraddizioni.

La borghesia infatti ha avuto bisogno di far credere al popolo (allora prevalentemente contadino) che la rivendicazione anti-nobiliare era giusta, perché condotta senza violare alcunché. Cartesio non ha inventato una nuova religione, anzi, per poterla svolgere in maniera ateistica, ha fatto vedere che continuava a essere cattolico. Pascal non gli perdonò mai questa doppiezza, anche se dovette soccombere alle prepotenze di un ordine religioso ancora più ipocrita di Cartesio: quello dei gesuiti.

Se si riducono le ambizioni degli ideali si rischia indubbiamente meno ipocrisia. Le critiche borghesi alla doppiezza della chiesa istituzionale erano in realtà una proposta a ripensare i criteri di vita del cristianesimo in termini meno vincolanti nei confronti dell'esigenza di realizzare un'emancipazione economica individuale.

Non essendo proprietaria di patrimoni fondiari, come appunto l'aristocrazia, la borghesia non poteva permettere alla religione d'interferire negativamente sulla necessità di ricavare un profitto o un interesse dai propri investimenti monetari. Il borghese da un lato si sentiva autorizzato a maledire il dio cristiano che non gli aveva permesso di nascere nobile o ricco, ma dall'altro doveva strappare al medesimo dio la concessione che era un suo diritto cercare una realizzazione personale in forme e modi che potevano anche risultare sgraditi a una mentalità tradizionalmente cristiana.

Compito del borghese era appunto quello di cercare di dimostrare al popolo (contadino), quindi alla stessa chiesa e ai poteri dominanti, ch'erano state le circostanze o il destino avverso a indurlo a scegliere una strada così faticosa e spesso riprovevole sul piano etico-religioso.

Che cos'è dunque la cultura borghese se non il tentativo di vivere il cristianesimo in un'esistenza non cristiana? Ovvero il tentativo di far credere compatibili due cose opposte?

*

Una delle cose che più si ripete nella storia è il fatto che quando una civiltà arriva a capire quale potrebbe essere la soluzione migliore per la propria sopravvivenza, questa soluzione viene realizzata da una civiltà diversa, mentre quella che l'ha formulata, proprio a causa degli antagonismi che bloccano la dinamica sociale, subisce generalmente un crollo rovinoso.

Il motivo di questo è abbastanza semplice: chi formula concetti di *democrazia* e di *socialismo* all'interno di un contesto antagonistico, ha tanta meno forza per realizzarli quanto più si è permesso a tale antagonismo di mettere radici. L'aver sprecato occasioni favorevoli per un'inversione di rotta comporta sempre conseguenze molto negative: p.es. che tra un'occasione e la successiva trascorra un tempo molto più lungo, o che le crisi di sistema abbiano caratteristiche sempre più drammatiche e che quindi le capacità di creare un'alternativa siano sempre più precarie.

Di fronte a questa "incapacità d'essere conformi a natura", la storia si comporta in modo difficilmente prevedibile. Indubbiamente le civiltà che non riescono a risolvere i loro problemi di fondo tendono a scomparire, sostituite da altre con più risorse, più capacità, più "gioventù" da utilizzare, con ideali più forti, come spesso si vede nelle fasi iniziali delle nuove civiltà. L'eredità viene presa in consegna da qualcuno che la utilizzerà in maniera diversa da come l'aveva ricevuta.

P.es. i Romani cercarono di sostituire, prevalentemente nelle zone provinciali dell'impero, lo schiavismo col colonato, poiché ad un certo punto s'erano resi conto che lo schiavismo, in assenza di espansionismo militare, aveva il fiato corto e stava diventando economicamente molto improduttivo (lo schiavo ha sempre boicottato il lavoro imposto), per non parlare del fatto che la coscienza sociale lo avvertiva sempre più come moralmente indegno.

Tuttavia la vera transizione dallo schiavismo al servaggio (una forma di colonato) non fu realizzata dai Romani bensì dai cosiddetti "barbari", i quali non avevano mai conosciuto lo schiavismo come sistema economico di vita. Le stesse basi romano-cristiane dell'impero fu più facile porle nella lontana Bisanzio che non in Roma capitale. Il capitalismo più avanzato si sviluppò non là dov'era nato: Inghilterra e, prima ancora, Italia e Fiandre, ma negli Stati Uniti. E che dire del socialismo scientifico? Le sue idee vennero formulate in Europa occidentale, ma fu quella orientale a metterle in pratica, dimostrandone poi i limiti connessi allo statalismo.

*

Nelle sue analisi economiche Marx aveva constatato come la dinamica dello sfruttamento capitalistico fosse più difficile da individuare di quella dello sfruttamento feudale, proprio perché - scriveva - il capitale "non è un semplice numero, non è una semplice merce, ma una merce potenziata; non è una semplice grandezza, ma un rapporto di grandezze" (p. 514). E questo è tanto più vero quanto più il capitale industriale si trasforma in capitale finanziario.

Nelle società commerciali il mercante poteva raggirare l'acquirente e arricchirsi alle spalle dell'ingenuità altrui, ma il rapporto finiva nel momento stesso dell'inganno. Sotto il capitalismo invece si assiste a una sorta di schiavitù legalizzata in cui, nel momento della presunta libertà di contrattazione, la parte più debole formalmente è libera, e quando inizia a produrre, il suo livello di rendimento, a causa della rivoluzione tecno-scientifica, è enorme. Nella medaglia dello sfruttamento imprenditoriale in una faccia sta la libertà formale del nullatenente e nell'altra la proprietà privata della tecnologia.

Più volte Marx aveva detto che, rispetto al servaggio, il rapporto salariato era molto più irrazionale. L'assurdità feudale stava nel fatto che invece di considerare il lavoro fonte di valore, si pensava che la rendita dipendesse dal possesso della terra. Ci sono voluti molti secoli prima di capire che la vera ricchezza è data solo dal lavoro.

L'irrazionalità del capitalismo sta invece nel fatto che, pur avendo capito il nesso di lavoro-valore, il proprietario dei mezzi produttivi fa di tutto per poter vivere di rendita, cioè per trasformare il profitto industriale in interesse finanziario.

Il capitalismo ha usato il lavoro non tanto per contrapporsi alla rendita feudale, quanto per sostituirla con un'altra forma di rendita, molto più fruttuosa, appunto perché legata al capitale e non tanto alla terra (un capitale che può essere investito da chiunque l'abbia). L'irrazionalità sta appunto nel fatto che il prodotto del lavoro: la merce, è un prodotto estraneo all'operaio, gli si contrappone come "cosa altra". Il suo stesso lavoro, essendogli pagato con un salario, non riesce ad avvertirlo come proprio.

Tra lo schiavismo romano e quello capitalistico c'è di mezzo solo il *cristianesimo*, che elevando la coscienza sociale, ha reso necessaria la rivoluzione tecno-scientifica per poter permettere la prosecuzione dello sfruttamento del lavoro altrui sotto forme e modi molto diversi, apparentemente più democratici. Una metamorfosi del genere infatti doveva necessariamente comportare un salto di qualità nella concezione culturale dell'esistenza e del rapporto sociale. Da un lato si è dovuto dimostrare che il lavoro e il denaro erano più importanti della terra e della forza militare; dall'altra che proprio questa importanza poteva essere esercitata in maniera più equa.

Cioè non si trattava soltanto di dire che l'attività del mercante era dignitosa tanto quella del latifondista: se ci fosse limitati a questo il capitalismo non sarebbe mai nato, proprio perché tutti sapevano che il mercante era in ultima istanza un "ladro", anche se non così spregevole come l'usuraio. Si trattava piuttosto di dire che un certo modo di usare il denaro, quello appunto dell'imprenditore industriale, poteva essere segno di una qualche possibilità di riscatto dai vecchi soprusi perpetrati in ambiti feudali ed ecclesiastici, l'occasione cioè di una maggiore libertà nello stile di vita, una libertà che poteva essere vissuta nel nuovo ambito urbano della società civile.

Se non ci fosse stata questa illusione idealistica, che ha comportato la trasformazione del cattolicesimo in protestantesimo, non sarebbe mai nato il capitalismo. Occorreva infatti una sofisticazione religiosa che celasse una bassezza morale. Il cristianesimo occidentale, prima nella forma politica del cattolicesimo, poi in quella sociale del protestantesimo, s'è posto come cultura più idonea alla trasformazione del processo di sfruttamento del lavoro altrui.

Il vertice di questo sfruttamento è rinvenibile, secondo Marx, nel capitale produttivo d'interesse, cioè là dove non appare neppure alcun contrasto tra capitale e lavoro. Con lo sviluppo del colonialismo e soprattutto dell'imperialismo, il capitalismo occidentale mira sempre di più a vivere di rendita (questa è stata p. es. una delle ragioni per cui gli Stati Uniti hanno superato in un tempo relativamente breve i livelli produttivi della Gran Bretagna, che pur disponeva di un impero coloniale molto più vasto. La rivoluzione americana è stata in fondo il tentativo d'impedire agli inglesi della madrepatria di utilizzare le colonie del Nuovo Mondo per poter vivere di rendita).

A partire dalla nascita del socialismo, prima utopistico poi scientifico, si è cominciato a contrapporre al nesso strumentale di religione e capitalismo la concezione laico-umanistica della vita organizzata collettivamente. Nei 70 anni di "socialismo reale" l'esperienza della statalizzazione dei beni produttivi o centralizzazione politico-burocratica dell'economia (rivelatasi poi fallimentare) è andata di pari passo con espressioni culturali e persino ideologiche di tipo ateistico, facendo coincidere Stato e società dal punto di vista dello Stato.

Ateismo e socialismo sembravano andare di passi passo. La riappropriazione operaia degli strumenti del lavoro e la socializzazione della terra avevano favorito il superamento della vecchia concezione religiosa, che non aveva fatto nulla per contrastare gli abusi della proprietà privata e le iniquità delle divisioni in classi contrapposte.

Un processo storico del genere è avvenuto non solo in paesi tradizionalmente cristiani, ma anche in paesi che hanno saputo ereditare le idee del socialismo pur non avendo radici cristiane, come p.es. la Cina, il sud-est asiatico ecc. Questo a testimonianza del fatto che le idee del socialismo possono trovare un fertile terreno di sviluppo anche in quelle civiltà tradizionalmente più legate alla terra o con più radici collettivistiche, e che nel passato avevano dovuto difendersi dal colonialismo europeo o comunque occidentale.

L'esigenza di socialismo s'è diffusa a livello internazionale, trovando questa volta nell'ateismo il supporto culturale più adeguato, Anche in certi ambienti islamici il socialismo ha potuto mettere piede, ma appunto perché l'islam primordiale esprimeva un'esigenza tribale di tipo collettivistico. E lo stesso si potrebbe dire del migliore buddismo. Siamo appena agli inizi di questo processo di diffusione del socialismo, destinato sicuramente a durare per un tempo indefinito.

Oggi si è appurato che la presenza contestuale dell'ateismo scientifico o dell'umanesimo laico non è indispensabile alla realizzazione del socialismo democratico: persino le riduzioni dei gesuiti nel Paraguay, nel XVII secolo, avevano la pretesa di porsi come un tipo di "società collettivistica" o di "comune", per quanto con intenti di esplicita evangelizzazione di massa. Lo stesso cristianesimo primitivo conteneva aspetti di gestione collettivistica dei beni che potevano farlo sembrare una sorta di "socialismo religioso".

L'ateismo di per sé non garantisce affatto una migliore possibilità di realizzazione del socialismo. Anzi, in epoca moderna lo sviluppo progressivo di idee agnostiche e ateistiche è andato di pari passo con l'edificazione di società di tipo mercantile e capitalistico.

Ma oggi si è appurata anche un'altra cosa, e cioè che il socialismo o è *democratico* o non è. Non è assolutamente possibile costruire il socialismo con metodi burocratico-amministrativi o politico-autoritari o comunque statalistici.

La dittatura politico-militare del socialismo di stato trovò nell'ateismo il suo naturale alleato ideologico, e col crollo della struttura anche la sovrastruttura ne ha sicuramente risentito. Tuttavia, è difficile sostenere che l'ateismo abbia subito degli arretramenti significativi a livello mondiale, rispetto ai tempi in cui il socialismo reale costituiva il "Secondo mondo".

Appare infatti molto evidente che il superamento del socialismo di stato in direzione del capitalismo non sia avvenuto in Cina o in Russia col supporto della religione, anche se indubbiamente la religione ha ampliato la propria sfera d'influenza.

In questi e altri paesi esiste un uso strumentale dell'ateismo a favore del capitalismo o del socialismo, un uso che in Europa e negli Stati Uniti vide coinvolta, nel passato, direttamente la religione cristiana. Cioè buona parte dell'oriente o dell'Asia ha ereditato la progressiva laicizzazione della religione come un fatto acquisito e non ha avuto bisogno di compiere l'immane sforzo culturale che abbiamo dovuto compiere noi. Sono paesi, quelli asiatici, che sempre più danno per scontata la superiorità dell'ateismo sulla religione. Questo processo si sta verificando anche nell'élite intellettuale e manageriale dell'India, e se non esistesse la tendenza a usare le proprie religioni come arma identitaria contro il colonialismo culturale dell'occidente, probabilmente il fatto di considerare l'ateismo come una forma più naturale d'esistenza, rispetto alla religione, s'imporrebbe con molta più facilità, persino in quei paesi prevalentemente islamici.

In ogni caso questa forma di ateismo sembra non avere elementi sufficienti per indirizzare la società verso una gestione democratica dell'economia. Anzi bisognerebbe sostenere che l'ateismo di per sé non è affatto una conquista dell'umanità sufficiente ad ovviare le contraddizioni generate dai rapporti economici antagonistici. Quando il giovane Marx sosteneva che la Germania poteva dare un contributo all'Europa proprio in virtù della riforma intellettuale che l'aveva portata all'ateismo (il radicalismo della Sinistra hegeliana), non si rendeva conto di aver assunto una posizione ingenua. Infatti nonostante il progressivo ateismo maturato sin dalla Riforma protestante, la Germania non solo non riuscirà a impedire lo sviluppo del capitalismo, né, tanto meno, a creare un'alternativa a questo sistema (benché la sua parte orientale, per un certo periodo di tempo, a partire dal secondo dopo guerra, s'illuse d'averlo fatto), ma addirittura, proprio in nome dell'ateismo, creò una delle peggiori dittature della storia.

È insomma un'illusione sempre più evidente quella di credere che una conquista sovrastrutturale sia di per sé garanzia di equità e democrazia sul piano strutturale. D'altra parte anche il cristianesimo primitivo, ponendosi in antitesi all'ebraismo e a tutte le filosofie e religioni pagane, diede l'illusione di poter superare le contraddizioni sociali dello schiavismo. Questo dovrebbe farci riflettere su un aspetto molto importante e trascurato dagli storici: le correnti eretiche o minoritarie delle ideologie risultate vincenti sul piano storico possono contenere aspetti tutt'altro che trascurabili relativamente ai tentativi di superare gli antagonismi sociali.

Indubbiamente oggi la possibilità di vivere una forma così avanzata di ateismo in società che stanno diventando sempre più capitalistiche (come quelle asiatiche), implica la presenza di una certa astrazione intellettuale e quindi di una certa mistificazione culturale. Al momento l'Africa e il Sudamerica sembrano essere meno coinvolti in questo processo mistificatorio. Questi due continenti infatti sono stati segnati da un marcato colonialismo europeo e statunitense che ne ha letteralmente sconvolto l'identità originaria, al punto che le tracce più significative di ateismo sono rinvenibili, nella forma ingenua dell'animismo, soltanto presso le ultime sopravvivenze tribali. In Africa addirittura, oltre al cristianesimo, s'è imposto anche l'islam, la cui evoluzione verso l'ateismo è molto più lenta che non quella del cristianesimo nei paesi occidentali.

La cosa più preoccupante, in questo momento, è che, nonostante le filosofie indo-buddiste delle società asiatiche, fino a ieri utilizzate in chiave anti-colonialista e persino filo-socialista, oggi, evolvendo progressivamente verso la laicizzazione, quelle società tendono a favorire i processi capitalistici e proprio mentre è meno forte, all'interno di esse, il peso del classico colonialismo occidentale. Il fallimento repentino, inaspettato, del cosiddetto "socialismo reale" ha sconvolto il mondo intero, soprattutto quella parte che sperava d'integrare le idee del socialismo col proprio passato agrario e collettivistico.

Conclusioni

Perché Marx s'è soffermato così tanto nel descrivere le forme in cui il capitale si manifesta? Perché Lenin ebbe il coraggio di dire che la politica andava considerata come una "sintesi dell'economia"? In effetti, ciò che più importa non è tanto quello di sviscerare sino in fondo tutte le contraddizioni del sistema, quanto, una volta chiarito il motivo fondamentale dell'antagonismo, quello di organizzarsi politicamente per superarlo.

Un'analisi troppo particolareggiata delle contraddizioni del sistema, finisce coll'aiutare il sistema stesso a trovare le soluzioni più idonee a superare i propri limiti o le soluzioni per mistificare meglio le proprie contraddizioni. Tutto il *Capitale* è stato usato dalla borghesia proprio in questa direzione, anche se il sistema, ovviamente, non può risolvere le proprie contraddizioni antagonistiche. Lo Stato sociale è un esempio eloquente di cosa voglia dire utilizzare idee di tipo socialista dal punto di vista del capitalismo. Ecco perché dobbiamo sostenere che è l'evidenza a rendere il sistema intollerabile. L'organizzazione politica per rovesciarlo è più importante dell'analisi economica per capirlo. Ecco perché chiunque ne avverta i limiti di fondo, che impediscono un'esistenza umana e naturale, può e deve parteciparvi.

Il superamento del sistema capitalistico deve avvenire sulla base del primato del *valore d'uso* su quello di scambio, del primato della *terra* sull'industria, del primato dell'*ecologia* sull'economia, dell'*autoconsumo* sul mercato, della *proprietà comune* dei fondamentali mezzi produttivi contro l'appropriazione individuale degli stessi.

Il capitalismo è antagonismo irriducibile tra capitale e lavoro, tra possesso privato di strumenti produttivi, da un lato, e di forza lavorativa dall'altro. Ecco perché il salario va abolito, *sic et simpliciter*, come va abolito l'uso del denaro, che va sostituito col baratto. Le eccedenze ottenute col lavoro possono essere vendute o conservate, ma va anzitutto garantita la soddisfazione dei bisogni primari. Non ha senso produrre per il mercato o per un profitto o per una rendita altrui o per un mero interesse finanziario. Si produce per riprodursi, e lo si fa rispettando le esigenze riproduttive della natura.

Il lavoro è obbligatorio per chi è in grado di svolgerlo, e il suo valore non va quantificato meccanicamente, essendo il suo valore anche "sociale", non solo "economico": esso serve alla collettività nel suo insieme, serve a tenerla unita, legata a tradizioni consolidate e condivise. Non ha senso misurare il valore di un oggetto sulla base del tempo di lavoro socialmente necessario per produrlo, né sulla base dei suoi possibili prezzi di costo.

Il valore di un oggetto è, per un collettivo, incommensurabile a calcoli di tipo matematico o finanziario. Esistono forme di lavoro (come l'educazione, l'istruzione, la stessa riproduzione e l'allevamento della prole) che praticamente non hanno prezzo, e non perché siano sul piano economico "improduttive", né perché "valgano poco", quanto perché il loro valore sociale, umano, culturale, etico è altissimo, imparagonabile col valore materiale di qualunque bene.

L'unico vero problema che a questo punto si pone è:
1. come organizzare un movimento politico che approfitti delle contraddizioni del sistema, prospettando un'esperienza rivoluzionaria;
2. come organizzare piccole sperimentazioni sociali e territoriali con cui mettere in pratica, da subito, le forme di produzione e di consumo alternative a quelle dominanti.

In entrambi i casi occorre sperimentare forme di esperienze collettive, in cui si tenta di vivere la realtà secondo parametri culturali opposti a quelli dominanti. Non è possibile alcuna forma di compromesso con lo sfruttamento.

Un cenno ai *Grundrisse*

Premessa

La rivoluzione scientifica compiuta da Marx nell'economia politica era stata preceduta da circa un decennio di attività politica e culturale, cioè praticamente dalla tesi di laurea sino agli scritti storici sul fallimento delle rivoluzioni proletarie del biennio 1848-49.

A Londra Marx elaborò copiosi manoscritti economici nel 1857-59, 1861-63 e 1864-65: tra questi i *Grundrisse* (1857-58)[5] occupano senz'altro il posto principale, in quanto è in essi che per la prima volta si elabora a grandi linee la teoria del plusvalore, nonché il punto d'avvio dell'analisi del modo di produzione capitalistico: il concetto di merce.

Editi per la prima volta in versione integrale dall'Istituto Marx Engels Lenin di Mosca nel 1939-41, i *Grundrisse* divennero accessibili in Occidente negli anni '60 e all'inizio dei '70, grazie soprattutto alle traduzioni nelle principali lingue europee (ma anche in giapponese). Essi apparvero nel circuito scientifico internazionale nel momento in cui i problemi dell'umanesimo, dell'alienazione e dello sviluppo della libertà umana - così come sono affrontati nelle opere di Marx - erano largamente dibattuti in Occidente. In particolare, speculando sul carattere un po' equivoco di talune espressioni dei *Manoscritti del 1844*, i sostenitori del "neo-marxismo" cercarono di opporre il giovane Marx (quello umanista) all'autore del *Capitale*, considerando questo marxismo *umanista* come più autentico e genuino.

L'apparizione dei *Grundrisse*, che documentava il rapporto reale fra le idee del giovane Marx e la teoria economica sviluppata nel *Capitale*, avrebbe dovuto por fine al perpetuarsi della falsificazione del pensiero di Marx. Ciò in quanto i *Grundrisse* costituiscono una specie di ponte fra gli anni '40 e gli anni '60-70 del XIX sec., cioè fra i *Manoscritti del 1844* e il *Capitale*.

Ma così non è stato, almeno per quei critici che, pur riconoscendo ai *Grundrisse* un *trait d'union* fra la critica marxiana della società borghese, condotta a livelli meramente filosofici, e lo studio economico-politico sistematico delle leggi tendenziali interne al capitalismo (come ap-

---

[5] Testo di riferimento: K. Marx, *Lineamenti fondamentali della critica dell'economia politica (1857-58)*, ed. La Nuova Italia, Firenze 1997. Questo commento prende in esame alcuni capitoli del I volume.

pare nel *Capitale*), sostengono che i *Grundrisse* costituiscono il vertice dell'opera marxiana e che la loro pubblicazione ha rivelato al mondo un "Marx sconosciuto" (cfr. le tesi di M. Nicolaus e D. McLellan). Il che portava a dedurre, più o meno esplicitamente, che soltanto la conoscenza dei *Grundrisse* autorizzasse l'autentica comprensione della dottrina filosofica ed economica del marxismo, mentre il *Capitale* indicherebbe una involuzione verso il determinismo economicistico.

L'influenza di questa parziale e riduttiva interpretazione dei manoscritti economici del 1857-59 si è fatta sentire anche su alcuni teorici marxisti occidentali, i quali hanno creduto, sulla scia di Nicolaus, di superare definitivamente sia l'unilateralità dei panegirici sul "giovane Marx", sia le concezioni della scuola di Althusser che, nella polemica col revisionismo, era arrivato, pur partendo da posizioni diverse, alla medesima conclusione quanto alla esistenza d'una "rottura epistemologica" tra il giovane Marx e quello maturo.

Costituendo l'anello mancante, i *Grundrisse* in effetti rappresentano la continuità del pensiero marxiano. Tuttavia, se essi apparentemente appaiono più ricchi del *Capitale*, di fatto, sul piano sostanziale e teorico, risultano più poveri, per non parlare della precisione nella terminologia linguistica.

I marxisti borghesi e i revisionisti mettono soprattutto l'accento sul fatto che i manoscritti economici del 1857-58 trattano tutta una serie di questioni assenti o appena accennate nel *Capitale*. E. Hobsbawm e E. Mandel sottolineano la dialettica del tempo libero sotto il capitalismo e nel socialismo, la tendenza alla trasformazione della scienza in una forza produttiva diretta e quella della produzione meccanizzata in azienda automatizzata, l'analisi delle forme pre-capitalistiche, le premesse delle crisi di sovrapproduzione nel capitalismo, ecc; Mandel allunga la lista rilevando che certe questioni legate alla proprietà fondiaria, al lavoro salariato, al commercio estero e al mercato mondiale non hanno trovato alcun riflesso nel *Capitale*.

È anche vero che l'importante analisi della duplice natura della merce e quindi della genesi del denaro non è presente che a livello embrionale nei *Grundrisse*, mentre il problema del costo della produzione non è neppure posto, benché la nozione di profitto sia stata dedotta dallo studio del plusvalore.

Proprio per queste ragioni R. Rosdolsky, J. E. Elliot, A. Oakley e altri hanno ridimensionato alquanto l'originalità dei *Grundrisse* rispetto al *Capitale*. È assurdo contrapporre in modo meccanico questo a quelli: si tratta di tappe differenti di un medesimo processo di conoscenza teorica del capitalismo.

Questa strumentale contrapposizione cela però un disegno più vasto: quello di "ristrutturare" il marxismo in modo da privarlo del suo nucleo centrale. Si tratta di un'operazione tutt'altro che scientifica, tesa a suffragare surrettiziamente una "nuova" interpretazione del marxismo, forse un po' più sofisticata, ma avente sempre lo stesso obiettivo: togliere al marxismo il suo potenziale rivoluzionario.

La specificità dei *Grundrisse* risiede piuttosto nel fatto che in essi è evidente la necessità di passare dalla scoperta della legge del plusvalore alla costruzione d'un sistema categoriale del modo di produzione capitalistico: un sistema che qui appare ancora in forma embrionale. Nel senso cioè che se Marx ha rinunciato nel *Capitale* a esaminare taluni problemi affrontati nei *Grundrisse*, è stato unicamente perché essi non avevano un rapporto diretto, immediato, con l'oggetto specifico, prevalente, dei suoi studi, malgrado l'importanza che in sé potessero avere. Non dimentichiamo inoltre in quali incredibili difficoltà economiche ha vissuto Marx e la sua famiglia proprio mentre elaborava la stesura dei *Grundrisse* e del *Capitale*: gran parte del suo tempo doveva dedicarlo a risolvere problemi tutt'altro che teorici.

Questo spiega il motivo per cui è impossibile comprendere pienamente l'originalità dei *Grundrisse* separandoli dal *Capitale*. La teoria economica di Marx può essere efficacemente rappresentata come un movimento ascendente, lineare e continuo.

Ma c'è un altro aspetto che i teorici borghesi e i revisionisti amano sottolineare: la presunta dipendenza del metodo di Marx dalla "logica" di Hegel. In particolare essi credono di ravvisare nei *Grundrisse* una stretta correlazione con l'hegeliana *Filosofia del diritto* (vedi le tesi di S. Avineri, specialista israeliano di storia del marxismo e di N. Fischer, neohegeliano americano).

Questo problema, in verità, era già stato sollevato da R. Rosdolsky, l'autore della prima fondamentale opera sui manoscritti del 1857-59; e verrà ripreso negli anni 1960-70 in Francia e in Italia (vedi J. Potier, *Lectures italiennes de Marx 1883-1983*, Lyon 1986).

Senonché il rapporto tra Marx ed Hegel è quanto mai controverso. La nozione di "capitale in generale" non ha nulla a che vedere col concetto generico e astratto di *allgemeine Begriff*. La categoria marxiana esprime non solo delle caratteristiche generali astratte, inerenti a qualunque capitale, ma anche il rapporto universale concreto "in opposizione ai capitali particolari reali". Il *capitale sociale globale* è un'immagine reale del capitale in generale.

Il ricercatore russo A. Kogan è riuscito a dimostrare che il metodo di Marx era così dialettico che, a differenza di Hegel, non riusciva a sopportare alcuno schema astratto arbitrariamente imposto. Il *Capitale*, in questo senso, non è che uno sviluppo del contenuto della nozione di "capitale in generale". È cioè un'opera finalizzata ad approfondire un argomento ritenuto di fondamentale importanza. In modo particolare, per Marx è la produzione del plusvalore al centro del suo interesse, proprio perché il plusvalore è la fonte principale di tutte le ingiustizie della società borghese, moderna e contemporanea.

L'Introduzione di Marx

L'Introduzione ai *Grundrisse* è uno spaccato dei più macroscopici errori di metodologia storico-economica compiuti dagli economisti borghesi.

È singolare che, per svelarli, ci sia stato bisogno di un filosofo tedesco preveniente da un paese, la Prussia, che sicuramente, sul piano capitalistico, non era avanzato come Francia e Inghilterra e che pertanto non poteva permettere a nessun intellettuale, per quanto illuminato fosse, di avere una consapevolezza così critica delle contraddizioni del capitale, tant'è che Marx dovette per così dire farsi le ossa studiando economia prima in Francia poi in Inghilterra. Quando approdò per la prima volta a Parigi nel suo bagaglio culturale aveva solo la critica della religione e della filosofia del diritto pubblico (in cui aveva però già capito il ruolo negativo della proprietà privata e il ruolo illusorio dello Stato), e ovviamente aveva la piena padronanza della dialettica hegeliana.

Stessa cosa però si potrebbe dire del "russo" Lenin, che pur provenendo da un paese economicamente arretrato come il suo, riuscì a dare delle indicazioni molto più precise degli "intellettuali" tedeschi o dei politici per definizione, quali sono sempre stati i francesi, sul modo in cui si doveva compiere una rivoluzione proletaria.

La cosa che soprattutto stupisce è che Marx, a differenza degli economisti borghesi, aveva chiarissima l'idea che il capitalismo andava considerato come una pura e semplice formazione *storica*, destinata, come tutte quelle che l'avevano preceduta, ad essere superata da una più *avanzata*.

Marx doveva misurarsi con intellettuali che o si erano messi smaccatamente al servizio della borghesia, oppure le erano al servizio semplicemente perché partivano da presupposti sbagliati, frutto di vari pregiudizi. Quand'egli scrive che gli economisti moderni non erano in grado di isolare "le determinazioni che valgono per la produzione in generale" dalla "diversità essenziale" che permette di capire quando alcune determinazioni appartengono a tutte le epoche storiche e quando altre invece appartengono solo ad epoche particolari (p. 7), e mostra così che sulla base di questo errore essi finivano col sostenere l'*eternizzazione del capitalismo*, sembra di assistere a un confronto tra un maestro e i suoi scolaretti.

E non si può neanche sostenere che, siccome il capitalismo era appena nato, detti economisti vedevano inevitabilmente più gli aspetti positivi di quelli negativi. Basta leggersi il cap. XXIV del *Capitale* per rendersi conto che le tragedie maggiori il capitalismo europeo (in questo caso inglese) le aveva subite proprio nei suoi primi secoli di sviluppo. Persino T. More, cancelliere del re Enrico VIII, mostrava d'essere perfettamente consapevole dei disastri delle *enclosures* a lui coeve.

Probabilmente il limite di fondo nella metodologia dell'economia politica borghese trovava le sue radici nel fatto che gli economisti avevano bisogno di dimostrare l'impossibile pur di convincere l'intera società civile che la strada intrapresa, nonostante le immani tragedie, era quella giusta.

Il livello di consapevolezza critica di Marx, rispetto a questi economisti borghesi, forse può essere paragonato a quello che aveva, sul piano filosofico, Hegel nei confronti di tutti i filosofi a lui precedenti. Ancora per molti secoli la filosofia hegeliana avrebbe potuto continuare a egemonizzare la Germania se questa avesse dimostrato d'essere superiore, sul piano dell'organizzazione della società, ai suoi concorrenti anglofrancesi. Si può in un certo senso sostenere che il rifiuto dell'idealismo assoluto di lasciarsi superare dal *socialismo scientifico*, porterà detta filosofia ad appoggiare, più o meno direttamente, soluzioni estreme come quella nazista, o ad involversi (il che poi è sostanzialmente lo stesso) in situazioni ideologicamente non meno estreme come quella dell'irrazionalismo di Nietzsche.

È fuor di dubbio comunque che quando un economista difende la proprietà privata come un totem da adorare, è perché egli stesso è proprietario di qualcosa di sufficientemente significativo da indurlo a comportarsi così. Questa non è una congettura psicologica ma una constatazione sociologica. A questi economisti difetta la *coscienza storica* semplicemente perché sono schiacciati sotto il peso del presente e del loro interesse personale e di ceto privilegiato.

Borghese e Uomo di natura

Marx fa notare nei *Lineamenti* che l'oggetto dei suoi studi è la "produzione materiale dell'uomo sociale". Non vuole partire, non credendo neppure nella sua esistenza, dall'individuo isolato, generico, universalmente astratto, come fecero gli inglesi Smith (1723-90) e Ricardo (1772-1823), e come continuano a fare gli economisti a lui coevi: l'americano Carey (1793-1879), i francesi Bastiat (1801-50) e Proudhon (1809-65) e altri ancora.

L'individuo isolato è stato fatto passare dagli storici delle civiltà come una forma di ritorno all'uomo di natura, in contrasto agli eccessi dell'uomo civilizzato, al punto che si è voluto vedere nel "contratto sociale" di Rousseau un patto tra "soggetti per natura indipendenti" (p. 4). Il che, secondo Marx, non ha senso. Tali "robinsonate" - egli afferma - servirono piuttosto per anticipare, legittimandola, la "società civile", quella che tutela la proprietà.

"In questa società della libera concorrenza - dice Marx - l'individuo si presenta sciolto da quei vincoli naturali ecc. che nelle epoche storiche precedenti fanno di lui un elemento accessorio di un determinato e circoscritto conglomerato umano" (ib.). Cioè Smith e Ricardo hanno avuto tutto l'interesse a presentare l'uomo borghese come un Robinson che esce dallo stato di natura, rozzo e primitivo, per diventare finalmente un individuo libero, autonomo e soprattutto "sociale".

Marx, come al solito, è bravissimo nel ribaltare la prospettiva con cui si guardano le cose e spiega che in realtà l'individuo isolato (così come dagli economisti è stato descritto) non era affatto un "uomo di natura", ma semplicemente il prototipo d'individuo di cui la classe borghese aveva bisogno per affermarsi come tale. Era un uomo isolato proprio perché doveva appartenere alla società borghese, in cui appunto deve avvenire un contratto tra individui liberi, indipendenti - almeno così si vuol far credere, in quanto la critica di Marx è appunto rivolta contro il carattere formale, illusorio, della libertà di uno dei due contraenti, quello privo di proprietà.

Anche senza verificare i testi di Smith e Ricardo e di tutti gli altri economisti borghesi, è evidente quello che Marx intende dimostrare. E noi dobbiamo dare per scontato che avesse ragione, in quanto non avrebbe senso ripercorrere i suoi studi per verificare la fondatezza delle sue tesi. Se non partiamo da questo presupposto, cioè se non ci mettiamo sulle spalle di Marx e non guardiamo avanti, non riusciremo a superare i limiti del marxismo.

Dunque l'isolamento dell'uomo di natura è funzionale alla necessità di stabilire un contratto di lavoro, che a sua volta dipende da determinati, ancorché mistificati, rapporti di proprietà. Per gli economisti e ideologi borghesi l'individuo isolato è "il punto di partenza della storia" (ib.); per Marx invece un "risultato storico", quello del crollo del feudalesimo e della nascita, sulle sue ceneri, del capitalismo.

Robinson o Adamo sono, per detti economisti, delle rappresentazioni naturali dell'uomo; per Marx invece delle rappresentazioni ideali della borghesia, che vede l'individuo singolo e isolato come un limite che va superato col "contratto" - in realtà, dice Marx, solo per giustificare la distruzione delle comunità pre-capitalistiche.

I *Grundrisse* sono stati scritti di getto, come riflessioni spontanee che emergevano nel corso degli studi: non erano assolutamente destinati alla pubblicazione. Di qui la fatica che spesso si fa a capire certi passaggi. Tuttavia, proprio l'immediatezza di queste riflessioni a volte ci è più d'aiuto a capire lo svolgimento dei pensieri marxiani che non un intero testo strutturato. P.es. nei *Grundrisse* gli accenni sul pre-capitalismo sono molto più interessanti di quelli che si possono incontrare nel I libro del *Capitale*. Il motivo di questo è semplice: Marx non dava mai alle stampe qualcosa che per lui non avesse la caratteristica della definitività. Nel suo metodo d'indagine era talmente scrupoloso che non avrebbe potuto tollerare dei giudizi approssimativi, generici su un argomento così importante come quello del pre-capitalismo. Per cui preferiva tacere.

Nei *Grundrisse*, quando parla dell'uomo primitivo o anche solo dell'uomo pre-borghese, le sue analisi presentano a volte aspetti contraddittori, a testimonianza che le sue conoscenze in materia non erano approfondite: a p. 5 p.es. si limita a citare un testo di B. G. Niebuhr, *Römische Geschichte* (Berlino 1827), più avanti citerà un testo di W. H. Prescott, *History of the Conquest of Perù* (Londra 1850) e si ricordi quel che scrisse Engels nell'edizione inglese del *Manifesto* del 1888: "Nel 1847, la preistoria della società - l'organizzazione sociale esistente prima della storia tramandata per iscritto - era poco meno che sconosciuta". Non dimentichiamo che l'Appendice ai *Grundrisse*, che passa sotto il nome di *Formen*, contiene passi molto significativi sul pre-capitalismo, ma anch'essa rimase inedita. Persino nel 1866, quando ormai era pronta la pubblicazione del I volume del *Capitale*, Marx decise di togliere dalla sua stesura definitiva il VI capitolo intitolato "Risultati del processo di produzione immediato", che, guarda caso, tratta molto estesamente dei problemi del pre-capitalismo.

Marx nutre nei confronti del pre-capitalismo un atteggiamento ambivalente, poco decifrabile, che si trascinerà sino agli ultimi scritti coi populisti. Prendiamo alcune affermazioni dai *Grundrisse*; una l'abbiamo già riportata: l'uomo pre-borghese è un "accessorio di un determinato e circoscritto conglomerato umano" (p. 4); Marx lo vede come un individuo "privo di autonomia, come parte di un insieme più grande... (famiglia, tribù, comunità)" (p. 5). E in questo il suo giudizio non è molto diverso da quello degli economisti borghesi. Tuttavia, a p. 10 scrive: "La storia mostra che la proprietà comune (p.es. presso gli indiani, gli slavi, gli antichi celti ecc.) è la forma più originaria, una forma che, nella veste di proprietà comunale, svolge ancora per lungo tempo una funzione importante".

Marx intende riferirsi non tanto alla *proprietà comune* (che ancora non prevedeva quella "privata" come contraltare) dei popoli primitivi, pre-schiavistici, bensì a quella *proprietà d'uso comune* tra gli abitanti di una comunità di villaggio feudale, come p.es. i boschi, le foreste, determinati pascoli, le paludi... Marx dice questo per contestare che dal concetto di "proprietà" si debba per forza passare (come appunto fanno gli economisti borghesi) alla proprietà "privata". Cioè nel Medioevo, p.es., è esistita la proprietà *privata* dei feudatari, ma anche, e per moltissimo tempo, una proprietà *comune*, utilissima per i contadini.

Queste considerazioni il marxismo contemporaneo non le ha mai sviluppate come avrebbe dovuto. Infatti, se l'avesse fatto avrebbe dovuto rivedere molti pregiudizi nei confronti del feudalesimo, nonché la tesi di una *necessità storica* della transizione al capitalismo.

Secondo Marx l'uomo primitivo è destinato a recidere il cordone ombelicale che lo lega alla comunità e, in tal senso, il passaggio dal comunismo primitivo alla civiltà, o dalla preistoria alla storia deve essere considerato inevitabile. Tuttavia Marx vede questo processo con una sorta di angoscia esistenziale: "L'uomo è nel senso più letterale uno *zòon politikòn* [nel testo la citazione è in greco] non soltanto un animale sociale, ma un animale che solamente nella società può isolarsi" (p. 5). Un'affermazione di questo genere è potente, in quanto Marx, a differenza degli economisti borghesi, non si fa illusioni sul capitalismo. Dunque, per tornare alle "robinsonate" iniziali, "la produzione dell'individuo isolato al di fuori della società" (ib.) - dice Marx - è un'assurdità totale.

Esattamente come l'altra cosa, quella di considerare le civiltà pre-borghesi, ignare del *diritto*, come più "barbare" di quella moderna. Scrive Marx a p. 11: "Gli economisti borghesi vedono soltanto che con la polizia moderna si può produrre meglio che, ad es., con il diritto del più forte [la borghesia che oppone il proprio diritto alla forza del signore feudale, laico od ecclesiastico]. Essi dimenticano soltanto - prosegue Marx - che anche il diritto del più forte è un diritto [infatti è sempre esistita una legislazione anche sotto il Medioevo] e che il diritto del più forte continua a vivere sotto altra forma anche nel loro 'Stato di diritto'", cioè è cambiata la forma ipocrita in cui si cela il primato della forza, in quanto tutti i cittadini sono formalmente uguali davanti alla legge.

Produzione e distribuzione

Parlando di produzione, distribuzione, scambio e consumo, Marx fa delle considerazioni molto importanti. Qui si ha a che fare con uno studioso che si accinge ad esaminare in maniera approfondita (come in Francia non era riuscito a fare) dei testi economici di una certa complessità e in tale esame, lo si vede benissimo, da un lato egli opera delle sintesi concettuali del pensiero degli economisti borghesi, in cui a volte si fatica a capire dove stiano le sue personali interpolazioni, ovvero s'egli stia riassumendo posizioni dominanti tra gli economisti borghesi o quelle che lui condivide maggiormente; dall'altro egli, di tanto in tanto, come suo solito, fa il punto "critico" della situazione, cercando altresì di trovare soluzioni o nuove impostazioni di metodo agli argomenti che gli economisti borghesi hanno trattato in maniera superficiale o incompleta.

È come assistere allo svolgimento in tempo reale della sua metodologia di lavoro. I *Grundrisse* sono una sorta di diario personale, in cui un filosofo discepolo e nel contempo critico di Hegel, si accinge a modificare radicalmente (come nessun altro filosofo della Sinistra hegeliana riuscì a fare, se si esclude Engels, che anzi per molti versi anticipò Marx) il suo oggetto di studi e che inevitabilmente è costretto a trattare con un linguaggio filosofico degli argomenti di tipo economico. Si prenda p.es. questa affermazione, che in un certo senso è paradigmatica: "Questa identità di produzione e consumo perviene al principio di Spinoza: *determinatio est negatio*" (p. 14). Parallelismi del genere, che s'incontrano continuamente negli scritti di Marx, sono semplicemente stupefacenti e indicativi della sua vastissima cultura.

Questo tuttavia, se può sembrare un limite per il lettore che vorrebbe vedere l'economia trattata con linguaggio puramente "economico", senza essere costretto a faticosi sforzi di astrazione, è stato in realtà un grande vantaggio per Marx, poiché gli ha permesso di guardare con occhi completamente diversi - quelli appunto della dialettica hegeliana - cose che gli economisti classici vedevano in maniera più limitata, con gli occhi tipici della dialettica illuministica, in forza della quale l'idea di *progresso* finiva col deformare la visione obiettiva delle contraddizioni sociali. Bisogna quindi avere molta pazienza nell'esaminare un testo spesso involuto come i *Grundrisse* e bisogna essere convinti di potervi trovare cose non meno interessanti di quelle contenute nel *Capitale*.

Ai tempi di Marx l'economia politica borghese continuava a ritenere il capitalismo il migliore sistema sociale di tutti i tempi, al punto che non ce ne sarebbe stato un altro. Questa era anche l'opinione della politica dominante in tutti i paesi capitalistici. Solo il socialismo utopistico aveva messo in crisi queste certezze, ma senza ottenere risultati apprezzabili sul piano pratico. Non deve stupire, in tal senso, la scarsa considerazione in cui si tenevano le teorie di Marx, se si esclude - e ciò stupiva e ammirava lui stesso - la Russia populista.

Marx esordisce a p. 12 dicendo che secondo lui le connessioni poste dagli economisti borghesi relativamente ai concetti di produzione, distribuzione, scambio e consumo sono "superficiali". E a p. 13 fa notare che "gli avversari degli economisti politici" si sono già accorti che non si possono "dissociare barbaramente cose che sono invece connesse". Questi avversari sarebbero i "belletristi socialisti" ma anche alcuni "economisti prosaici", come p.es. Say. Marx qui non fa citazioni, anzi sembra piuttosto evasivo, limitandosi a parlare di avversari "all'interno e all'esterno" del campo degli economisti politici. Il motivo di ciò probabilmente dipende dal fatto ch'egli non sembra nutrire particolare considerazione per questi critici, in quanto afferma ch'essi "o stanno sul loro [dei suddetti economisti] terreno o stanno al di sotto di loro" (ib.).

In sostanza il problema che i critici degli economisti borghesi pongono è relativo al fatto che per quest'ultimi la produzione viene concepita come "troppo esclusivamente fine a se stessa", mentre "la distribuzione avrebbe un'importanza altrettanto grande" (ib.). Il socialismo utopistico infatti puntava molto sulla "distribuzione", in quanto con questa categoria, che implica dei processi di carattere etico-sociale, si poteva meglio affrontare la questione della *democraticità* della società borghese.

Insomma il problema che Marx vuole affrontare in questo capitolo è quello di capire in che rapporto stanno produzione e consumo, poiché in *astratto* (o nelle pubblicazioni degli economisti borghesi) tutto sembra funzionare perfettamente: produzione e consumo praticamente coincidono, in quanto si supportano reciprocamente, in una sorta di mutuo condizionamento, ma in *concreto*, nella realtà sociale del capitalismo sembra essere la *produzione* a dettare un ruolo egemonico e lo prova il fatto che tra produzione e consumo "s'interpone la distribuzione che, in base a leggi sociali, determina quale quota della massa dei prodotti spetti al produttore" (p. 19). Infatti sotto il capitalismo "il ritorno del prodotto al soggetto [che lo produce] dipende dalle relazioni in cui questi si trova con altri individui. Egli non se ne impossessa immediatamente" (ib.); sicché in altre parole produzione e consumo non coincidono affatto, in quanto la distribuzione appare sempre squilibrata, iniqua, frutto dell'antagonismo sociale. Marx non si esprime esattamente così, ma non v'è dubbio che il suo pensiero sia questo.

Non stiamo forzando i testi. Si prenda p.es. quest'altro problema, esposto subito dopo da Marx con una frase apparentemente enigmatica: "quando egli [l'operaio] produce nella società, l'appropriazione immediata del prodotto non è il suo scopo" (ib.). Che significato ha questa frase buttata lì? Semplicemente che la finalità della produzione capitalistica è la valorizzazione progressiva del capitale, non la soddisfazione dei bisogni. Marx non ne parla perché dà per scontata la risposta. I *Grundrisse* sono diari di lavoro, non dimentichiamolo. Già nei *Manoscritti del 1844* egli aveva detto che l'operaio non produce affatto per consumare ciò che produce.

A suo parere - e qui veniamo al punto forte di contrasto tra il socialismo scientifico e quello utopistico - il problema non è quello di come intervenire sul versante della distribuzione, al fine di cambiare, in favore dell'operaio, il rapporto tra produzione e consumo, ma è quello di come intervenire direttamente sulla *produzione*, poiché "il modo determinato in cui si partecipa alla produzione determina le forme particolari della distribuzione, la forma in cui si partecipa alla distribuzione" (p. 20).

Su questo problema di natura economica ovviamente s'innesta quello di natura politica, i cui termini di confronto oggi vengono affrontati con maggiore flessibilità: *riforme sociali*, in direzione di un mutamento progressivo della *distribuzione* nell'ambito del sistema capitalistico, o *rivoluzione politica*, in direzione della conquista del potere per un ribaltamento immediato del modello capitalistico di *produzione*? Marx propendeva per questa seconda soluzione e il suo radicalismo lo porterà a rompere molto presto con tutto il socialismo utopistico.

Gli economisti borghesi, dal canto loro, erano su questo aspetto ancora più astratti dei socialisti utopisti, poiché nella distribuzione non vedevano neppure i problemi connessi ai conflitti di classe. Marx dice che secondo loro "la distribuzione si presenta come distribuzione dei prodotti e quindi essa è ben lontana dalla produzione e quasi autonoma rispetto ad essa" (p. 21). Gli economisti avevano interesse a mostrare questa diversità, in quanto non volevano che i critici della distribuzione ineguale facessero ricadere sulle forme della produzione i motivi dello scompenso tra produzione e consumo. Per il resto erano tranquillamente disposti ad ammettere che tra produzione e consumo vi fosse identità o reciproco condizionamento, ed erano del tutto indifferenti al fatto che - prosegue Marx - "all'origine, l'individuo non possiede alcun capitale, alcuna proprietà fondiaria. Fin dalla nascita esso è assegnato al lavoro salariato dalla distribuzione sociale" (ib.).

Qui Marx arriva a sostenere che sotto il capitalismo la distribuzione è iniqua e l'identità di produzione e consumo è soltanto teorica, proprio perché il primato della produzione, basato sulla proprietà *privata* dei mezzi produttivi, rispetto alla distribuzione dei prodotti, è così assoluto che praticamente non ha confronti nella storia dell'economia. Gli esempi, presi dal pre-capitalismo, sono tutti calzanti: "Un popolo conquistatore divide il paese tra i conquistatori e impone così una determinata ripartizione e forma della proprietà fondiaria: esso determina perciò la produzione [cioè fa dipendere la produzione da una nuova distribuzione della terra]. Oppure trasforma i vinti in schiavi e pone così il lavoro schiavistico alla base della produzione [cioè ridistribuisce le forze umane secondo funzioni diverse e sulla base di questo reimposta la produzione]. Ovvero, mediante una rivoluzione, un popolo fraziona la grande proprietà fondiaria e la riduce in parcelle, dando con questa nuova distribuzione un nuovo carattere alla produzione [è l'esempio della Rivoluzione francese]. Oppure la legislazione perpetua la proprietà fondiaria tra certe famiglie o suddivide il lavoro come un privilegio ereditario e lo fissa così in forme di caste [è la situazione dell'India classica]. In tutti questi casi... storici... è la produzione che sembra strutturata e determinata dalla distribuzione" (ib.).

Marx fa notare che prima di ogni cosa la distribuzione è anzitutto "distribuzione degli strumenti di produzione" (ib.), la cui proprietà, nel capitalismo, è *privata*, e in secondo luogo è "distribuzione dei membri della società tra i differenti generi di produzione" (ib.), nel senso che esistono determinati rapporti produttivi che non solo danno un valore molto diverso alle diverse attività produttive, ma che esprimono anche dei conflitti di classe veri e propri. Dunque si può anche sostenere - dice Marx - che la produzione capitalistica s'imponga in virtù di presupposti distributivi che incontra prima ancora di sorgere, come "momenti d'origine naturale" (p. 22), ma poi questi momenti vengono completamente stravolti dalla produzione stessa.

Sicché il concetto che gli economisti borghesi hanno della "distribuzione" è del tutto astratto. Marx parla di "insulsaggine degli economisti che trattano la produzione come una verità eterna, relegando la storia nel campo della distribuzione" (p. 22). In realtà non solo la distribuzione dipende dal tipo di produzione, ma anche lo scambio e il consumo delle merci. Marx su questo è esplicito, proprio perché egli vuole cercare le origini economiche del capitalismo, e la sua analisi delle forme deve soltanto servire a chiarire la natura di queste origini.

Con Marx l'economia è diventata una "scienza storica", uscendo dal limbo delle categorie metafisiche, per quanto molti economisti borghesi contemporanei rimproverino a Marx di aver fatto dell'economia un oggetto d'indagine filosofica. In realtà questi economisti borghesi stanno a Marx come il paganesimo al cristianesimo o come l'idealismo greco a quello tedesco. Vien da chiedersi se, dopo il marxismo, l'economia politica borghese possa ancora dibattersi soltanto tra ingenuità e pregiudizio, come quella classica.

Il metodo dell'economia politica

Nell'esaminare il metodo dell'economia politica, Marx sostiene che se apparentemente sembra essere giusto iniziare l'analisi partendo dai dati concreti ma generali (popolazione, risorse, commerci ecc.), di fatto questo approccio è sbagliato perché generico. "La popolazione è un'astrazione se tralascio p.es. le classi di cui si compone" (p. 26), e le classi, a loro volta, sono un altro non senso se prescindiamo dai rapporti di proprietà.

Marx fa notare che gli economisti del XVII sec. partivano sempre "dall'insieme vivente" (p. 27), per poi suddividerlo in "relazioni determinanti generali, astratte, come la divisione del lavoro, il denaro, il valore ecc." (ib.). Ma poi non arrivavano mai a fare il percorso inverso, cioè partendo dalle determinazioni più semplici arrivare a quelle più generali, poste all'inizio. In tal modo non riuscivano a pervenire alla comprensione della totalità, "fatta di molte determinazioni e relazioni" (ib.).

Tuttavia - prosegue Marx - appena fu chiarito (dalla seconda generazione di economisti) quali potevano essere gli aspetti più semplici, i sistemi economici cominciarono a essere più scientifici, appunto perché si poteva partire da questi aspetti per poi risalire a quelli più complessi.

Queste riflessioni sono molto importanti perché indicano la metodologia scientifica usata da Marx per scrivere il *Capitale*, che non a caso inizia con l'analisi della merce.

Marx dice che "il concreto... è sintesi di molte determinazioni, quindi unità del molteplice" (ib.). Il concreto per Marx può essere la "popolazione", che "nel pensiero si presenta come processo di sintesi, come risultato e non come punto di partenza" (ib.), perché alla popolazione, come sintesi di elementi più semplici, bisogna arrivare dopo aver analizzato le classi e i rapporti di proprietà, altrimenti il concetto di popolazione rimane astratto, "benché - precisa Marx - il concreto sia il punto di partenza effettivo e perciò anche il punto di partenza dell'intuizione e della rappresentazione" (ib.): infatti non si perviene alle classi senza partire dalla popolazione. Il primo metodo partiva dal concreto: la *popolazione*, ma non arrivava alle *classi*, per cui alla fine la determinazione concreta risultava astratta. Il secondo invece parte dalla determinazione astratta delle *classi* per arrivare a comprendere il concetto di *popolazione*.

Naturalmente Marx non dà per scontato che si possa arrivare, in maniera automatica e soprattutto in maniera adeguata, dalla popolazione alle classi e da queste di nuovo a quella, in quanto occorre acquisire una prospettiva che veda la popolazione come sintesi di un conflitto tra classi che va superato. È dunque vero che gli economisti borghesi potevano facilmente immaginare e persino teorizzare il conflitto di classe, ma è anche vero ch'essi rifiutavano – ovviamente - d'immaginarne il superamento, preferendo, al contrario, supporlo come inevitabile o naturale. Si ricordi che nella lettera a J. Weydemeyer del 5 marzo 1852 Marx precisa che l'esistenza delle classi e della lotta di classe era già stata scoperta e analizzata dagli storici e dagli economisti borghesi, e che il suo contributo consisteva soltanto nell'aver dimostrato: "1. che *l'esistenza delle classi* è soltanto legata a *determinate fasi di sviluppo storico della produzione*; 2. che la lotta di classe necessariamente conduce *alla dittatura del proletariato*; 3. che questa dittatura stessa costituisce soltanto il passaggio alla *soppressione di tutte* le classi e a una *società senza classi...*" (Marx-Engels, *Sul materialismo storico*, Editori Riuniti, Roma 1949, p. 72 s.),

Marx, che sa bene queste cose, ne parla semplicemente perché per la prima volta può mettere a confronto due metodologie d'indagine che, pur avendo oggetti diversi, hanno aspetti in comune: quella degli economisti borghesi e quella hegeliana. Essendo stato discepolo del più grande filosofo della Germania (e se vogliamo di tutti i tempi, poiché in Hegel la filosofia raggiunge il suo vertice), Marx non può fare a meno di confrontarsi col suo maestro, mostrando dove pensa di averlo superato. E scrive, ma bisogna fare attenzione a quello che scrive, perché mentre critica Hegel lo elogia: "È per questo che Hegel cadde nell'illusione di concepire il reale come risultato del pensiero... mentre il metodo di salire dall'astratto al concreto [ora Marx dà per scontata la giustezza del metodo hegeliano che lui stesso fin qui ha seguito, anche in rapporto al metodo scientifico usato dagli economisti borghesi di seconda generazione] è *solo* [sott. nostra] il modo, per il pensiero, di appropriarsi il concreto [si badi che Marx dice "appropriarsi" non "produrre"], di riprodurlo come qualcosa di spiritualmente concreto [di riprodurlo cioè nella mente, nella consapevolezza che si tratta appunto di una riproduzione astratta, utile per compiere delle sintesi]. Ma *mai* e poi *mai* [sott. nostra] il processo di formazione del concreto stesso" [per l'esame del quale la filosofia è del tutto impotente e va trasformata in economia politica, sociologia, statistica ecc.] (ib.).

Nonostante Marx su questo avesse già scritto molto negli anni precedenti, mostrando come la Germania si fosse limitata a "produrre" la realtà rivoluzionaria unicamente nel pensiero, prima luterano poi hegeliano, qui avverte ancora la medesima esigenza, rapportandola però, questa volta, agli studi approfonditi di economia. È dunque confermato che di per sé la speculazione filosofica non può mai pervenire alla comprensione scientifica della realtà, in quanto, dando per scontato che "il pensiero pensante sia l'uomo reale" (p. 28), tale filosofia finisce col credere che "il mondo pensato sia la sola realtà" (ib.).

Marx è disposto ad accettare, come metodo, che la realtà diventi una riproduzione del pensiero basato sulle leggi della dialettica, ma a condizione che poi si faccia effettivamente l'analisi della realtà, e non con gli strumenti della filosofia, ma con quelli dell'economia, che esaminano la realtà dall'interno e non si accontentano di ricevere "soltanto un impulso dal di fuori" (ib.), esterno al pensiero. In altre parole, Marx condivide "l'elaborazione in concetti dell'intuizione e della rappresentazione" (ib.), cioè la rappresentazione astratta, per categorie o per concetti, della realtà concreta, ma rifiuta l'idea che il concetto possa formarsi in maniera indipendente dall'intuizione e dalla rappresentazione della realtà, che devono appunto avvalersi di strumenti d'indagine non filosofici. "Anche nel metodo teorico - precisa Marx -, la società deve essere sempre presente alla rappresentazione come presupposto" (ib.).

Queste affermazioni non sono finezze o cavilli o astruserie tra i metodi di Marx e di Hegel, anche se il fatto d'averle scritte di getto contribuisce a renderle tali, ma la testimonianza di una precisa consapevolezza: quella che Marx aveva di essere, su questo punto metodologico, superiore a Hegel e a tutta la Sinistra hegeliana. Quest'ultima aveva superato Hegel nella critica della religione, ma si era fermata lì. Dal canto suo, Marx aveva anche scritto dei testi molto significativi di critica della filosofia del diritto pubblico. Ora però egli presume d'aver superato il suo maestro nella concezione della filosofia in generale e in particolare nell'uso di quanto di meglio avesse prodotto la filosofia hegeliana: le leggi della *dialettica*.

Si badi, il Marx pre-inglese aveva ragionato in termini più politici: Hegel andava superato con la rivoluzione *politica* del proletariato, se si voleva inverare la filosofia eliminando definitivamente il suo primato come scienza. I principi della filosofia hegeliana potevano essere inverati solo se realizzati politicamente e tale realizzazione avrebbe comportato necessariamente la fine del primato della filosofia su tutte le altre scienze, poiché se l'idealismo andava considerato rivoluzionario come *metodo*, andava però considerato conservatore come *sistema*, poiché la filosofia hegeliana era contraria a qualunque forma di rivoluzione politica. Lo stesso Hegel lo lasciò capire quando scrisse nella prefazione della sua *Rechtsphilosophie*: "a dire anche una parola sulla dottrina di come dev'essere il mondo, la filosofia arriva sempre troppo tardi".[6]

---

[6] *Lineamenti di filosofia del diritto*, Laterza, Roma-Bari 1974, p. 20.

Ma procediamo con le questioni di metodo. Marx si pone una domanda chiave: "le categorie semplici hanno un'esistenza storica o naturale indipendente, prima delle categorie più concrete?" (p. 28). La risposta è sì, ma *sub conditione*. Marx fa tre esempi di categorie semplici (di cui il primo preso da Hegel): il possesso, il denaro e il lavoro.

Il *possesso* sembra una categoria semplice, ma se la si prende come "la più semplice relazione giuridica del soggetto" (ib.) [come fa Hegel nella *Filosofia del diritto*, paragrafo 40] si dovrebbe poi precisare [ed Hegel non lo fa] che il possesso, di per sé, non significa nulla, in quanto tale categoria va messa in relazione con categorie più concrete, come p.es. famiglia, tribù, signoria/servitù, le cui realtà storiche, paradossalmente, possono anche aver beneficiato del "possesso" senza mai aver conosciuto la "proprietà". Detto altrimenti, Hegel non avrebbe capito che il "possesso" del singolo si configura solo attraverso il rapporto della famiglia o della tribù rispetto alla "proprietà". Se il possessore è un "selvaggio isolato", allora - osserva con evidenza lapalissiana Marx - non c'è "rapporto giuridico" (p. 29). Categorie come tribù, famiglia e servaggio non solo sono più semplici di possesso ma anche più concrete. È proprio partendo da queste categorie che ci si può accorgere della possibilità di un possesso senza proprietà privata. Viceversa in Hegel il possesso coincide con la proprietà, o comunque dal possesso individuale (come relazione giuridica) si arriva al possesso sociale o pubblico (famiglia, società civile, Stato): il che, storicamente parlando, in effetti, non ha senso.

Tuttavia per Marx le cose non sono così semplici. Il secondo esempio, infatti, quello del *denaro*, risulta piuttosto elaborato. Come noto, il denaro è esistito prima del capitale. "In questo senso - rileva Marx - si può dire che la categoria più semplice [appunto il denaro] può esprimere i predominanti di un insieme meno sviluppato [p.es. l'Italia comunale] oppure i rapporti subordinati di un insieme più sviluppato [p.es. il capitale usuraio]" (ib.). Se è così, allora "il cammino del pensiero astratto, che sale dal più semplice [il denaro] al complesso [il capitale], corrisponde al processo storico reale" (ib.).

Eppure esiste anche il rovescio della medaglia, e qui Marx cita un'opera di W. H. Prescott, *History of the Conquest of Peru* (Londra 1850), in cui viene detto che nel Perù esistevano "forme di società molto sviluppate [cooperazione, divisione del lavoro...] in cui non esisteva affatto denaro", e che per questo Marx considera "storicamente immature" (ib.). Stessa cosa - egli rileva - per le comunità slave, dove il denaro aveva una funzione importante solo ai confini, nei traffici con altre comunità (pp. 29-30).

Noi qui ci chiediamo: perché considerare queste comunità "storicamente immature"? Qual è per Marx il metro di misura della "maturità" di una civiltà? Il metro di misura è l'*uso del denaro*, al di fuori del quale è impossibile arrivare al capitalismo. Si noti che a Marx è estranea l'idea che una civiltà possa essere considerata tanto più "storica" quanto più "naturale" e che la conformità alle esigenze della natura si misuri proprio in relazione all'esiguità o addirittura all'assenza di tracce storiche permanenti, indelebili. Per Marx è esattamente il contrario: l'umanità dell'uomo, cioè la sua storicità, sta nella progressiva *indipendenza* dalla natura. In questo egli resta hegeliano.

Il problema che Marx vuole risolvere è quello relativo alla nascita del capitalismo, poiché se questo non nasce, *sic et simpliciter*, là dove c'è il denaro, è anche vero che dove questo non c'è, di sicuro il capitalismo non nasce. Cioè oltre al denaro occorrono altri fattori. "Come elemento dominante, esso - dice Marx - appartiene all'antichità solo a nazioni caratterizzatesi in modo unilaterale, a nazioni commerciali. E perfino presso i popoli più evoluti dell'antichità, presso i greci e i romani, il suo completo sviluppo - che nella moderna società borghese costituisce una premessa - si manifesta solo nel periodo della dissoluzione" (p. 30).

Questa è una considerazione molto importante, perché Marx è convinto che il capitalismo non sarebbe mai potuto nascere nel mondo greco-romano. Egli non arriva a capire i profondi nessi *culturali* tra religione ed economia, in quanto si limita ad attribuire la nascita del capitalismo allo sviluppo completo del capitale commerciale.

Fino all'introduzione del cristianesimo nella storia non esisteva un sufficiente livello di astrazione intorno al concetto di "persona". È stato infatti in forza del cristianesimo che si è potuta valorizzare e negare allo stesso tempo l'unicità e irripetibilità della persona umana. La mistificazione principale del cristianesimo è stata quella relativa al rapporto tra *persona e libertà*: la persona, essendo unica e irripetibile, può essere o sentirsi libera in quanto tale, a prescindere da ciò che effettivamente è, nella realtà, o da ciò che possiede, proprio perché la sua coscienza, il suo pensiero, la sua "anima" vanno sempre oltre la contingenza, il finito, ivi inclusa la proprietà. La convinzione di possedere qualcosa che andasse sempre "oltre" le apparenze fenomeniche, illudeva la persona cristiana di poter sopportare qualunque privazione e sofferenza, qualunque condizione terrena. Senza questa convinzione cristiana, non sarebbe stato possibile l'inganno da parte della borghesia.

Astraendo dal discorso culturale, Marx è poi costretto a fare indebite generalizzazioni. Dice: "Nell'impero romano, nel momento del suo maggiore sviluppo, la base rimase l'imposta e la prestazione in natura" (ib.). Anche nel Medioevo fu così, ma c'è differenza tra "colonato" e "servaggio". Quest'ultimo non è semplicemente un modo di produzione, ma anche una sintesi tra cristianesimo e mondo barbarico; viceversa, il colonato è la semplice trasformazione dello schiavismo, resasi necessaria dopo la fine delle grandi conquiste militari: in sostanza è un ripiego. Il servaggio implica un'organizzazione del feudo, in antitesi all'economia schiavistica.

Marx è convinto che il capitalismo non sia potuto nascere nel mondo romano perché qui "il sistema monetario, in sostanza, era sviluppato completamente solo nell'esercito, e non investì neppure tutta la sfera del lavoro" (ib.). Ma non può essere stato solo questo il motivo, e neanche mille altri motivi economici possono essere sufficienti a spiegarlo. In ogni caso il sistema monetario, nel mondo romano, era molto sviluppato in tutti i settori.

In sintesi: "benché la categoria più semplice [il denaro] possa essere esistita storicamente prima di quella più concreta [il capitale], essa può appartenere nel suo pieno sviluppo intensivo ed estensivo solo ad una forma sociale complessa [il capitalismo], mentre la categoria più concreta [il capitale] era già pienamente sviluppata in una forma sociale meno evoluta [il capitalismo mercantile o commerciale]" (ib.). Cioè il denaro non può trasformarsi in capitale se l'uso del denaro non ne ha posto le sicure basi.

Il terzo esempio, come già detto, si riferisce al *lavoro*. Anche questa - dice Marx - sembra una categoria semplice, però ad es. "il bullionismo pone la ricchezza in modo ancora completamente oggettivo, come cosa fuori di sé, nel denaro" (ib.).[7]

Sarà il sistema manifatturiero o commerciale che porrà la ricchezza nel commercio, cioè in "un'attività produttrice di denaro" (p. 31), nel senso che il mercante sfrutta una particolare situazione per accumulare capitali, senza essere interessato alla produzione in sé.

I fisiocratici invece sostengono che la ricchezza non sta tanto nel

---

[7] Il bullionismo è una dottrina economica elaborata nell'ambito del mercantilismo del XVI-XVII sec., secondo cui la ricchezza di uno Stato è data dalla quantità di moneta e di metalli preziosi che possiede. Di qui i divieti di esportare moneta pregiata e di alterare il valore di queste monete (oro e argento), e naturalmente d'impedire che l'import superi per valore l'export. In pratica, avendo due tipi di moneta con uguale valore nominale ma diverso valore intrinseco, si preferiva far uscire dal paese le monete con valore intrinseco minore. Tale metodologia, preposta a massimizzare lo stock monetario, si fondava sulla convinzione che la base monetaria dello Stato fosse cronicamente scarsa, a causa del drenaggio dei metalli preziosi, dovuto sia all'importazione che ad alterazioni monetarie. Il bullionismo fu abbandonato quando apparve la dottrina della bilancia commerciale.

ricavare denaro da un'attività commerciale, ma piuttosto nel produrre beni alimentari dall'attività agricola, "come risultato generale del lavoro" (ib.).

Adam Smith sarà il primo a sostenere che ciò che produce ricchezza è il *lavoro in sé*, qualunque esso sia. Quanta più gente lavora, tanto più ricca è una nazione. E Marx aggiunge, con acume, che "le astrazioni più generali sorgono solo dove si dà il più ricco sviluppo concreto, dove una sola caratteristica appare comune a un gran numero... di elementi" (ib.).

È così vero che il lavoro *qua talis* è divenuto mezzo per creare ricchezza che negli Stati Uniti - dice Marx - "gli individui passano con facilità da un lavoro a un altro" (p. 32). L'individuo è indifferente a un determinato lavoro, anche se non è indifferente ai risultati del suo lavoro, cioè a quanto ottiene lavorando. È questo il punto di partenza dell'economia moderna.

"Così l'astrazione più semplice [il lavoro] che l'economia moderna pone al vertice e che esprime una relazione antichissima e valida per tutte le forme di società, si presenta tuttavia praticamente vera in questa astrazione solo come categoria della società moderna" (ib.). Quindi "anche le categorie più astratte, sebbene siano valide - proprio a causa della loro natura astratta - per tutte le epoche, sono tuttavia, in ciò che vi è di determinato in questa astrazione, il prodotto di condizioni storiche e posseggono la loro piena validità solo per ed entro queste condizioni" (ib.). Nessun economista borghese s'era mai espresso con una lucidità del genere. Con questa metodologia si poteva fare una *storia scientifica dell'economia*.

È grazie alla società borghese che - secondo Marx - si possono capire le civiltà precedenti al capitalismo, che sono molto più semplici dal punto di vista economico, per quanto - ci piace aggiungere - proprio il capitalismo sia la civiltà che più di ogni altra si allontani dal comunismo primitivo e che, proprio per questo, renda praticamente impossibile un recupero equilibrato del rapporto tra persona e natura e tra le stesse persone.

Tuttavia ha pienamente ragione Marx quando afferma che "gli economisti [borghesi] cancellano tutte le differenze storiche e in tutte le forme di società vedono la società borghese" (p. 33). Basta vedere l'impostazione dei manuali scolastici di storia per accorgersi che ancora oggi è così. D'altra parte - prosegue Marx - "l'ultima forma [storica] considera le precedenti come semplici gradini che portano a se stessa, e poiché raramente... è capace di criticare se stessa... le concepisce sempre unilateralmente" (ib.).

Dunque la borghesia non è capace di valutare obiettivamente il passato in quanto lo reputa funzionale a se stessa. Anche "la religione cristiana - dice Marx - è divenuta capace di contribuire alla comprensione obiettiva delle passate mitologie solo quando la sua autocritica fu in un certo grado... compiuta" (ib.). Marx non fa riferimenti precisi, ma è noto p.es. che la riscoperta dell'aristotelismo fu possibile solo dopo la crisi d'identità del cattolicesimo-romano al cospetto della nascente ideologia borghese comunale.

Tutto ciò, per Marx, comporta una conseguenza teoretica di capitale importanza. Lo storico, in particolare lo storico dell'economia o delle scienze sociali, deve rendersi conto che quando esamina un "oggetto" (nella fattispecie, "la moderna società borghese"), questo va considerato come un "già dato", ancor prima che i contemporanei dell'oggetto stesso ne comincino a parlare. Non solo, ma le categorie con cui si analizza la società borghese apparentemente sembrano dover essere le stesse che si usano per le altre formazioni sociali: in particolare quelle connesse a processi standard (p.es. la rendita fondiaria) o a risorse di tipo naturale (p.es. la terra). Niente di più sbagliato. Da quando è nato il capitalismo lo storico dell'economia deve sapere che non si possono più "disporre le categorie economiche nell'ordine in cui esse furono storicamente determinanti" (p. 35).

Ora, nell'esaminare la diversità tra le formazioni pre-capitalistiche e quella capitalistica, bisogna subito chiarire che mentre le prime sono strettamente legate a processi di tipo *naturale*, in cui il ruolo degli strumenti produttivi non va a sconvolgere in modo irreversibile il rapporto uomo-natura (per quanto le formazioni schiavistiche abbiano avuto nei confronti della natura un rapporto più devastante rispetto a quelle feudali), la seconda invece (quella capitalistica) è legata a processi di tipo *storico*, in cui l'azione dell'uomo mira a prevalere su quella della natura. E l'azione prevalente è quella del capitale, "la potenza economica della società borghese che domina tutto" (ib.). La differenza quindi tra processo naturale e processo storico sta nell'uso del *macchinismo*, cioè in una concezione superomistica della scienza e della tecnica.

Marx, in sostanza, non fa solo una critica a quegli economisti che "cancellano tutte le differenze storiche e che in tutte le forme di società vedono la società borghese" (p. 33), ma tenta anche di spiegare le motivazioni delle proprie scelte metodologiche. Lo dice dunque a se stesso: la società borghese non può essere interpretata con le categorie usate per interpretare le formazioni precedenti o comunque non può essere interpretata usando lo stesso ordine in cui quelle categorie sono state poste. Marx vuole evitare accuratamente di cadere nei limiti della storiografia idealistica (che caratterizza anche gli studi di economia politica) e che è antistoricistica per definizione. Questo perché - lo dice a chiare lettere - "in tutte le forme di società vi è una determinata produzione che decide del rango e dell'influenza di tutte le altre" (p. 34).

Il fatto che la società borghese vada considerata come un "già dato" non sta tanto a significare che il passato ha una propria autonomia da rispettare, una propria intangibilità e che lo storico non può sapere con esattezza quando sorgono determinati fenomeni, ma sta piuttosto a significare che nell'uso delle categorie interpretative bisogna fare molta attenzione al fatto che la società borghese è una totalità che obbliga a riconsiderare e a disporre dette categorie in modo molto particolare, in quanto tra l'apparenza e la realtà vi sono differenze sostanziali.

Lo stesso Marx si trova spesso in difficoltà nell'esaminare le differenze tra le varie formazioni sociali. "Prendiamo p.es. i popoli dediti alla pastorizia (popoli puramente dediti alla caccia o alla pesca rimangono al di qua del punto dove comincia il reale sviluppo) [si noti questo inciso tra parentesi di Marx, che non sa cogliere l'equivalenza di "natura", "umanità" e "storicità" nei popoli pre-schiavistici, tribali, nomadi, e che fa iniziare lo sviluppo dell'umanità con la nascita delle formazioni antagonistiche, ovvero con quella che per lui è l'inizio della "storia"]. Presso di essi compare una certa forma di agricoltura, ma in maniera sporadica. La proprietà fondiaria è determinata da questo fatto" (ib.).

Subito dopo Marx fa l'esempio della "proprietà comune degli slavi" (ib.) (quest'ultimi, a p. 32, li aveva definiti col termine di "barbari"), là dove dice che c'è "una maledetta differenza se dei barbari [i russi] hanno disposizione [naturale] ad essere utilizzati per tutto [in forza di influenze esterne": autocrazia, proprietari fondiari ecc.], o se degli esseri inciviliti [i lavoratori americani presenti negli *States* capitalistici] si applicano essi stessi a tutto". Ponendo una differenza tra atteggiamento *naturale*, istintivo, e atteggiamento *storico*, frutto di circostanze economiche, Marx non ha dubbi su quale vadano le sue preferenze. Non dimentichiamo che per lui la transizione dal feudalesimo al capitalismo è stata *necessaria*, come deve esserlo quella dal capitalismo al socialismo. Marx non si chiede mai (se non quando discute coi populisti russi) se una rivoluzione agraria che spezzasse il latifondo avrebbe potuto impedire uno svolgimento storico di tipo capitalistico. Come non si chiede mai se il comunismo primitivo non fosse legittimato a impedire, anche con la forza, la formazione dello schiavismo.

Anche quando pone una differenza tra popoli *nomadi* e popoli *stanziali*, quest'ultimi sono senza dubbio da preferire. "Dove predomina l'agricoltura praticata da popoli a dimora stabile - e questa stabilità è già un grande progresso", tutto dipende da questa stanzialità (p. 35).

"In tutte le forme in cui domina la proprietà fondiaria - dice Marx - il rapporto con la natura è ancora predominante. In quelle invece dove domina il capitale, prevale l'elemento sociale, prodotto storicamente" (ib.). Ora, è fuor di dubbio che categorie del genere o vengono ulteriormente precisate, oppure dobbiamo assolutamente considerarle superate. L'antinomia infatti non può essere quella di "natura" e "storia", poiché i popoli pre-capitalistici sono non meno "storici" di quelli capitalistici. La "storicità" di una formazione sociale è data dalla "umanità" dei suoi protagonisti. La vera "preistoria", in tal senso, dovrebbe essere considerata non la storia dell'uomo primitivo, ma quella del mondo animale prima della comparsa dell'uomo. Là dove vediamo oggetti di lavoro, che servono per costruire altri oggetti, in una catena infinita; là dove vediamo espressioni artistiche o segni di relazioni sociali che vanno oltre la mera istintualità, lì è sicuramente presente l'*essere umano* e quindi la *storia umana*. E quanto più lo sviluppo di questa storia è stato conforme alle esigenze della natura, tanto più dobbiamo considerarlo "umano".

Ma c'è di più. La stessa antinomia di natura/individualità e storia/socialità va completamente ripensata, in quanto la vera antinomia è semmai quella di "storia secondo natura/socialità umana" da un lato e "storia contronatura/socialità disumana" dall'altro. Cioè la vera socializzazione, quella umana, gli esseri umani l'hanno sperimentata solo nelle epoche che hanno preceduto la nascita delle formazioni antagonistiche, la prima delle quali è stata quella schiavistica.

L'analisi economica di Marx va in un certo senso rovesciata. Il capitalismo va superato non solo perché non garantisce rapporti produttivi adeguati alle forze produttive, ma anche perché non garantisce alcuna forma di *umanità*. Cioè l'antinomia non è semplicemente tra capitalismo e socialismo, ma tra "umanizzazione" e "disumanizzazione". In tal senso è giusto il motto "o socialismo o barbarie", ma a condizione di precisare cosa s'intende per "socialismo". Infatti, se noi guardiamo quanto di umano la storia ha prodotto, dobbiamo mettere al primo posto le società tribali e all'ultimo quelle forme di socialismo autoritario che si sono realizzate in Russia, Cina e in altri paesi asiatici.

Questo per dire che l'adeguamento dei rapporti produttivi alle forze produttive non è condizione sufficiente a garantire una transizione dalla disumanità alla umanizzazione delle relazioni sociali. Ciò che dobbiamo riesaminare sono le condizioni di vita dell'uomo primitivo, nonché quelle delle ultime tribù storicamente rimaste. Non come oggetto di studio antropologico, ma proprio come ipotesi di modello della futura società democratica. Se noi non riusciamo a conciliare le esigenze dello sviluppo storico con quelle della riproduzione della natura, non c'è futuro per la specie umana, sia che questa permanga nel capitalismo, sia che approdi al socialismo.

Con questo non si vuol dire che in Marx non vi siano tracce o spunti di riflessione che avrebbero potuto essere sviluppati in questa direzione. È che sono rimaste appunto delle "tracce", degli abbozzi che avrebbero necessitato di ulteriori sviluppi. Il fatto è purtroppo che tali sviluppi non si sono verificati adeguatamente neppure a distanza di 150 anni dalla morte di Marx.

*

Prendiamo ora l'ultima parte di questo capitolo dedicato al metodo dell'economia politica: si tratta di un vero e proprio canovaccio di ciò che Marx, se avesse avuto forze e tempo sufficienti, avrebbe voluto fare.

Marx parte sempre dai mezzi di produzione e dai corrispondenti rapporti, perché secondo lui è necessario partire da ciò che stabilisce come vive, materialmente, una determinata popolazione o civiltà. Anche nei vangeli, che pur certo non sono un testo di economia, continuamente si precisa il mestiere dei vari protagonisti e vi sono brani in cui si parla di "moneta" e di "tributi", senza considerare il famoso passo degli *Atti degli apostoli* (2, 44) in cui si parla del "comunismo assistenziale" della primitiva comunità cristiana o dell'eloquente episodio di Anania e Saffira (5,1ss.).

Nella storiografia idealistica gli aspetti economici erano e sono ancora considerati marginali. Il che oggi non ha davvero più senso, semplicemente perché l'affermazione della proprietà privata ha finito coll'incidere su tutti gli altri aspetti della società civile, ed è stato un merito del marxismo aver indicato la priorità di questo problema: l'impossibilità, sotto il capitalismo, di realizzare una democrazia di tipo socio-economico, rende formale, anzi illusoria ogni altra forma di democrazia.

Quindi qualunque presentazione storica di una società o di una civiltà deve necessariamente partire dalle condizioni economiche delle forze e dei rapporti produttivi, non tanto perché da questo si possa dedurre tutto il resto, quanto perché questa è la premessa da cui può svilupparsi una determinata ermeneutica. La democrazia economica è il presupposto per realizzare una democrazia globale.

Se Marx avesse avuto il tempo di esaminare le "forme della coscienza in relazione ai rapporti di produzione e di traffico" (p. 37), si sarebbe sicuramente accorto che la coscienza può andare "oltre" l'economia. Lui stesso lo dirà, più avanti, parlando del rapporto arte/economia.

Si noti comunque la successione dei punti da sviluppare:

"1. La guerra è sviluppata prima della pace: modo in cui certi rapporti economici come lavoro salariato, macchinismo ecc., sono stati sviluppati dalla guerra e negli eserciti, prima che all'interno della società borghese" (p. 37). Questa cosa in realtà è stata sviluppata pochissimo da Marx, per quanto sia indubbiamente vera. A p. 108 la ripete, in un contesto d'analisi differente, quello dei rapporti "puramente personali" sotto il feudalesimo, che, a suo parere, sarebbero illusori, giacché essi "in una fase determinata, assunsero nell'ambito della loro sfera un carattere materiale, come dimostra p.es. lo sviluppo dei rapporti di proprietà fondiaria da rapporti di subordinazione puramente militari".

Il motivo del mancato approfondimento probabilmente è dovuto al fatto che questa regola non è sempre vera o comunque non è così determinante come sembra. La Spagna di Colombo, conquistatrice di un grande impero coloniale, è un esempio lampante del mancato passaggio dai rapporti militari feudali ai rapporti economici borghesi.

Resta tuttavia significativo che Marx abbia messo questa cosa al primo punto. Evidentemente stava cercando nelle forme di antagonismo non economico pre-borghese una delle cause che spiegassero le origini economiche dell'antagonismo borghese. E forse questo ripiego è stato determinato dal fatto ch'egli non è mai riuscito a integrare in maniera efficace l'analisi *culturale* con quella *economica*, cioè l'analisi del *movimento delle idee* (teologiche e filosofiche) che in qualche modo ha reso possibile la transizione al capitalismo.

Infatti il punto 2 è chiaro: "Rapporti della storiografia ideale come essa si è sviluppata fino ad ora, con la storiografia reale. In particolare, delle cosiddette storie della civiltà, che sono tutte storie della religione e degli Stati" (ib.). Cioè Marx vuole porre la propria storiografia, basata sull'economia o, se si vuole, sulle scienze sociali, in antitesi alla storiografia idealistica, basata sulle idee filosofiche o religiose o politiche. Non c'è in Marx l'esigenza di trovare una sintesi ma piuttosto di porre una certa demarcazione. Si badi, per "sintesi" non s'intende il tentativo di recuperare quanto di meglio aveva prodotto la storiografia idealistica, poiché questo era già stato fatto dal Marx discepolo di Hegel; s'intende piuttosto la necessità di riformulare le categorie culturali entro quelle economiche, in modo che le une e le altre arrivino a supportarsi reciprocamente. Marx non ha mai fatto questa sintesi, non solo per mancanza di forze e di tempo, ma anche per scarsa sensibilità o predisposizione personale. Non è mai partito da questo presupposto teorico, anche se ne avvertiva la necessità per esigenze di completezza, specie nella sua fase giovanile.

Non a caso lo dice al punto 4 (dopo aver parlato al punto 3 dei rapporti internazionali): "Rimproveri sul materialismo di questa concezione [storiografica]. Rapporto col materialismo naturalistico" (p. 38). Marx sa bene che possono accusarlo d'eccessivo *determinismo* e sa anche che il modo per difendersi dal determinismo è quello di *storicizzare le categorie* (vedi la sua critica alle tesi di Feuerbach). Tuttavia, quand'egli parla di "storicizzare le categorie", attribuisce sempre al compito della storicizzazione una valenza prevalentemente *economicistica*: è l'economia che storicizza. Con ciò è impossibile sfuggire all'accusa di determinismo.

Cioè non basta prospettare l'affronto - com'egli fa al punto 5 - della "dialettica dei concetti di forza produttiva (mezzo di produzione) e rapporto di produzione" (ib.), per poter uscire dai limiti del determinismo, in quanto questa stessa dialettica, se vuole essere completa, deve andare *oltre* l'economico e toccare aspetti relativi alla *sovrastruttura*, quale p.es. quello della *libertà umana* di decidere "un certo adeguamento" dei rapporti alle forze produttive.

Marx intuisce questa difficoltà e al punto 6 è costretto a dover ammettere che esiste "l'ineguale rapporto dello sviluppo della produzione materiale con lo sviluppo, p.es., artistico" (ib.). Egli afferma testualmente: "il punto propriamente difficile da discutere qui, è come i rapporti di produzione nell'aspetto di rapporti giuridici abbiano uno sviluppo ineguale" (ib.). Si tratta di un problema eminentemente *culturale*. La difficoltà non sta nell'oggetto del diritto (molti studi del Marx prussiano sono dedicati proprio alla filosofia hegeliana del diritto pubblico), ma nel *dove* e *come* cercare i nessi che legano cultura a economia, alla luce appunto del fatto ch'esiste un indubbio sviluppo ineguale, tra l'economico e l'extraeconomico.

E bisogna notare che Marx prende l'arte solo come "esempio", lasciando intendere che ci possono essere altre sovrastrutture, come ovviamente la letteratura, lo sviluppo delle idee creative in generale, la stessa politica. "Questa sproporzione [tra cultura ed economia] non è ancora così importante né così difficile da concepire come all'interno dei rapporti pratico-sociali stessi. P.es., della cultura" (ib.). È infatti proprio da qui che vanno ripresi gli studi su Marx, sviluppandoli in una direzione per lui inedita. Quanto grande sia, in tal senso, il contributo di Gramsci è facile intuirlo.

C'è tuttavia un aspetto, quello che Marx cita al punto 7, che va riconsiderato: "Questa concezione [materialistico-dialettica della storia] si presenta come sviluppo necessario. Ma giustificazione del caso. (Tra l'altro anche della libertà). Influenza dei mezzi di comunicazione. La storia universale non è esistita sempre; la storia come storia universale è un risultato" (ib.). Questo punto è decisivo per comprendere come Marx si muoveva, o meglio, come avrebbe voluto muoversi e come oggi bisogna muoversi per poterlo superare.

Come noto, Marx si basava sulla categoria hegeliana della "necessità storica", ovviamente riveduta e corretta secondo le priorità dell'economia. Egli si sarebbe voluto muovere esaminando anche lo sviluppo della *libertà*, sempre però in relazione alla categoria della necessità e, sapeva bene, che la funzione dei media è appunto quella di influenzare le scelte degli individui. Determinate scelte vengono compiute perché esistono determinati condizionamenti culturali.

Ora, il punto è proprio questo: come dimostrare che si poteva andare *oltre* determinati condizionamenti e fare scelte *diverse* da quelle che storicamente si fecero e che ad un certo punto risultarono dominanti? Marx dice che "la storia come storia universale è un risultato" - necessario o frutto di una libertà?

Scrive al punto 8, l'ultimo: "Il punto di partenza è dato naturalmente dalla determinatezza naturale; soggettivamente e oggettivamente. Tribù, razze ecc." (pp. 38-39). Dunque lo sviluppo di questo punto di partenza doveva necessariamente essere così come si è svolto?

Noi in realtà possiamo considerare necessario uno *sviluppo*, ma non un suo determinato *modo*. Marx ci ha messo moltissimo tempo prima di capire che si poteva passare direttamente dal feudalesimo al socialismo. Quanto, in questa miopia storiografica e insieme politica, abbia pesato il fallimento della rivoluzione comunista europea (o anche della sola Germania) è facile intuirlo. Ma questo non toglie che la storiografia marxista debba riconsiderare il primato concesso alla categoria della "necessità storica".

Il genere umano non parte affatto da "determinatezze naturali", come se quelle "storiche" fossero una conseguenza dello sviluppo necessario, o una prerogativa di particolari formazioni sociali. Le "determinatezze naturali" sono già "storiche", fanno già parte della storia dell'uomo, anzi esse rappresentano il lato "umano" dello sviluppo storico, quello in cui la necessità era frutto di una libertà consapevole.

Arte ed economia

Marx rileva uno sviluppo ineguale tra arte (presa come esempio) ed economia. Ma, ci si può chiedere, se avesse saputo collegare *cultura* a *economia*, si sarebbe trovato ugualmente in difficoltà di fronte a questo sviluppo ineguale o avrebbe trovato risposte convincenti? Partiamo dunque da questa domanda.

Marx fa una prima constatazione: "Per l'arte è noto che determinati suoi periodi di fioritura non stanno assolutamente in rapporto con lo sviluppo generale della società, né quindi con la base materiale... della sua organizzazione" (p. 39). Nel senso che p.es. l'arte greca è decisamente superiore alla società in cui si è sviluppata (ma anche, aggiunge, il teatro di Shakespeare rispetto all'Inghilterra elisabettiana).

"Per certe forme dell'arte - dice Marx -, p.es. per l'epica, si riconosce addirittura che esse non possono più prodursi nella loro forma classica... certe importanti manifestazioni dell'arte sono possibili solo in uno stadio non sviluppato dell'evoluzione artistica" (ib.).

Marx ovviamente si rende conto della complessità e scrive: "La difficoltà sta solo nella formulazione generale di queste contraddizioni" (ib.). E prova a formulare alcune idee, che solo un esperto potrà dire quanto originali, considerando anche che il campo non era certo quello di Marx.

"La mitologia greca non fu soltanto l'arsenale ma anche il terreno nutritivo dell'arte greca" (ib.). Qui Marx attribuisce alla religione un'importanza decisiva per spiegare l'evoluzione della cultura. L'ha mai fatto nei confronti del cristianesimo?

"Ogni mitologia vince, domina e plasma le forze della natura nell'immaginazione e mediante l'immaginazione: essa scompare allorché si giunge al dominio effettivo su quelle forze" (ib.). Ogni religione, in verità, svolge il medesimo ruolo. Ma di quella cristiana perché non dire nulla?

Marx ha studiato bene il mondo classico, perché, come il giovane Hegel, vedeva in quel mondo qualcosa di più genuino e autentico, di più libero rispetto alla politicizzazione della fede realizzata dal cristianesimo di stato.

Marx fa degli strani collegamenti tra mitologia greca e scienza moderna, senza rendersi ben conto che alle radici della scienza moderna vi è una deformazione della cultura cristiana operata in maniera esplicita a partire da Copernico, Keplero, Galilei e Newton: una deformazione che sarebbe stata culturalmente impossibile nell'ingenuo mondo classico.

La mitologia greco-romana non ha avuto bisogno della scienza per scomparire: è bastato il cristianesimo. E non è esatto dire che il cristianesimo ha soltanto mutato le forme della mitologia greca. C'è stato un progresso di tipo *culturale*, una forma superiore di astrazione delle fantasie religiose.

Il vertice del politeismo greco-romano s'è scontrato col monoteismo ebraico-cristiano e ha perduto nettamente il confronto. Non poteva perderlo coll'ebraismo, a motivo del carattere politicamente chiuso di questa religione, ma l'ha perso con la trasformazione dell'ebraismo da religione nazionalistica a religione universale, per quanto il cristianesimo (paolino) abbia dovuto rinunciare a una politica di liberazione nazionale.

A noi non interessa sapere il motivo per cui il politeismo o la mitologia classica abbia trovato nel mondo greco la loro massima fioritura, anche perché siamo convinti che la Grecia sia stata una sorta di centro catalizzatore di culture e mitologie nate altrove, in Africa, nel Medio Oriente... La Grecia, essendo un crocevia strategico per i commerci di tutto il Mediterraneo, gestiti dalle popolazioni più diverse, ha potuto operare una sintesi politica e culturale di grande valore e originalità.

Marx probabilmente si sarà chiesto il motivo per cui il capitalismo non nacque in Grecia, visto che qui i commerci si svilupparono intensamente almeno sino all'arrivo dei turchi Selgiuchidi. Il motivo, in sostanza, è uno solo: in Grecia il cristianesimo rimase il più possibile vicino alle sue origini culturali (apostoliche) e non subì le deformazioni *politiche* del cattolicesimo-romano, nell'alto Medioevo, che portarono a quelle *socio-economiche* del basso Medioevo, le quali, a loro volta, come un effetto domino, da un lato portarono agli sviluppi della riforma protestante e alla nascita del capitalismo, e dall'altro subirono un arresto nei paesi controriformisti, quando la chiesa di Roma s'accorse che in forza di quelle trasformazioni sociali essa rischiava di perdere il proprio potere politico.

Le strade da intraprendere, per andare oltre Marx e il marxismo, sono dunque le seguenti:
1. recuperare il rapporto uomo/natura passando attraverso la storia dell'uomo primitivo (o del comunismo primitivo), con la precisazione che la soddisfazione delle esigenze femminili garantisce meglio la riproducibilità della natura (per un *socialismo democratico*);
2. trovare un'alternativa culturale integrale al cristianesimo primitivo, la cui espressione più originaria resta quella della chiesa ortodossa (per un *umanesimo laico*). Il cristianesimo primitivo è stato il più importante tentativo, fallito, di recuperare le origini sociali e umanitarie dell'uomo primitivo.

"Perché mai la fanciullezza storica dell'umanità - si chiede Marx -, nel momento più bello del suo sviluppo, non dovrebbe esercitare un fascino eterno come stadio che più non ritorna?" (p. 40). Egli lo dice pensando al mondo greco, vero paradiso perduto per l'intellettuale tedesco in generale. Ed è disposto a fare delle concessioni poetiche che deroghino dalla ferrea legge economica della "necessità storica". Ma noi dobbiamo essere ancora più rigorosi; non possiamo fare concessioni, non possiamo essere nostalgici e non possiamo accettare l'idea di un paradiso definitivamente perduto.

Oggi la totale dissoluzione di quella forma di cristianesimo che ha portato, direttamente o indirettamente, all'edificazione del capitalismo, il quale, a sua volta, sta portando alla dissoluzione dell'umanità, deve porre all'ordine del giorno il problema di come recuperare in forme nuove ciò che del passato cosiddetto "preistorico" è andato perduto e che non si vuole resti perduto per sempre. È evidente, in tal senso, che limitarsi ad accettare le forze produttive del capitalismo modificandone unicamente i rapporti, è un obiettivo troppo limitato.

Il denaro

Il capitolo sul denaro è abbastanza confuso, in quanto s'intrecciano argomenti diversi e in parallelo. Qui non sarà possibile esaminare tutto. Nella prima parte si analizza il passaggio dal baratto allo scambio basato sul denaro, mostrando il passaggio dal feudalesimo o comunque da un'economia basata sull'autoconsumo al capitalismo commerciale (non industriale). Quest'ultimo infatti necessita del macchinismo e dello sfruttamento del plusvalore attraverso il macchinismo. Dunque, questo capitolo serve anche per capire le premesse materiali che hanno portato il capitalismo a trasformarsi da commerciale a industriale. (Le parti relative a valore e prezzo vanno trattate separatamente).

Che Marx tratti l'economia in maniera non solo fenomenologica ma anche filosofica è fuor di dubbio, poiché egli avverte continuamente la necessità di chiarire il significato ultimo, recondito, delle categorie usate nell'economia politica borghese, nonché la necessità di chiarire, non storicamente ma appunto filosoficamente, l'origine dei processi storico-economici che hanno portato alla nascita del capitalismo.

Il lavoro di Marx si pone quindi a un duplice livello:
1. come *storico dell'economia*, ed è la parte meno significativa di tutta la sua opera economica, in quanto quella meno sviluppata, anche se impostata in modo rigoroso sul piano metodologico;
2. come *economista*: in questo secondo caso l'analisi procede in due direzioni, entrambe sviluppate ampiamente:
    - descrizione *fenomenologica* dei processi economici del capitalismo,
    - critica *teorica* dell'economia politica.

Nei *Grundrisse* Marx agisce prevalentemente come un critico dell'economia politica borghese e, in questa critica, indulge non poco alla metodologia della dialettica hegeliana, al punto che si potrebbe affermare che la variante "inglese" della teoria marxiana è, per molti versi, una sorta di applicazione della dialettica hegeliana all'economia politica borghese, con l'ovvia precisazione che la proprietà privata dei mezzi produttivi va abolita, cosa che Hegel non avrebbe mai ammesso.

Ovviamente, partendo dai presupposti hegeliani della "necessità storica", l'analisi di Marx non prevede mai la possibilità di un passaggio diverso da quello descritto di baratto-denaro-capitale. Questo però comporta una conseguenza molto particolare, che mai si sarebbe potuta verificare nelle speculazioni di Hegel: da un lato infatti Marx vede chiaramente il formarsi di un processo di reificazione ed estraneazione che rompe le relazioni sociali tra le persone, che distrugge cioè qualcosa di significativo esistito nel pre-capitalismo; dall'altro però considera questo processo del tutto naturale ed anzi inevitabile ai fini del superamento dei limiti dello stesso pre-capitalismo.

A titolo esemplificativo, per cercare di capire il motivo di questa singolarità nello svolgimento del pensiero marxiano, proviamo ad esaminare tre coppie di categorie antitetiche usate da Marx per classificare le differenze tra capitalismo e pre-capitalismo: *locale/universale*, *naturale/storico*, *individuale/sociale*. Il passaggio dall'una all'altra categoria è sempre determinato da un certo grado di sviluppo della divisione del lavoro. Marx, non facendo un discorso *culturale* ma solo *economico*, non è in grado di spiegare il motivo per cui ad un certo punto, in un certo luogo, si sviluppa la divisione del lavoro, né il motivo per cui questa divisione porta ad un certo punto, in un certo luogo, alla nascita del capitalismo. Forse, in tal senso, le pagine più significative dedicate a questo argomento sono quelle dell'*Ideologia tedesca*, che però qui non possiamo esaminare.

Locale/Universale

L'antinomia marxiana di locale/universale, così com'è stata impostata, risulta indubbiamente inadeguata alle esigenze del socialismo democratico e autogestito. Produzione "locale" non può di per sé significare produzione "limitata", ristretta, in opposizione a commercio mondiale. La localizzazione della produzione indica, al contrario, la possibilità di una gestione autonoma dell'economia, relativamente indipendente da influenze extra-territoriali, per quanto oggi si abbia la consapevolezza di vivere in un mondo di cui ogni sua parte è interconnessa a tutte le altre.

Quanto più una produzione è integrata con le caratteristiche specifiche di un territorio, quanto più rispetta le esigenze riproduttive di un ambiente naturale, tanto più può pretendere una caratteristica di universalità, nel senso che può valere come modello universale per altre tipologie produttive. Al di fuori di questi parametri ogni forma di universalizzazione rischia facilmente di trasformarsi in un arbitrio, oggi tipica delle multinazionali che impongono la loro tipologia di sviluppo a ogni comunità locale.

L'universalismo dovrebbe essere una conseguenza indiretta del localismo, poiché ogni comunità locale dovrebbe potersi riconoscere liberamente in esperienze diverse dalla propria. Quando Marx parla, in riferimento al pre-capitalismo, di "limiti locali" (p. 88), non si rende conto ch'essi non sono "limiti" bensì "condizioni". Il locale soffre solo i "limiti" che l'universale gli vuole imporre.

Bisognerebbe anzitutto chiarire che l'universale *capitalistico* (ma è esistito un universale *feudale* con le crociate e prima ancora un universale *imperiale* di Roma e di tutte le altre formazioni schiavistiche) è in realtà il frutto di un interesse *privato* in opposizione agli interessi della *comunità locale*. È l'universale, prima nazionale poi mondiale, che individui singoli o di una ristretta classe hanno opposto alle esigenze democratiche e sociali contestualmente localizzate. Lo stesso concetto di *nazione* è un universale che si oppone alla comunità locale.

Naturale/Storico

Marx parla anche di "limiti naturali" (ib.) del pre-capitalismo, in antitesi ai "limiti storici" in cui il capitalismo si muove (e che si riassumono nell'antinomia di forze e rapporti produttivi). Si noti che la differenza tra gli economisti borghesi e Marx sta proprio nel concetto di "limite storico", in quanto i primi considerano il capitalismo una formazione sociale la cui durata è potenzialmente illimitata.

Quanto, in questa diatriba, avesse ragione Marx non stiamo neppure a discuterlo. A noi piuttosto interessa mettere in discussione il fatto che per Marx si esce dalla natura e si entra nella storia nel momento stesso in cui l'uso delle forze produttive svincola l'uomo dalla dipendenza dalla natura. Quanto più l'uomo domina, con la scienza e la tecnica, le risorse della natura, tanto più fa "storia".

Questo modo di vedere le cose oggi va capovolto. L'uomo è tanto più "storico" quanto più è "naturale". Cioè è proprio il rispetto delle esigenze della natura che garantisce l'umanità, il carattere etico-sociale della produzione e quindi la sua storicità. Ciò che va oltre la natura può restare umano se le esigenze riproduttive della stessa natura vengono salvaguardate. Una storia che si pone in antitesi alla natura non solo non garantisce alcun futuro alla natura, ma pone una seria ipoteca anche sul futuro dell'uomo. Le desertificazioni che incontriamo sul pianeta sono tutte frutto di una gestione sbagliata del territorio.

Individuale/Sociale

La terza coppia di categorie che va ripensata è quella di "limiti individuali" e "condizioni sociali" della produzione (ib.). Il fatto che gli operai vengano concentrati in un unico luogo: la fabbrica, è per Marx un motivo sufficiente per affermare che il capitalismo rappresenta una produzione *sociale*, in antitesi a quella *individuale* del Medioevo.

Marx non ha mai parlato di "produzione sociale medievale", perché secondo lui una forma "sociale" della produzione agricola è esistita solo in tempi remoti, precedente addirittura allo schiavismo, e nel feudalesimo al massimo la si ritrova nella gestione collettiva delle terre comuni, che però è collaterale a quella più propriamente produttiva del feudo, per cui non avrebbe senso contrapporre questa forma di produzione sociale, scomparsa da secoli, a quella del capitalismo.

Per quanto riguarda il feudalesimo Marx parla sempre di "limiti individuali" e di "isolamento" del produttore. Naturalmente anche questo modo di vedere le cose è funzionale alla categoria della "necessità storica" con cui Marx giustifica il passaggio dal feudalesimo al capitalismo, ed è sostanzialmente un modo che rispecchia le esigenze della borghesia.

Occorre invece affermare il contrario, e cioè che la produzione feudale agricola, pur essendo sottoposta a servaggio, presentava caratteristiche di socializzazione di molto superiori a quelle del capitalismo, e proprio in riferimento alla gestione del feudo da parte delle comunità di villaggio.

Se si contrappone schematicamente "naturale" a "storico" si finisce col fraintendere la realtà: sarebbe stato meglio intendere col termine "naturale" il rovescio del termine "artificiale". La produzione feudale aveva un carattere di socializzazione *naturale*, in quanto conforme alle esigenze della natura, sebbene nei limiti storici del servaggio, che imponeva *corvées* ingiustificate e non assicurava alla comunità di villaggio una vera "proprietà" della terra ma solo un suo "possesso".

Viceversa, la socializzazione capitalistica è del tutto *artificiale*, indotta, contraria alle esigenze non solo della natura ma anche della persona, la quale viene considerata solo come "strumento di lavoro" e che come tale viene sradicata da un contesto locale tradizionale per essere convogliata con la forza (quella della proprietà privata dei mezzi produttivi) verso un altro contesto del tutto estraneo, in cui il ruolo della macchina appare nettamente superiore a quello dell'operaio.

Marx è certamente in grado di vedere i limiti storici del capitalismo e dell'economia politica borghese, ma non è in grado di vedere i pregi del pre-capitalismo né gli interessi o le teorie pre-borghesi (religiose) che hanno portato, indirettamente, alla nascita del capitalismo. Questo pregiudizio lo porta a formulare delle ipotesi alternative al capitalismo non sufficientemente elaborate, non soltanto nel senso "politico" del termine, poiché sotto questo aspetto il leninismo ha decisamente superato i limiti del marxismo, ma anche nel senso "culturale", quello globale, riguardante ogni aspetto della vita sociale, non esclusivamente quello economico.

Marx dice che è *romantico* "volgersi indietro a quella pienezza originaria" (p. 105, e qui cita A. H. Müller, *Die Elemente der Staatskunst*, Berlino 1809). Tuttavia, vorremmo sapere come qualificare chi sostiene le seguenti argomentazioni: "il lato magnifico [sic!] sta proprio in questo ricambio materiale e spirituale [spirituale?], in questa connessione naturale [?], indipendente dal sapere e dal valore degli individui, e che presuppone proprio la loro indipendenza e indifferenza reciproche" (p. 104).

Attenzione che Marx non è così ingenuo da ritenere "naturale" il mercato e il valore di scambio che lo supporta. "È insulso pensare quel nesso soltanto materiale come un nesso naturale, inscindibile dalla natura dell'individualità (in antitesi al sapere e volere riflessi) e ad essa immanente. Esso invece ne è il prodotto storico... Quella naturale è la connessione di individui nell'ambito di determinati e limitati rapporti di produzione" (ib.). Cioè Marx usa il termine "naturale" nel senso di "spontaneo", poste debite premesse storico-economiche. Il mercato si sviluppa "spontaneamente" una volta affermato il primato del valore di scambio sul valore d'uso o sullo scambio *sensu lato*. Le condizioni di esistenza sotto il capitalismo, "sebbene prodotte dalla società, si presentano per così dire come condizioni di natura, ossia incontrollabili da parte degli individui" (p. 106).

Si noti, *en passant*, questa equazione, decisamente fuori luogo, di "natura=incontrollabilità", benché in effetti il mercato capitalistico sia di tipo anarchico, anche sotto il regime dei monopoli. Usando il concetto di "natura" in opposizione a "storia", Marx è continuamente costretto ad assegnare alla "natura" una ingiustificata funzione "anti-storica". Egli infatti afferma: "gli individui universalmente sviluppati, i cui rapporti sociali in quanto loro relazioni proprie, comuni, sono già assoggettati al loro proprio comune controllo, non sono un prodotto della natura, bensì della storia" (p. 104). Il che significa che il concetto di "natura" può essere applicato o al regno animale oppure alle formazioni sociali prive o di macchinismo (tutte quelle pre-capitalistiche) o di controllo scientifico della produzione (quella capitalistica e socialistica).

In sostanza Marx dà per scontato che il socialismo futuro dovrà presupporre il primato del valore di scambio e del mercato, poiché "la produzione sulla base dei valori di scambio... produce, insieme con l'universalità, l'alienazione dell'individuo da sé e dagli altri, anche l'universalità e l'organicità delle sue relazioni e delle sue capacità" (ib.). Si tratta quindi soltanto di abolire la *proprietà privata*, fonte di ogni alienazione sociale e anarchia produttiva. E, contestualmente, di far sottoporre il mercato a un piano, il quale però, non essendo mai previsto l'autoconsumo, dovrà necessariamente essere gestito da un organo superiore, non molto diverso da quello Stato borghese che pur si vorrebbe superare.

Infatti, "nei precedenti stadi di sviluppo l'individuo singolo si presenta in tutta la sua pienezza appunto perché non ha ancora elaborato la pienezza delle sue relazioni, e perché questa pienezza di relazioni egli non se l'è ancora contrapposta come forze e rapporti sociali indipendenti da lui" (pp. 104-5). Questi - come si può ben vedere - son soltanto giochi di parole: la realtà è che per il Marx hegeliano la negatività è *positiva*, è necessaria allo sviluppo.

Il capitalismo, questa sorta di "negatività metafisica", viene considerato *inevitabile*, affinché l'uomo si renda più consapevole delle sue potenzialità produttive, così come viene considerato *necessario* il suo superamento (la negazione della negazione), come processo intrinseco al male stesso, che porta in maniera deterministica e quindi, in ultima istanza, spontanea, a prescindere in un certo senso dalla volontà degli uomini, a un bene superiore, che è il socialismo, visto come una sorta di ricomposizione unificante degli aspetti positivi e negativi dell'evoluzione umana. Nel suo porsi iniziale il male è un bene, come appunto lo è stato il capitalismo nei confronti del feudalesimo. Il capitalismo diventa un male nel suo divenire, percorrendo, in un certo qual modo, un processo analogo a quello del feudalesimo, che era stato un bene nel momento del suo porsi, in antitesi allo schiavismo. Il passaggio al bene superiore avviene in maniera spontanea, quando il male ha esaurito tutte le proprie potenzialità: il che però non significa che non esistano drammi e tragedie. Infatti, è proprio il mancato riconoscimento della necessità storica del superamento (qui si gioca la libertà umana) che rende più o meno dolorosa la transizione: "il carattere antitetico [delle forme capitalistiche] - dice Marx - non può mai essere fatto saltare attraverso una pacifica metamorfosi. D'altra parte se noi non trovassimo già occultate nella società, così com'è, le condizioni materiali di produzione e i loro corrispondenti rapporti commerciali per una società senza classi, tutti i tentativi di farla saltare sarebbero altrettanti sforzi donchisciotteschi" (p. 101).

Esiste quindi nella storia un processo unidirezionale che porta gli uomini a una progressiva e sempre maggiore consapevolezza di sé. In questa filosofia della storia il ruolo della libertà umana, nello sviluppo della realtà del male, è praticamente irrilevante. E tale ruolo diventa relativo anche nel porre il superamento del male. Questo significa, e Marx praticamente l'ha sempre sostenuto (almeno sino agli ultimi contatti coi populisti russi), che la possibilità di una transizione al socialismo non può avvenire prima che il capitalismo abbia esaurito la sua forza propulsiva, tant'è che alle obiezioni dei populisti risponde dicendo che un passaggio dal feudalesimo al socialismo sarebbe stato possibile in Russia solo a condizione che in Europa occidentale si fosse contestualmente verificato quello dal capitalismo al socialismo.

Oggi, alla luce del crollo del "socialismo reale", si potrebbe essere indotti ad affermare che avesse ragione Marx nella diatriba coi populisti: non può esserci transizione al socialismo se prima non si sviluppa il capitalismo. In realtà il socialismo est-europeo è crollato per motivi *endogeni*: il socialismo è imploso per mancanza di *democrazia*. Cioè per l'assenza di qualcosa che certamente non può esser data dal capitalismo, che prevede una democrazia puramente fittizia. Il socialismo deve trovare in se stesso le ragioni del proprio futuro. È illusorio pensare di poter utilizzare le forme del capitalismo mutandone il contenuto: nel capitalismo la forma, essendo innaturale per definizione, è sostanza.

Nutrendo pregiudizi nei confronti del passato contadino, Marx non vede in tutta la loro profondità *ontologica* i limiti del capitalismo. Egli è come abbacinato dall'individualismo borghese quando si tratta di contrapporre questo a quel collettivismo feudale ch'egli definisce coi termini politicamente spregiativi e storicamente falsi di "isolamento" e "individualismo" dei produttori, salvo poi contestare agli economisti borghesi l'opposizione dell'individualismo imprenditoriale al collettivismo socialista. "E certamente [sic!] questo nesso materiale [il mercato, il valore di scambio] è preferibile alla loro mancanza di nesso [l'autoconsumo. Da notare che per Marx l'assenza del mercato o dell'industria implica, *ipso facto*, l'individualismo produttivo] o a un nesso soltanto locale [il vero mercato è quello mondiale, la produzione vera è quella per il mercato mondiale], fondato su rapporti naturali di consanguineità o di signoria e servitù" (p. 104).

Sulla genesi del denaro

Parlando dell'uso del denaro, Marx dice delle cose che evidenziano i limiti di Adam Smith, ma che paradossalmente sarebbero potute andar bene per descrivere una situazione di *socialismo avanzato*.

In altre parole, al fine di giustificare la superiorità del capitalismo industriale (dei suoi tempi) rispetto a quello manifatturiero dei tempi di Smith, Marx sostiene che lo scambio non è qualcosa che si aggiunge al valore d'uso, lo scambio cioè non avviene semplicemente perché alcuni prodotti, portati sul mercato, acquistano questa specifica qualità di merce e possono quindi essere scambiati contro denaro.

Smith aveva a che fare con un produttore parzialmente autonomo, che si serviva del mercato per scambiare le eccedenze (eccedenze che peraltro, proprio in forza del capitalismo, stavano sempre più diventando necessarie). Generalmente per tutti gli economisti borghesi il primo valore della merce cui occorre riferirsi è quello di *scambio*, e solo dopo si può pensare a quello d'*uso*. Cioè anzitutto si deve vendere per guadagnare, non tanto per soddisfare bisogni, anche se è evidente che nessuno compra qualcosa se a qualcosa non gli serve. Tuttavia se il valore di scambio ha un certo primato "ontologico" su quello d'uso, è soltanto sul mercato (e non nel villaggio) che si decidono i bisogni, oltre naturalmente ai prezzi. Questo spiega anche il motivo per cui nell'Italia comunale il commercio è nato coi prodotti di lusso trovati in oriente.

Per Marx invece arrivò a capire che un valore di scambio, posto in un mercato capitalistico, comporta delle contraddizioni insostenibili: p.es. una marcata divisione del lavoro, una concorrenza spietata, una volatilità dei prezzi, ecc. Arrivò anche a capire che il capitalismo maturo fa del lavoro in sé il presupposto dello scambio, in quanto il lavoratore è completamente separato dalla sua proprietà e dai suoi prodotti. Un lavoro che non fosse utile allo scambio determinerebbe un'emarginazione immediata del lavoratore, lo porrebbe al di fuori non solo del lavoro ma della stessa società. Ciò che più conta infatti è che da subito il lavoro produca merci. Non ci si deve neppure porre la domanda se un prodotto possa o non possa essere venduto, quanto piuttosto *come* venderlo. Di qui l'esigenza, di tipo collettivistico, di pianificare la produzione e la vendita, ovvero di mettere in stretto rapporto produzione, bisogni, consumo, vendita.

Smith si era posto il compito di giustificare il passaggio dal feudalesimo al capitalismo e quindi di dimostrare la superiorità del valore di scambio su quello d'uso, la superiorità del mercato (che arricchisce) rispetto all'autoconsumo (che fa vivere a livelli di mera sussistenza).

Nella sua concezione - rileva Marx - il lavoratore è isolato e il suo lavoro si socializza solo sul mercato, nel momento stesso dello scambio. In tal senso la descrizione che Marx dà del funzionamento dello scambio nel capitalismo è diametralmente opposta a quella di Smith. Tuttavia essa sarebbe incomprensibile se al carattere "sociale" del lavoro non si desse la qualifica di una "massificazione coatta", relativa all'ambiente della fabbrica o dell'azienda in generale (sia essa produttrice di beni o di servizi).

Sotto il capitalismo il lavoro è "sociale" perché il lavoratore, essendo espropriato dei suoi mezzi di lavoro, è costretto a lasciarsi schiavizzare in un sistema sulle cui dinamiche di movimento non può intervenire. È una socializzazione *materialmente alienata* e *psicologicamente alienante*. Il prezzo che si paga per un bene immediatamente scambiabile, prodotto da un lavoro immediatamente sociale è l'alienazione dell'individuo, sempre più rotella di un ingranaggio che lo sovrasta. Il lavoratore non ha personalità e i suoi bisogni sono semplicemente quelli inerenti alla sua riproduzione per le esigenze del capitale.

Tutto ciò Marx lo sa perfettamente. Basta leggersi questo suo pensiero per capirlo: "Nel secondo caso [quello che per Marx è il capitalismo industriale] è presupposta una produzione sociale, la socialità come base della produzione. Il lavoro del singolo è posto fin dal principio come lavoro sociale. [Sicché] ciò che egli ha comperato col suo lavoro non è un prodotto particolare e determinato, ma una determinata quota della produzione sociale. Egli perciò non ha neanche da scambiare un prodotto particolare. Il suo prodotto non è un valore di scambio. Il prodotto non ha da essere anzitutto convertito in una forma particolare per ricevere un carattere generale per il singolo. Invece di una divisione del lavoro, che si genera necessariamente nello scambio dei valori di scambio, si avrebbe un'organizzazione del lavoro che ha come conseguenza la partecipazione del singolo al consumo sociale. [...] la partecipazione al mondo dei prodotti, al consumo, non è mediata dallo scambio di lavori o di prodotti di lavoro reciprocamente indipendenti. Esso è mediato dalle condizioni sociali della produzione entro le quali l'individuo agisce" (pp. 117-118).

Ciò che qui viene detto potrebbe paradossalmente essere applicato a una qualunque comunità sociale pre-schiavistica, in cui cioè non esiste separazione tra produttore e mezzi di produzione. Con una *differenza* però, altrimenti dimostreremmo di non aver capito nulla di quanto Marx ha scritto. Con la differenza che per "carattere sociale della produzione" non dovrebbe essere inteso semplicemente il fatto che nel futuro socialismo dovrà esistere una *produzione economica collettiva dei beni di consumo*, poiché se la produzione la s'intende solo così, allora bisognerebbe qualificare come "democratico" anche il socialismo amministrato che aveva statalizzato tutto.

Il "carattere sociale della produzione" è dato piuttosto dal fatto che nel mentre produce, il lavoratore sa di appartenere a un *collettivo* che lo precede e lo supera e che deve essere tenuto in piedi. Il senso del "collettivo" di appartenenza può dare un senso "sociale" al lavoro sin dall'inizio e lo conserva sino alla fine, rendendo così scambiabile ogni prodotto, senza alcuna mediazione particolare (che nel capitalismo è per forza di cose il mercato).

Il *collettivo di vita* è, nella propria autonomia, mercato di se stesso e quando si confronta con altri collettivi, ognuno di essi resta nella propria *autonomia*, poiché è questa che offre un minimo di garanzia di sopravvivenza. E se si formano delle *dipendenze*, queste andrebbero intese in senso volontario, in una forma reciprocamente vantaggiosa, e non imposte con la forza degli uni sulla debolezza degli altri.

Non è solo il "lavoro" del singolo che va posto sin dall'inizio come "lavoro sociale", ma è la stessa *esistenza* del singolo che va posta come "sociale", in modo che il lavoro acquisti significato in questo collettivo di vita, a prescindere dal bene prodotto.

Ecco però, sotto questo aspetto, non ci pare che Marx sia arrivato a capire che una società basata sul *valore d'uso*, che dà quindi poca importanza a quello di scambio, non per questo si sente "primitiva", con poca socializzazione. Là dove esiste un primato del valore d'uso, questo non viene mai deciso dal singolo produttore, ma sempre dalla sua *comunità d'appartenenza*; quindi, intrinsecamente, esso ha un *valore etico-sociale*, preliminare a qualunque possibile scambio. Non a caso i valore di scambio borghesi hanno bisogno, per imporsi, di distruggere qualunque tipo di tradizione comunitaria.

Baratto - Eccedenza - Consumo

La prima frase chiave da cui bisogna partire è la seguente: "il bisogno dello scambio e la trasformazione del prodotto in puro valore di scambio avanzano nella medesima misura della divisione del lavoro, ossia del carattere sociale della produzione" (p. 83).

Marx non verifica nei *Grundrisse* la fondatezza storica di questa tesi economica, la dà semplicemente per scontata. Cioè per lui non fa problema, in quanto del tutto normale, il "bisogno dello scambio", che evidentemente deve essere "crescente", al punto da dover determinare una cosa del tutto inedita: "la trasformazione del prodotto in puro valore di scambio". La trasformazione, lo scambio sono normali, secondo Marx, anche nella modalità "crescente", quasi "incontrollata", in quanto dipendono da un processo parallelo: "la divisione del lavoro", il quale quanto più aumenta, tanto più fa aumentare lo scambio.

Questo processo in realtà non sembra spiegare nulla. La divisione del lavoro potrebbe essere essa stessa un prodotto dello scambio crescente. Un processo genetico che non tenga conto delle condizioni storiche concrete sembra essere destinato a finire nella tautologia, in quanto troppo astratto.

Peraltro Marx ha il coraggio di sostenere un'equazione del tutto indimostrata, quella secondo cui il carattere "sociale" della produzione è direttamente proporzionale al grado della divisione del lavoro. La socializzazione sarebbe dunque equivalente alla parcellizzazione del lavoro, alla specializzazione dei singoli produttori. Una caratteristica "tecnica" darebbe significato "sociale" a una determinata attività: il lavoro!

Questo modo di vedere la realtà è riduttivo, in quanto la caratteristica "sociale" del lavoro non è data da alcuna caratteristica "tecnica", né da alcuna modalità specifica di gestione del lavoro: un lavoro in *team* o in *équipe* non è più "sociale" di quello del contadino che va a raccogliere l'uva per fare il vino. Un lavoro è "sociale" nella misura in cui viene riconosciuto dalla comunità in cui viene esercitato. Il lavoro non può trarre da sé alcun significato né alcuna specificazione sociale e neppure alcuna rilevanza economica o produttiva. Meraviglia che qui Marx abbia accettato come assodata l'accezione borghese di "lavoro", che è meramente economica.

L'altra motivazione sottolineata da Marx per spiegare la fondatezza della sua tesi, in realtà non spiega nulla, poiché viene dato per scontato qualcosa che non può esserlo. "Nel baratto immediato ciascun articolo non può essere scambiato con qualsiasi altro, e una determinata attività può essere scambiata soltanto con determinati prodotti" (p. 87). Marx vede nel baratto quelle difficoltà che possono essere viste dalla prospettiva dello scambio nel mercato: in realtà il baratto è stata la forma di commercio più naturale che la storia degli uomini abbia mai conosciuto e praticato. Il baratto è venuto meno non tanto quando si è sviluppato il denaro, né quando si è formato il mercato, ma quando il produttore ha totalmente perso la propria autonomia economica. Denaro e baratto possono convivere se il produttore è in grado di provvedere a se stesso. Può infatti esistere (questo Marx lo ammette) l'uso del denaro tra comunità e l'uso del baratto, contemporaneamente, all'interno di ogni singola comunità. Occorre un processo "violento" che imponga l'uso del denaro sul baratto (p. 87).

"È assolutamente necessario che gli elementi violentemente separati [p.es. valore d'uso e valore di scambio], che sono essenzialmente omogenei [nel pre-capitalismo], attraverso una violenta eruzione si mostrino come scissione di qualcosa che è essenzialmente omogeneo [nel senso che per la borghesia il valore di scambio deve prevalere su quello d'uso ed essa ha necessità di dimostrarlo con ogni mezzo]. L'unità si ristabilisce violentemente [ora infatti non è più lo scambio che dipende dall'uso ma il contrario]" (ib.). Cioè la separazione del produttore dai suoi prodotti è un fatto "violento" che - dice Marx - gli economisti borghesi non vedono (ib.). La violenza è dimostrata dal fatto che il prodotto del lavoro torna al produttore in maniera "accidentale" (p. 88).

La seconda frase chiave di Marx indica bene il dramma del passaggio dal prodotto alla merce: "nella misura in cui si sviluppa [il rapporto di scambio], si sviluppa il potere del denaro, ossia il rapporto di scambio si fissa come un potere esterno ai produttori e indipendente da loro" (p. 83).

In pratica da un processo spontaneo: lo scambio, si finisce col determinare un processo contronatura, in cui il produttore non è più padrone della sua produzione e del suo prodotto, poiché lo scambio, il mercato, il potere del denaro è diventato padrone della sua produzione e quindi dello stesso produttore.

Marx tende a giustificare questa tragedia storico-sociale in forza della categoria della "necessità storica" del superamento del feudalesimo. "L'abisso tra prodotto in quanto tale e prodotto in quanto valore di scambio" (ib.), il fatto che "lo scopo diretto del commercio non è il consumo ma l'acquisto di denaro" (p. 86), non sono processi economici che possono prodursi in maniera spontanea e non c'è alcuna motivazione "umana" che possa giustificarli, eppure Marx non ha dubbi sulla *necessità* di questi processi.

Secondo noi, per poter ottenere delle aberrazioni del genere, occorre una preventiva elaborazione teorica, culturale, sufficientemente sofisticata, in grado di far sembrare il naturale innaturale, il familiare estraneo e viceversa, nonché una lotta di tipo politico che imponga questo travisamento della realtà a livello istituzionale, prima che determinati processi possano essere considerati "spontanei" o "necessari", in quanto non vengono qui totalmente sconvolti soltanto "i rapporti tra domanda e offerta" (p. 87), ma è l'*intera vita sociale* che viene distrutta.

Le responsabilità storiche di questo processo ricadono immediatamente sul ceto mercantile e sugli intellettuali che in un modo o nell'altro l'hanno favorito, e indirettamente sulle forze sociali e politiche che non l'hanno sufficientemente ostacolato. Lo stesso Marx lo dice: "tra i consumatori si inserisce un ceto mercantile... che non fa che comprare per vendere e vendere per ricomprare, e che in tale operazione... mira solo a ottenere valori di scambio in quanto tali, ossia denaro" (p. 86).

Nei testi di Marx manca un'analisi della formazione di questo ceto (se si esclude il famoso cap. XXIV del *Capitale*), che deve essere stato un ceto refrattario alle leggi scritte e non scritte della comunità di villaggio, un ceto che deve aver posto in essere una sorta di *revanche sociale* (individuale e di classe) contro la propria comunità originaria, dalla quale si sentiva escluso proprio a motivo dei suoi traffici, inizialmente tollerati solo entro ristretti limiti: "lo scambio tra ceto mercantile e consumatori... è condizionato da leggi e motivi del tutto diversi e possono entrare, l'uno con l'altro, nelle più grandi contraddizioni. In questa separazione è già contenuta la possibilità delle crisi commerciali" (ib.).

Noi infatti dobbiamo dare per scontato che i traffici tra comunità siano sempre esistiti, quindi è sempre esistito un ceto itinerante, disposto a rischiare, i cui componenti si sommavano agli stessi produttori che sul mercato, temporaneamente, si trasformavano in venditori, usando prevalentemente la forma del baratto, e che poi tornavano, per la gran parte dell'anno lavorativo, a fare i produttori. Il ceto mercantile, proprio per il carattere permanente dei suoi traffici, nella forma itinerante dei lunghi viaggi, deve aver progressivamente maturato, dovendo comprare e vendere ovunque potesse, una certa indifferenza ai valori specifici delle diverse comunità locali.

Questo ceto, rimasto ai margini della comunità originaria, è riuscito col tempo ad acquisire ingenti ricchezze in denaro (perché solo questa era la forma in cui poteva arricchirsi), finché non è sorto un altro ceto, quello intellettuale, che ha cominciato a prenderne le difese. Il legame tra teoria (teologia prima e filosofia dopo) e prassi economica porterà successivamente alla rivoluzione politica borghese, di cui quella francese è l'esempio più significativo.

"Nel semplice baratto - dice Marx - può formarsi un ceto mercantile. Ma poiché esso ha a disposizione soltanto l'eccedenza della produzione dai due lati [compera e vendita], la sua influenza sulla stessa produzione rimane, così come tutta la sua importanza, del tutto secondaria" (ib.). Quindi deve per forza esserci stata una convergenza d'interessi teorico-pratica tra ceto mercantile e intellettuali, i quali possono non essere stati esplicitamente borghesi o filo-borghesi, però devono aver elaborato delle idee che in qualche modo (cioè anche contro le loro migliori intenzioni) potevano favorire dei comportamenti che col tempo avrebbero portato all'affermazione sociale della borghesia. Analisi del genere sono del tutto assenti in Marx. Gli intellettuali da lui presi in esame sono già gli economisti dichiarati della società borghese. Manca tutta l'indagine delle teorie implicitamente borghesi espresse nel corso del Medioevo, specie a partire dal Mille. Manca cioè l'analisi della *Scolastica*.

Dipendenza naturale e materiale

Si dirà che non ha senso sostenere che Marx "preferisca" la dipendenza *materiale* (quella dal mercato) rispetto a quella *personale* (tra signoria e servitù). Uno scienziato deve limitarsi a constatare i fatti, senza esprimere giudizi di merito sul loro contenuto etico. Eppure Marx non ha dubbi su quale dipendenza deve cadere la sua preferenza, pur avendo egli una consapevolezza critica di molto superiore a quella degli economisti borghesi sui grandi limiti del capitalismo.

Così scrive a p. 96: "La risoluzione di tutti i prodotti e di tutte le attività in valori di scambio presuppone sia la dissoluzione di tutti i rigidi rapporti di dipendenza personali (storici) nella produzione, sia la generale dipendenza reciproca dei produttori".

Marx usa l'aggettivo "rigidi" come determinazione *negativa*, priva di alcuna positività. Con questo però non si deve pensare ch'egli ragioni come un economista borghese. Infatti dice: "questa dipendenza reciproca si esprime nella necessità permanente dello scambio e nel valore di scambio quale mediatore universale. Gli economisti esprimono questo fatto nel modo seguente: ciascuno, perseguendo il suo interesse privato... involontariamente e inconsapevolmente finisce col servire l'interesse privato di tutti..." (ib.).

Per definizione, Marx è un "critico" dell'economia politica: non può cadere in simili ingenuità. Infatti afferma: "da questa frase astratta si potrebbe anzi dedurre che ognuno reciprocamente ostacola l'affermazione dell'interesse dell'altro, sicché invece di un'affermazione generale, da questo *bellum omnium contra omnes* risulta anzi una generale negazione" (pp. 96-97). Che poi, effettivamente, è quanto avviene sotto il capitalismo, specie nei regimi monopolistici, proprio perché anche quando il perseguimento di un interesse privato finisce col favorire un diverso interesse privato, ciò rientra sempre nella logica dello sfruttamento del lavoro altrui.

Marx, che sa bene quanto sia "innaturale" il mero perseguimento dell'interesse privato, può affermare, in tutta tranquillità, che "l'interesse privato stesso è già un determinato interesse sociale e può essere raggiunto soltanto nell'ambito delle condizioni che la società pone e coi mezzi ch'essa offre... che sono condizioni sociali indipendenti da tutti" (p. 97). Il bene collettivo non nasce dal perseguimento dell'interesse privato, anche se in apparenza, sotto il capitalismo, sembra essere così, almeno finché le classi subalterne non si accorgono che in forza di tale perseguimento non traggono alcun vero beneficio.

Tuttavia, se la critica di Marx agli economisti borghesi a noi risulta - dopo il marxismo! - facile da capire e da condividere, non altrettanto possiamo dire riguardo alla sua critica del modo di produzione feudale. Prendiamo ad es. questa frase: "l'individuo naturalmente o storicamente allargatosi a famiglia e a tribù (e poi a comunità) [processo, questo, che non s'è mai verificato storicamente e che di naturale non ha nulla, in quanto, semmai, s'è verificato, storicamente, il processo inverso, dalla comunità a un individuo singolo estraniato], si riproduce su basi direttamente naturali [come se questo fosse un limite! Marx tende qui a contrapporre naturale a "indotto", ovvero a "macchinismo", che libera dalla dipendenza dalla natura], o in cui la sua attività produttiva e la sua partecipazione alla produzione è indirizzata a una determinata forma di lavoro e di prodotto [questa "determinazione" per Marx è un limite, in quanto nel capitalismo c'è indifferenza per il tipo di lavoro e di merce da produrre e questo rende più liberi], e il suo rapporto con gli altri è altrettanto determinato" (ib.).

È strano che per un economista che ha fatto della "necessità storica" la categoria fondamentale della propria filosofia della storia, sia così ostico accettare, sul piano *etico*, che nel feudalesimo i rapporti sociali fossero economicamente "determinati", socialmente fissati. Se anche non fosse esistito il servaggio, tali rapporti non avrebbero comunque dovuto sottostare a una qualche forma di "determinazione"? Non ha senso prospettare il superamento del feudalesimo oltre i motivi che non riguardino strettamente il *servaggio* sul piano *sociale* e il *clericalismo* su quello *culturale*. Non esistono motivi tecnici o puramente economici che possano giustificare con assoluta certezza la necessità della transizione dal feudalesimo al capitalismo, in quanto se da un lato si mettono i vantaggi di un sistema, dall'altro bisogna osservare i suoi svantaggi, e quelli del capitalismo - oggi possiamo dirlo in forza di uno sguardo retrospettivo - sono infinitamente superiori. In nessuna formazione pre-capitalistica s'era mai paventata la minaccia della sopravvivenza della natura e dello stesso genere umano.

Ma anche prescindendo dai vantaggi che, rispetto a Marx, ci può offrire uno sguardo retrospettivo, è sufficiente esaminare quello ch'egli stesso dice per rendersi conto dei limiti della sua analisi: "nel valore di scambio la relazione sociale tra le persone si trasforma in rapporto sociale tra cose [qui Marx anticipa l'analisi del feticismo delle merci, uno dei veri capolavori del *Capitale*]; la capacità personale [così tipica, p.es., dell'artigiano] in una capacità delle cose" (p. 98). "Ciascun individuo possiede il potere sociale sotto la forma di una cosa [cioè quante più cose possiede tanto più vale]. Strappate alla cosa questo potere sociale e dovrete darlo alle persone sulle persone" (ib.), nel senso che i legami interpersonali "devono essere organizzati su base politica, religiosa ecc." (p. 99 n. 40).

Ora, a questi legami "personali" Marx preferisce chiaramente quelli "impersonali", a quelli politici preferisce quelli economici. Alla "forza della comunità che lega insieme gli individui. il rapporto patriarcale, la comunità antica, il feudalesimo e la corporazione" (ib.), Marx preferisce (e qui si noti come, quando si tratta di criticare il pre-capitalismo egli non faccia distinzione, nel confronto col capitalismo, tra le varie formazioni sociali e non distingua all'interno di ognuna di esse gli aspetti positivi da quelli negativi) una produzione e una partecipazione alla produzione che sia "come qualcosa di estraneo e di oggettivo [che sta] di fronte agli individui... come loro subordinazione a rapporti che sussistono indipendentemente da loro e nascono dall'urto degli individui reciprocamente indifferenti" (ib.). Marx dà continuamente l'impressione di comportarsi come un filosofo individualista in lotta contro un sistema individualista al quale oppone un'ideologia collettivista.

Nei *Grundrisse* la sua filosofia della storia è sufficientemente chiara e difficilmente condivisibile (e qui non ci si venga a dire che solo perché Marx si è sempre rifiutato di fare una "filosofia della storia", questa non esiste nei suoi scritti). Dice: "i rapporti di dipendenza personale (all'inizio su una base del tutto naturale [che però non viene specificata, e qui bisogna fare attenzione perché spesso Marx non pone alcuna differenza tra comunismo primitivo, comunità antiche asiatiche e feudalesimo occidentale, in quanto tutte queste formazioni rientrano nel concetto di *pre-capitalismo*]) sono le prime forme sociali, nelle quali la produttività umana si sviluppa soltanto in un ambito ristretto e in punti isolati ["ristrettezza" e "isolamento" sono motivi tecnico-economici, non *sociali* secondo noi, sufficienti, secondo Marx, a giustificare la transizione verso il capitalismo]. L'indipendenza personale fondata sulla dipendenza materiale è la seconda forma importante in cui giunge a costituirsi un sistema di ricambio sociale generale, un sistema di relazioni universali, di bisogni universali e di universali capacità. [Qui di nuovo la falsa antinomia di locale/universale]. La libera individualità [del futuro socialismo, quindi si tratta anzitutto si riconoscere all'individuo singolo la propria specificità], fondata sullo sviluppo universale degli individui [così come il capitalismo ha realizzato] e sulla subordinazione della loro produttività collettiva, sociale, quale loro patrimonio sociale [in antitesi alla privatizzazione dei profitti], costituisce il terzo stadio. Il secondo crea le condizioni del terzo" (p. 99), mentre, d'altro canto, non esiste alcuna possibilità che il socialismo possa servirsi del pre-capitalismo, in quanto questo viene completamente distrutto dallo "sviluppo del commercio, del lusso, del denaro, del valore di scambio" (ib.).

Se la tesi di Marx secondo cui il capitalismo pone le condizioni del socialismo non fosse vera, che possibilità avrebbe il socialismo di realizzarsi? Il capitalismo, secondo Marx, pone le condizioni materiali, strutturali (le forze produttive), per la transizione al socialismo, ma dal punto di vista *sovrastrutturale* non resta forse la formazione più lontana dalle caratteristiche *etiche* di socializzazione e di umanizzazione che dovrebbe avere il socialismo democratico? Da un lato il capitalismo pone le condizioni strutturali e dall'altro toglie tutte quelle sovrastrutturali. E in tal senso ci si potrebbe chiedere se il tentativo di realizzare il socialismo nei paesi est-europei non sia dipeso proprio dalla permanenza in quei paesi di molte condizioni strutturali e soprattutto sovrastrutturali del pre-capitalismo, e ci si potrebbe anche chiedere se in quei paesi il socialismo è fallito non per la preponderanza di queste condizioni, ma, al contrario, proprio perché non si è voluto tenerle in debita considerazione, preferendo realizzare una forma di socialismo troppo simile al modello "teorico" elaborato dal marxismo classico, i cui difetti principali sono stati da un lato la sottovalutazione dell'importanza del mondo contadino e dall'altro la sopravvalutazione dell'importanza del macchinismo.

Oggi si è finalmente arrivati alla convinzione che il macchinismo trovi la sua ragion d'essere solo nella misura in cui garantisce alla natura una sicura, agevole, riproduzione. Tutto ciò che ostacola o rallenta i ritmi riproduttivi della natura va considerato anti-umanistico e quindi anti-storicistico. Il rispetto integrale delle leggi di natura è la *conditio sine qua non* in cui l'uomo e la storia possono muoversi, salvaguardando se stessi. Nessuna civiltà ha mai rispettato integralmente questa condizione, se si escludono quelle del cosiddetto "uomo primitivo", le quali non hanno lasciate tracce indelebili di se stesse.

E ci si potrebbe altresì chiedere - ma in questo caso la risposta è scontatamente affermativa - se la versione leninista del marxismo è riuscita a realizzare il socialismo proprio perché, meglio di ogni altra corrente, seppe tener conto, seppure in maniera limitata, delle esigenze del mondo pre-capitalistico.

Ci si potrebbe infine chiedere se la possibilità di una transizione *pacifica* al socialismo resta ancora oggi tanto più possibile quanto maggiore è il rapporto costruttivo che si riesce a realizzare con le realtà (strutture e sovrastrutture) pre-capitalistiche (oggi presenti solo nel Terzo Mondo). Ogni occasione perduta rischia di ripercuotersi, accentuandone gli aspetti negativi, sul carattere stesso della transizione.

Nel capitalismo le relazioni sociali non dipendono dalle regole della dipendenza personale (salvo eccezioni inerenti alle forme illegali di neo-schiavismo), ma gli storici dovrebbero ammettere l'insensatezza della decisione con cui, nel superamento del feudalesimo, si sia voluta buttar via l'acqua sporca del servaggio e del clericalismo col bambino dell'autoconsumo e dell'autonomia produttiva. Autosussistenza, autogestione non andavano considerati come "limiti" ma anzi come "vantaggi" di tutte le economie pre-capitalistiche, in cui il denaro ancora non giocava un ruolo chiave negli scambi commerciali.

Cioè la "reificazione del contesto sociale", pur presente nelle formazioni pre-borghesi, non poteva mai essere conseguenza del fatto che la totalità degli individui aveva "alienato, sotto forma di oggetto, la loro propria relazione sociale" (p. 102). Lo stesso Marx sostiene che la "reificazione del contesto sociale" è un fenomeno tipico delle società in cui il denaro è "mezzo di scambio e non misura del valore di scambio" (ib.); solo in queste società "gli uomini ripongono nella cosa materiale (il denaro) quella fiducia che non sono disposti a riporre in se stessi come persone" (ib.). Il denaro è un "pegno di garanzia sociale... in virtù della sua (simbolica) qualità sociale" (ib.). Ogni altra forma di accumulazione "appare ancora primordiale, limitata, condizionata per un verso dai bisogni, per l'altro dalla natura limitata dei prodotti (*sacra auri fames*)" (p. 106).

Marx è del tutto consapevole che la nuova dipendenza (quella dal mercato) presume degli individui estraniati, alienati da qualunque proprietà (salvo eccezioni) e soprattutto indifferenti tra loro. "Lo scambio, in quanto mediato dal valore di scambio e dal denaro, presuppone l'universale dipendenza reciproca dei produttori, ma presuppone al tempo stesso il completo isolamento dei loro interessi privati e una divisione del lavoro sociale, la cui unità e integrazione reciproca esiste, per così dire, come un rapporto naturale esterno agli individui, indipendentemente da loro. È la pressione reciproca della domanda e dell'offerta generali che media la connessione degli individui reciprocamente indifferenti" (pp. 99-100).

Dunque la relazione sociale nel capitalismo non nasce da una tradizione consolidata, da una condivisione di valori e bisogni comuni, da una medesima esperienza comunitaria, ma nasce da un'esigenza di tipo economico: lo scambio di merci contro denaro. La socializzazione è una conseguenza dello scambio: "di pari passo con lo sviluppo di questa alienazione si tenta, sul suo stesso terreno, di sopprimerla: ed ecco i listini dei prezzi correnti, i corsi cambiari, i contatti epistolari, telegrafici, la possibilità di una statistica generale ecc. tra i commercianti (con un naturale sviluppo parallelo dei mezzi di comunicazione), attraverso i quali ciascun individuo si procura notizie sull'attività di tutti gli altri cercando di adeguarvi la propria" (p. 103).

La produzione di questi individui, a differenza di quella pre-capitalistica (aggiungiamo noi), "non è immediatamente sociale, non è il risultato di un'associazione (*the offspring of association*) che ripartisce al proprio interno il lavoro... la produzione sociale non è sussunta agli individui e da essi controllata come loro patrimonio comune" - dice Marx (p. 100).

Leggendo queste affermazioni si ha l'impressione che Marx non abbia voluto concedere nulla al pre-capitalismo per non doversi cimentare in un confronto *culturale* sui valori etici tra cristianesimo e socialismo. Non perché il socialismo abbia da imparare qualcosa dal cristianesimo, ma perché senza un certo modo di vivere il cristianesimo, non nasce il capitalismo.

Il suo ragionamento pare essere il seguente: se il capitalismo ha spazzato via col feudalesimo anche il cristianesimo che ideologicamente lo giustificava, il socialismo non può trarre dal cristianesimo alcuna ispirazione per porre un'alternativa all'ideologia borghese, pertanto il socialismo diventa un fenomeno del tutto nuovo, che presume di porre in maniera inedita le basi della propria affermazione.

Ora, questo modo d'impostare le cose s'è rivelato fallimentare, in quanto se il socialismo non è in grado di recuperare quanto di meglio è stato prodotto dal pre-capitalismo, qualunque transizione al socialismo non fa che rafforzare, alla lunga, lo stesso capitalismo.

Ovviamente, come escludiamo che il socialismo futuro possa assomigliare a un capitalismo riveduto e corretto, così è impensabile che possa assomigliare a una sorta di neo-feudalesimo. Deve necessariamente essere qualcosa di originale; tuttavia questo non significa che non si debbano andare a recuperare le cose migliori prodotte dall'uomo, fino a quelle più antiche della sua storia.

Ecco perché il ragionamento di Marx non può essere accettato così com'è: non è esattamente vero che il capitalismo sia il superamento del feudalesimo *tout-court* e che il socialismo supererà il capitalismo su basi inedite, non neo-feudali. "Lo scambio privato di tutti i prodotti del lavoro, delle capacità e delle attività è in antitesi sia con la divisione fondata sulla sovraordinazione e subordinazione naturale e politica (sia essa di carattere patriarcale, antica o feudale) degli individui tra loro (dove lo scambio vero e proprio è soltanto marginale o grosso modo tocca meno la vita di tutta la comunità di quanto piuttosto non intervenga tra comunità diverse, e in generale non sottomette affatto tutti i rapporti commerciali e di produzione), sia con il libero scambio tra individui associati sulla base dell'appropriazione e del controllo comune dei mezzi di produzione. (Quest'ultima associazione non è nulla di arbitrario: essa presuppone lo sviluppo di condizioni materiali e spirituali che a questo punto non possono essere ulteriormente analizzate)" - così Marx a p. 100.

Dunque, la differenza sostanziale tra capitalismo e socialismo sta nell'abolizione della proprietà privata e quindi nella possibilità di gestire tale proprietà in maniera collettiva, sociale: tutto il resto può restare com'è. Per ottenere la transizione al socialismo occorre che le premesse su cui far leva siano già presenti nel capitalismo. "Nel mercato mondiale la connessione del singolo individuo con tutti, ma nello stesso tempo anche l'indipendenza di questa connessione dai singoli individui stessi, si è sviluppata ad un livello tale che perciò la sua formazione contiene già contemporaneamente la condizione del suo trapasso" (p. 103). Marx ha bisogno di dire questo, perché se nel capitalismo non esistono le condizioni del suo trapasso, e il pre-capitalismo è definitivamente scomparso, da dove andrà a prendere il socialismo le motivazioni del proprio agire?

"La scambiabilità di tutti i prodotti, attività e rapporti con un terzo elemento [il denaro], con qualcosa di oggettivo che a sua volta possa essere scambiato indifferentemente con tutto... si identifica con la venalità e corruzione generali. La prostituzione generale si presenta come una fase necessaria del carattere sociale delle disposizioni, capacità, abilità e attività personali" (pp. 105-6). In questa frase Marx usa due volte l'aggettivo "generale". Nel capitalismo la corruzione è di massa ed essa, come tale, non può non intaccare anche il proletariato. Ecco perché ogni ritardo nella realizzazione del socialismo è un incentivo alla corruzione.

Marx dice che il singolo "casualmente" può anche liberarsi dei rapporti materiali indipendenti dalla sua volontà, ma "la massa di coloro che ne sono dominati no" (p. 107). A questo punto bisognerebbe aggiungere che se anche, per ipotesi, nei paesi capitalisti, la stragrande maggioranza diventasse "borghese", questo non costituirebbe affatto una garanzia di incorruttibilità: spesso infatti si sente dire che se un capitalista andasse al governo nessuno potrebbe corromperlo. Al contrario, ciò sarebbe un indizio sicuro della corruzione generale, poiché, essendo la ricchezza acquisita sempre sulla base dello sfruttamento del lavoro altrui, se questo "altrui" non fosse particolarmente presente nelle regioni metropolitane dell'occidente (in quanto anche il proletariato, manuale e intellettuale, pur sfruttato rispetto alla quantità e qualità del lavoro offerto, fruisce di uno standard di vita sufficientemente garantista), di certo questo "altrui" è presente nelle aree periferiche del Terzo Mondo, al cui sfruttamento partecipa anche, seppur indirettamente, lo stesso proletariato dei paesi avanzati.

Il fatto che il proletariato occidentale abbia saputo condurre delle rivendicazioni *sindacali*, che pur non sono mai approdate a quello *politico* (in modo da assicurare un percorso istituzionale, definitivo, in direzione del socialismo), ha indubbiamente comportato un miglioramento delle sue condizioni di vita, ma contestualmente ha provocato un peggioramento delle condizioni di vita del sottoproletariato terzomondista. Istituzionalizzando le rivendicazioni entro i limiti sindacali, il proletariato occidentale non ha fatto altro che rafforzare le basi del capitalismo, il quale è stato costretto a cercare in una intensificazione della dipendenza coloniale le risorse per soddisfare, almeno in parte, le rivendicazioni del proletariato occidentale.[8]

Ecco perché la lotta anti-capitalistica va ripresa sul terreno politico, sociale e culturale. Sotto il capitalismo, dice Marx, "gli individui sembrano entrare in un contatto reciproco libero e indipendente (questa indipendenza che in se stessa è soltanto... indifferenza) e scambiare in questa libertà" (p. 106) - bisogna dunque riprendere la lotta contro le apparenze e le mistificazioni; "gli individui sono ora dominati da astrazioni, mentre prima essi dipendevano l'uno dall'altro. L'astrazione... non è che l'espressione teorica di quei rapporti materiali che li dominano" (p. 107) - cioè nella lotta contro le apparenze occorre chiarire nuovamente che il "nemico" è un'entità astratta: il *capitale*, ed è dunque contro il sistema della dipendenza materiale e contro la reificazione delle relazioni sociali che il proletariato deve battersi; "la fede nell'eternità di queste idee, cioè di quei rapporti di dipendenza materiali, viene naturalmente consolidata, nutrita, inculcata in ogni modo dalle classi dominanti" (p. 108) - occorre quindi svolgere un lavoro contestativo non solo sul piano sociale e politico ma anche *culturale*: occorre una resistenza a 360 gradi.

Il denaro come capitale

Nel capitolo "Il denaro come capitale" Marx esordisce dicendo che è "particolarmente difficile la comprensione del denaro nella sua piena determinatezza di denaro" (p. 207), cioè non come mezzo di scambio, ma come *capitale*. Infatti aggiunge, subito dopo, che "in Perù e in Messico oro e argento non servivano come denaro, pur esistendo come gioielli e pur riscontrandosi in quei paesi uno sviluppato sistema di produzione"

---

[8] È vero che i salari, in occidente, spesso subiscono degli arresti, se non addirittura delle contrazioni, nel corso degli anni (p.es. dal 2008 ad oggi, in seguito a una grave crisi recessiva mondiale), ma è anche vero che una parte del salario viene restituita in previdenza, assistenza, sanità, scuola... Tutte cose che nel Terzo Mondo non esistono per milioni di lavoratori.

(ib.).

È, questo, il problema "culturale" che lo ha travagliato sino alla fine dei suoi giorni. Il Marx economista non riusciva a trovare nella sola analisi economica la chiave per capire il motivo per cui in una determinata società mercantile il denaro diventa capitale, mentre in un'altra, non meno mercantile, non lo diventa affatto. Sin dai primissimi suoi studi economici egli aveva intuito che nel "valore di scambio" vi era qualcosa di poco chiaro, che non si riusciva a spiegare sino in fondo con gli strumenti dell'economia politica. Il vertice di questa intuizione saranno sicuramente le pagine del *Capitale* dedicate al feticismo della merce, che Engels giudicherà un autentico capolavoro.

Quando però nei *Grundrisse* tenta una spiegazione extra-economica, sconfina, in un certo senso, nella sociologia e persino nella psicologia. Si faccia attenzione a questa riflessione: "I soggetti sono l'uno per l'altro nello scambio solo mediante gli equivalenti" (p. 210), cioè gli equivalenti sono le merci che si scambiano, tra cui appunto il denaro. Sono soggetti giuridicamente liberi e uguali di fronte alla merce, poiché lo sono di fronte alla legge. Essi "si confermano come tali mediante lo scambio dell'oggettività, in cui l'uno è per l'altro" (p. 211).

Marx, qui, sta ancora usando un linguaggio filosofico per cercare di capire un fenomeno socio-economico. È un linguaggio che tocca, come una tangente, ambiti diversi: giuridico e socio-psicologico. Sta approfondendo delle tematiche già apparse nei *Manoscritti* del 1844. Allora però si era limitato a constatare dei processi in atto, in cui l'alienazione sociale era la nota dominante; qui invece vuol cercare di capirli nella loro essenza ontologica. E si era accorto di una cosa che riteneva fondamentale: i possessori di equivalenti sono del tutto "indifferenti l'uno all'altro"; cioè sono "indifferenti a tutte le loro ulteriori particolarità individuali" (ib.).

Nei mercati dove il valore di scambio trasforma il denaro in capitale non c'è solo uguaglianza formale, ma anche reciproca estraneità e indifferenza. Marx qui sta facendo una sorta di "filosofia dell'economia", con addentellati di tipo esistenziale. Non ha capito *l'origine storico-culturale* che spiega il passaggio dal denaro al capitale: ha solo capito che esiste un'origine *storica*. E sino alla fine della sua vita continuerà a costatare l'anomalia, senza però riuscire a spiegarsela sino in fondo.

Cioè da un lato comprende che "il contenuto dello scambio sta completamente fuori dalla sua determinazione economica" (ib.); Dall'altro però non riesce a individuare il *luogo* (culturale) in cui questo contenuto si forma e si sviluppa. Questo perché vi è in lui come una forma di chiusura pregiudizievole (oggi diremmo, usando il suo stesso linguaggio, "ideologica"), che gli impedisce di analizzare le cose andando al di là dell'analisi economica. Sembra che Marx voglia a tutti i costi cercare nel materialismo economicistico la spiegazione ultima dei fenomeni tipici del capitalismo, e però si rende conto che questa pretesa s'infrange contro qualcosa d'impenetrabile.

Questa chiusura mentale si riflette anche nel pensiero seguente: "Se l'individuo A avesse lo stesso bisogno dell'individuo B che avesse realizzato il suo lavoro nel medesimo oggetto in cui l'ha realizzato l'individuo B, tra loro non vi sarebbe alcuna relazione" (ib.). Si faccia bene attenzione a questo suo ragionamento, perché è molto importante per capire il limite della sua analisi economica.

Per Marx è *solo* nello scambio che si realizza la *relazione* tra individui equivalenti, per quanto essi siano tra loro estranei e indifferenti alle loro singole particolarità. Quando essi non entrano nel mercato, poiché ognuno produce quanto gli basta, la relazione non esiste. Cioè questo significa che, nella concezione di Marx, l'*autoconsumo* è uno stadio dell'economia che va assolutamente superato, anche se il superamento operato dal capitalismo è del tutto inadeguato.

Lo scambio ha bisogno di soggetti non autosufficienti, cioè che abbiano la *necessità* di una reciproca dipendenza. Lo scambio li costringe a relazionarsi, e Marx considera questa cosa in sé positiva, altrimenti i soggetti sarebbero isolati. Sembra addirittura che non lo preoccupi più di tanto il fatto che nel mercato "ciascuno raggiunge il suo scopo solo in quanto serve all'altro come mezzo" (p. 213); ovvero che "ciascuno è nello stesso tempo mezzo e scopo" (ib.). Non gli fa problema questa reciproca strumentalizzazione, proprio perché è *reciproca*. Eppure ribadisce che la reciprocità "è indifferente a ciascuno dei due soggetti dello scambio" (ib.). E questo gli appare *innaturale*.

Nel mercato non ci si incontra per una relazione che vada al di là del mero fatto economico della compravendita. Per Marx è importante sottolineare che in questa transazione non vi è alcuna "violenza", almeno non in apparenza. Ci si riconosce nella reciproca libertà. L'interesse generale dei due soggetti (contraenti) sta nel soddisfare i loro reciproci interessi egoistici. Essi si sentono *uguali* e *liberi*.

Per Marx questo è un grande vantaggio rispetto alle epoche schiavistiche e servili, precedenti al capitalismo, ove il lavoro o era del tutto coatto, oppure rigidamente regolamentato dalle corporazioni (e quindi vissuto come una forma di privilegio).

Marx si rende perfettamente conto che senza *libertà giuridica* è impossibile realizzare il capitalismo. E tuttavia, quando si accinge a spiegare il motivo per cui, nell'ambito del feudalesimo, si forma il proto-capitalismo in un luogo e non invece in un altro, in cui magari sarebbe stato più facile aspettarselo, finisce col cadere in una sorta di "circolo vizioso".

Si legga questo importante pensiero: "Poiché soltanto il denaro è la realizzazione del valore di scambio [e se bastasse questo - possiamo aggiungere - anche in epoca greco-romana si sarebbe dovuto formare il capitalismo], e il sistema dei valori di scambio si è realizzato soltanto in presenza di uno sviluppato sistema monetario o viceversa [ecco il cul-de-sac!], il sistema monetario può essere in effetti soltanto la realizzazione di questo sistema della libertà e dell'uguaglianza" (p. 215). Ma un ragionamento del genere non spiega affatto perché, *ad un certo punto*, il denaro si trasforma in capitale. Infatti anche nel mondo greco-romano la moneta, i traffici, i mercati erano molto sviluppati, eppure nelle loro condizioni storiche il capitalismo non avrebbe mai potuto nascere: *perché?*

Marx non se lo spiega non perché non abbia gli strumenti economici per farlo. Sono gli strumenti *culturali*, quelli della *sovrastruttura* che gli difettano. Non nel senso - si badi - che Marx non ha abbastanza "cultura" (sarebbe folle sostenere una cosa del genere), ma nel senso ch'egli non mette in *relazione organica* la cultura all'economia. Il suo limite di fondo sta proprio in questo, nel considerare la cultura una semplice proiezione dell'economia, del tutto inadeguata a incidere su questa, ove domina la categoria dell'*interesse*.

D'altra parte egli è perfettamente consapevole che la cultura borghese non lo aiuta a sciogliere il nodo Gordiano, proprio perché gli economisti danno per scontati dei processi che in realtà vanno spiegati: cosa che non si può certo fare guardandoli nella loro apparenza fenomenica. E sta qui infatti il grande merito di Marx, proprio nell'aver fatto capire che dietro determinati fenomeni che si vogliono far passare per "naturali", vi sono in realtà delle scelte "storiche".

Leggiamo ora questo suo profondo pensiero critico: "il *presupposto* del valore di scambio, quale base oggettiva dell'intero sistema di produzione, implica già in sé, fin dall'inizio, la coercizione per l'individuo", nel senso "che il suo prodotto immediato non è un prodotto per lui, bensì lo *diventa* soltanto nel processo sociale, ed è *costretto* ad assumere questa forma generale ma estrinseca"; cioè "l'individuo ha ormai un'esistenza soltanto come entità produttiva di valore di scambio, nel che è già implicita la negazione totale della sua esistenza naturale", in quanto "è totalmente determinato dalla società". Lo si comprende anche dal fatto - prosegue Marx - che il valore di scambio "presuppone una divisione del lavoro nella quale l'individuo è già posto in rapporti del tutto differenti da quelli dei semplici *individui che scambiano*". "Quindi il presupposto non solo non è un presupposto che non scaturisce né dalla volontà dell'individuo né dalla sua natura immediata, ma è un presupposto *storico*, che pone l'individuo già come individuo *determinato* dalla società" (p. 218). E più avanti: "nella semplice determinazione del valore di scambio e del denaro è contenuta in forma latente l'antitesi tra lavoro salariato e capitale" (ib.).

Questa lunga citazione per mostrare che Marx aveva capito due cose fondamentali: 1) la libertà e l'uguaglianza che appaiono sui mercati capitalistici sono del tutto *formali* (fittizi); 2) la naturalezza dello scambio, nell'ambito del capitalismo, presuppone un *conflitto sociale* ben determinato tra lavoro e capitale. Detto altrimenti: quel che il capitalismo vuol far passare come "naturale", in realtà ha avuto *un'origine storica*, e questa origine non ha nulla di *naturale*. Su questa origine storica Marx non individuerà mai i *fondamenti strutturali in chiave culturale*, che vanno ricercati, prima ancora che nel protestantesimo, nella *teologia cattolica medievale*, soprattutto nella *Scolastica*. Il protestantesimo infatti (particolarmente nella sua variante calvinistica) non ha fatto altro che portare alle sue più logiche ed estreme conseguenze una tendenza già presente nel cattolicesimo-romano, che si ritrova persino nella teologia agostiniana, laddove si considera la persona non come *soggetto* bensì come *funzione*, fino al punto in cui si inizierà a tollerare il *profitto individuale*, quando finalizzato a opere di bene, o quando si farà coincidere il valore di scambio di una merce con il suo prezzo (deciso dalle buone intenzioni del venditore), o quando si mescoleranno, senza ritegno, le questioni economiche e quelle religiose nella vendita delle indulgenze, e così via.

Marx se la prende anche con gli economisti socialisti, poiché non hanno capito questo aspetto fondamentale riguardante la natura del capitalismo. Essi infatti sono convinti - secondo lui - che il socialismo possa scaturire dalla "realizzazione delle idee della società borghese espresse dalla rivoluzione francese", la quale aveva sancito libertà e uguaglianza per tutti, e quindi anche per le transazioni economiche, che però sono state adulterate o deviate dall'uso del denaro in forma di capitale (p. 219).

Marx obietta a questi socialisti utopisti o riformisti che il capitalismo è *malato in sé*, cioè non lo diventa in una fase successiva, per colpa di qualche volontà egoistica soggettiva. "È desiderio tanto pio quanto sciocco che il valore di scambio non si sviluppi in capitale o che il lavoro che produce il valore di scambio non si sviluppi in lavoro salariato" (ib.).

E quindi? Qual è la conclusione di Marx? Il problema sta proprio qui, che non c'è nessuna conclusione. Marx ha capito come stanno le cose sul piano economico, non ha capito però come si sono originate *culturalmente* e non ha individuato un'*alternativa* al valore di scambio, se non quella del superamento dell'antagonismo tra capitale e lavoro. Cioè egli rifiuta di prospettare che al primato del valore di scambio si possa sostituire quello del *valore d'uso*. Per lui - lo dice chiaramente, benché qui si abbia a che fare con degli appunti molto approssimativi - il rapporto dello scambio merce contro merce è "rozzo" (p. 220). Egli esclude a priori un ritorno all'*autoconsumo* e a uno scambio delle *eccedenze*. Sta qui il suo pregiudizio di fondo.

Dall'autoconsumo al mercato

Nei *Grundrisse*, prima del cap. III dedicato al "capitale", cioè prima di parlare del "denaro come capitale" (quel denaro fonte di plusvalore estorto all'operaio industrializzato), Marx parla, al cap. II, del *denaro in generale*. È un capitolo molto lungo, da p. 41 a p. 203. Qui prenderemo in esame soltanto le pp. 136-203, che corrispondono, all'incirca, alla fase storica in cui il denaro in sé è in grado di sostituirsi all'oro o all'argento per far circolare le merci, ed esso stesso diventa mezzo di circolazione, anzi, scopo finale di quest'ultima.

Questo processo è molto importante, perché irreversibile. Sta ad indicare che il capitalismo commerciale ha preso piede al punto che la sua trasformazione in capitalismo industriale è imminente. Prima di trasformarsi in capitale, il denaro deve rimpiazzare i metalli pregiati, che in genere vengono utilizzati soltanto per acquistare merci rare o preziose. Il denaro cioè, per poter avere un valore universale, deve diventare una merce come le altre, influenzando tutte le altre merci.

Infatti, quando il denaro raggiunge tale obiettivo, le merci sono già "idealmente" trasformate in denaro. Il loro valore d'uso è diventato del tutto relativo, in quanto domina in maniera assoluta il loro *valore di scambio*, il quale, in definitiva, coincide col loro *prezzo di mercato*.

Le merci vengono anzitutto valutate per il loro prezzo. Il prezzo va a rimpiazzare qualunque altra valutazione. Si comincia a supporre che se una merce *costa* molto è perché *vale* molto. Il valore è determinato dal prezzo. Marx dice chiaramente che questa cosa sarebbe impossibile là dove sussistono il baratto, le forniture in natura, le prestazioni feudali o un mercato troppo ristretto (locale o regionale).

Il tempo di lavoro contenuto in una merce non è più un criterio assoluto per determinarne il valore. Il denaro infatti "sta accanto e al di fuori delle merci stesse" (p. 139). La merce deve confrontarsi con una determinazione che, in ultima analisi, le risulta estranea, in quanto quest'ultima non è strettamente vincolata al costo del lavoro impiegato a produrla.

La determinazione del prezzo non è più *immediata* ma *riflessa* dal denaro. In sintesi, "la merce *è* valore di scambio, ma *ha* un prezzo" (p. 141). Questo prezzo tende a riferirsi non tanto a un "denaro reale", ma a una "moneta di conto", cioè a un'*astrazione* del denaro, a qualcosa che ha vita autonoma e che è in grado di influenzare tutto il mercato. "La moneta di conto è una misura ideale che non ha altri limiti se non quelli dell'immaginazione" (p. 142).[9]

Marx tuttavia non spiega fino a che punto il prezzo di una merce può divergere dal suo valore d'uso e persino dal suo effettivo valore di scambio. Non può farlo appunto perché, sotto il capitalismo, i prezzi sono irrazionali per definizione, sottoposti continuamente a variabili imponderabili: non è l'uso né lo scambio che in sé li decidono. Vi contribuiscono aspetti psicologici, sfruttati ad arte dai media, o aspetti imprevedibili, come la scoperta di nuovi giacimenti o anche l'emancipazione sociale di paesi fino a ieri giudicati sottosviluppati. Lo dimostra anche il semplice fatto che alla nascita della moneta si accompagna quasi subito l'apparire della contraffazione monetaria, e non tanto da parte di privati ma dello stesso Stato.

Marx si limita a dire che la trasformazione delle merci in denaro non è limitata dalla massa di denaro reale e che deve tener conto del tempo di lavoro necessario a produrre le merci, o comunque dei loro costi di produzione. L'importante è capire - secondo lui - che la mancanza di "astrazione" nell'uso del denaro implica una generale povertà di scambi.

Egli non avrebbe mai accettato l'idea che la determinazione del prezzo di una merce può essere qualcosa di *assolutamente irrazionale*, frutto dell'arbitrio dei produttori monopolistici. Questo perché non ha mai voluto mettere in discussione la superiorità di uno scambio commerciale basato su una concezione molto astratta nell'uso del denaro. Anzi, tende sempre a vedere il baratto come una forma primitiva di uso del denaro, nel senso che, anche se ci si limita a scambiare un prodotto con un altro, è impossibile per i contraenti non fare riferimento a qualcosa di comune considerato come equivalente generale. Il fatto che nel periodo di Omero e di Esiodo si usino ancora "pecore e buoi" come mezzi di scambio, stava appunto a significare - osserva Marx - che esisteva una concezione molto approssimativa delle potenzialità del denaro. Come se una concezione sofisticata di questo uso fosse di per sé indice di una "superiorità economica"! Come se il baratto non fosse esistito per milioni di anni!

Il vero valore di una merce può essere dato solo dallo *scambio* e

---

[9] Oggi si pensa addirittura di abolire il denaro come monete e banconote, ma anche come titoli di credito, assegni ecc., per limitarsi a usarlo in maniera del tutto virtuale, cioè elettronica o telematica.

soprattutto da uno scambio *frequente*. Ecco perché il prezzo non può mai essere irrazionale. Lo scambio determina un "processo sociale", laddove il baratto presuppone una produzione individuale. Così la pensa Marx, che quando esamina i testi degli economisti borghesi, non mette mai in dubbio la superiorità, sotto ogni punto di vista, dello scambio nei mercati capitalistici rispetto all'autoconsumo e al baratto delle eccedenze. Per Marx la fonte *principale* dello sfruttamento del lavoro non sta tanto nella circolazione delle merci e del denaro (anche qui ovviamente), quanto piuttosto nella *produzione*, in cui domina la proprietà *privata* dei mezzi produttivi.

Marx è abbacinato dalla potenza del denaro, proprio perché vede che con esso si possono fare scambi molto veloci e a livello internazionale. Semplicemente lo affascina il fatto che la circolazione del denaro "parte da infiniti punti e ritorna a infiniti punti" (p. 149). Per questa ragione gli pare assurdo considerare il livello geografico *locale*, quello tipico dell'*autoconsumo* e del *baratto*, come il più idoneo a garantire la *democratizzazione dello scambio*. Parla del denaro come se stesse redigendo un romanzo, ove ognuno deve recitare la sua parte, che ovviamente è da lui rigorosamente prefissata, secondo uno schema di causa ed effetto. Merce, denaro, prezzo, baratto, capitale... sono soltanto degli attori, di cui solo alcuni recitano la parte principale, essendo i veri protagonisti di una storia che deve avere un finale ben definito.

Marx vuole porsi come *erede* di vasti e imponenti studi di economia politica, perlopiù elaborati nel Regno Unito, cercando di dimostrare che il modo migliore per salvaguardare i frutti più maturi del capitalismo industriale è quello di *socializzare* la proprietà dei mezzi produttivi. Se tutto convergerà verso questa soluzione del conflitto tra capitale e lavoro, le restanti contraddizioni si risolveranno inevitabilmente da sole. Marx non mette mai in discussione le ragioni della rivoluzione tecnico-scientifica e industriale, ma solo le *modalità applicative* e non tutte.

Questo è un modo di vedere le cose che oggi dobbiamo considerare superatissimo. Ovviamente non perché non sia giusto l'obiettivo di socializzare i mezzi produttivi, quanto perché una soluzione del genere non è sufficiente a risolvere le contraddizioni strutturali del sistema.

*

Naturalmente qui non abbiamo a che fare con uno sprovveduto, incapace di capire le vere contraddizioni del sistema capitalistico, né con un economista borghese che fa di tutto per mistificarle. Marx sa bene che tutte le principali contraddizioni di questo sistema stanno nel momento della *produzione*, e ora vuol farlo capire parlando della circolazione delle merci e della funzione del denaro.

Anzitutto rileva il fatto che nel capitalismo le merci vengono prodotte per diventare valore di scambio, per cui il fatto che siano anche valori d'uso risulta incidentale. Le merci devono anzitutto essere *vendute*. Questo significa che il loro utilizzo è mediato dallo scambio. Ma questo vuol dire anche - e qui sta la differenza fondamentale tra lui e gli economisti borghesi - che "l'appropriazione [delle merci] attraverso e mediante l'espropriazione e l'alienazione è un presupposto fondamentale" (p. 150). Quel che si produce individualmente diventa universale solo dopo essere passato attraverso un processo di "espropriazione".

Ora però si faccia attenzione a come Marx considera questa "espropriazione generale". "Per quanto la totalità di questo movimento si presenti come processo sociale, e per quanto i singoli momenti di questo movimento provengano dalla volontà cosciente e dagli scopi particolari degli individui, tuttavia la totalità del processo si presenta come una connessione oggettiva che nasce *naturalmente* (corsivo nostro), che è bensì il risultato dell'interazione reciproca degli individui coscienti, ma non risiede nella loro coscienza, né, come totalità, viene ad essi sussunta. La loro individuale collisione reciproca produce un potere sociale estraneo che li sovrasta; la loro azione reciproca è un processo e una forza indipendenti da loro" (p. 151).

Questo modo di ragionare è una costante nel pensiero economico di Marx. Il capitalismo nasce "spontaneamente", senza che nessuno in particolare lo voglia, e se con la ragione non si comprende che deve trasformarsi in socialismo, per essere vissuto in forme umane e naturali, lo si comprenderà in forza delle sue contraddizioni, cioè in una maniera molto dolorosa. La cosa singolare però, in questo curioso ragionamento (dal sapore hegeliano), è che se mentre si vive in un ambiente capitalistico, si ha la percezione che tutti i processi economici avvengono indipendentemente dalla propria volontà, non si capisce *da dove* possa venire l'esigenza di un loro superamento. Cioè l'unico luogo da cui è possibile che emerga una coscienza del genere è quello stesso delle contraddizioni irriducibili tra capitale e lavoro, che dovrebbero produrre ai lavoratori una vita di sofferenze. Tuttavia è evidente che se il capitalismo si avvale del contributo delle proprie colonie per potersi garantire un certo livello di benessere, è impossibile che nell'area metropolitana si possa mai sviluppare una coscienza del genere.

Questo suo modo deterministico di ragionare ci porta a capire almeno quattro aspetti fondamentali del suo pensiero:
1. Marx non condanna il capitalismo in quanto tale, ma solo in que-

gli aspetti strutturali più contraddittori, irrisolvibili dall'economia politica borghese;
2. egli non collega nella sua analisi economica, in maniera cogente, una battaglia di tipo politico;
3. neppure compie una considerazione storica relativa alla "resistenza" che i lavoratori hanno opposto a uno svolgimento della vita economica in direzione del capitalismo;
4. né mette in stretta relazione la *cultura* che ha prodotto e giustificato uno svolgimento capitalistico dell'attività economica.

Il Marx economista vede sicuramente più lontano degli economisti borghesi, ma resta, in definitiva, un *determinista*. Si accontenta di compiere un lavoro teorico con cui smontare le falsificazioni e le mistificazioni dell'economia politica borghese. In particolare ha la pretesa di mostrare che "nello sviluppo reale [quello relativo alla produzione] nascono contraddizioni che sono spiacevoli per l'apologetica del *common sense* borghese, e che perciò vanno occultate" (p. 152).

Come disse Paul Ricœur, Marx è un "maestro del sospetto", e bisogna ammettere che nell'analisi economica delle contraddizioni del capitalismo, non c'era teorico della borghesia che potesse tenergli testa, proprio perché troppo diverso, anzi opposto, era il punto di partenza: Marx aveva a cuore gli interessi dei lavoratori. "Così già nella determinazione del denaro come mediatore, e nello scindersi dello scambio in due atti [compra e vendita reciprocamente indifferenti e separate nello spazio e nel tempo], c'è il germe delle crisi..." (p. 153).

*

Cerchiamo ora di capire dove Marx individua il "peccato originale" del capitalismo in queste pagine dei *Grundrisse*. Non pochi critici considerano questi quaderni di minor rilievo perché scritti in fretta, spesso in maniera involuta, approssimativa, con alcune parti neppure approfondite nell'opera magna del *Capitale*. Eppure il loro pregio sta proprio nell'immediatezza del pensiero, in cui la genialità di questo straordinario pensatore emerge ugualmente in tutta la sua forza.

Anche qui - come al solito - Marx si limita a fare l'economista e non cerca d'indagare le *radici culturali* che hanno permesso al valore di scambio di dominare quello d'uso. Egli pertanto deve accontentarsi di dire una cosa che, tutto sommato, è abbastanza evidente: la separazione tra uso e scambio del valore è dipesa da una accentuata *divisione del lavoro*.

"Quanto più si sviluppa la divisione del lavoro [tanto più] interviene la necessità di un mezzo di scambio universale, indipendente dalla produzione specifica di ciascuno" (p. 154). Marx qui non si rende conto d'essere caduto in un *circolo vizioso*. Rinunciando, infatti, a spiegare il motivo per cui si formi una divisione del lavoro sempre più accentuata, finisce col fare di tale divisione e del valore di scambio una causa e un effetto intercambiabili. La divisione del lavoro si accresce all'aumentare degli scambi, ma anche questi s'incrementano all'aumentare di quella divisione.

Marx non parte mai dal presupposto che lo scambio non sia indispensabile o che sia normale che avvenga solo sulla base delle eccedenze. Uno scambio del genere gli appare incredibilmente primitivo. Ciò, in un certo senso, è paradossale: da un lato è consapevole che il valore di scambio, nel mercato capitalistico, ha un potere enorme proprio in quanto si basa su una espropriazione della capacità di decisione autonoma del lavoratore; dall'altro rifiuta tenacemente di credere che l'alternativa più efficace al capitalismo stia semplicemente in un ritorno all'*autoconsumo* in cui il *valore d'uso* abbia un primato assoluto su quello di scambio. Vede l'alienazione ma non capisce che il suo superamento definitivo sta in quella forma pre-capitalistica dell'economia (o meglio, *proto- o archeo-comunistica*) in cui non vi erano né schiavi né schiavisti, né servi né padroni.

In altre parole, da un lato dice cose che nessun economista borghese mai si permetterebbe, come p.es. questa: "La scissione dello scambio in compera e vendita dà la possibilità che io compri soltanto, senza vendere (accaparramento di merci), oppure venda soltanto, senza comprare (accumulazione di denaro). Essa rende possibile la speculazione... dà un fondamento al ceto mercantile... rende possibile una massa di transazioni fittizie" (p. 155).

Dall'altro lato non arriva mai a prospettare un socialismo che sia un ritorno al primitivo autoconsumo. Si accorge che il denaro non è più soltanto un mezzo per ottenere o scambiare delle merci, e che queste sono diventate un mezzo per ottenere denaro, ma non arriva mai a sostenere che il *baratto* è la forma più *naturale* e, per questa ragione, più *umana* e più *democratica* dello scambio. Vuole soltanto che tra merce e denaro non sia il denaro a farla da padrone, e pensa che l'unico modo per conseguire questo obiettivo sia quello di socializzare la proprietà dei mezzi produttivi, conservando integralmente tutto il resto.

Ora, noi ci rendiamo conto che, in un ambito geografico dominato dal capitalismo, quale quello dell'Europa occidentale del XIX sec., il fatto che un economista sostenesse l'assurdità di porre il denaro come "fine" dello scambio, potesse apparire come una sorta di eresia da parte dell'intellighenzia borghese dominante; e tuttavia noi non possiamo pensare che questa critica riesca davvero a mettere in crisi l'economia borghese. A parte il fatto che una critica del genere veniva mossa anche da tutto il socialismo utopistico, per cui davvero si farebbe molta fatica, in questo aspetto, a individuare la vera originalità del pensiero marxiano; ma, quel che più conta, è che oggi ciò che davvero distingueva Marx dal socialismo a lui precedente, e cioè la necessità di socializzare l'intera produzione *nazionale*, compiendo una rivoluzione politica, con tanto di occupazione delle istituzioni statali, fino al punto da dover esercitare, in caso di estrema necessità e in forma provvisoria, una vera e propria dittatura del proletariato, non può più essere considerato sufficiente a realizzare un'alternativa davvero democratica al capitalismo. Marx non riuscì mai a comprendere che l'alternativa doveva essere al *sistema in quanto tale* e non soltanto a un suo aspetto fondamentale, la questione appunto della proprietà dei mezzi produttivi.

L'alternativa al sistema capitalistico è in realtà un'alternativa a *tutti i sistemi* che fanno del mercato un'esigenza imprescindibile per la loro sopravvivenza. L'alternativa diventa anche ai sistemi schiavistici e feudali, privati o statali. E deve *necessariamente* essere un'alternativa che imponga il *ritorno alla terra*, come avvenne nel Medioevo, ma questa volta senza clericalismi e servaggi di sorta, quel Medioevo che, proprio a causa dei suoi clericalismi e servaggi, viene considerato dalla gran parte degli storici un'epoca buia sia nei confronti dello schiavismo romano che, ancor più, nei confronti del capitalismo.

Dovrà quindi essere un ritorno a una gestione della terra precedente addirittura alla nascita delle civiltà. Infatti qui non si tratta soltanto di "uscire dal sistema", ma di uscire dal concetto stesso di "civiltà", quale si è venuta configurando a partire dalle prime forme di urbanizzazione della storia, le quali, non a caso, hanno determinato, per la prima volta, quella fondamentale divisione del lavoro finalizzata alle esigenze del mercato.

*

Forse un'interpretazione del genere può apparire a molti marxisti un'evidente forzatura. Ma qui, a scanso di equivoci, vogliamo riportare le stesse parole di Marx sulla tipologia del *baratto*, affinché ci si convinca, senza ombra di dubbi, ch'egli non aveva capito quasi nulla del valore altamente democratico del comunismo primitivo.

Engels non mancò di rilevare che, ai loro tempi, le conoscenze che si avevano di quel periodo erano molto scarse. Eppure esistevano da almeno due secoli documentate relazioni di esploratori e missionari sulla vita dei cosiddetti "primitivi". Per tutto il Seicento e il Settecento si era ampiamente discusso in Europa sul concetto di "stato di natura" e di "buon selvaggio". Anzi, sin dai tempi di Bartolomé de Las Casas siamo abituati a conoscere le condizioni di vita di popolazioni non europee, ancora ferme a un tipo di civiltà pre-schiavistica. Non era quindi solo questione di "ignoranza", ma proprio di "pregiudizio", e il fatto che sia Marx che Engels pensassero che il modo migliore per realizzare il socialismo fosse quello di passare attraverso il capitalismo, dimostra la limitatezza di fondo, su questo argomento, del loro pensiero.[10]

Marx afferma che il baratto "è un'accidentale dilatazione della sfera delle soddisfazioni e dei godimenti (relazione con nuovi oggetti)" (p. 161). Già da questa semplice frase si può capire che concezione abbia Marx sia dell'autoconsumo che del mercato. Il mercato serve per soddisfare esigenze supplementari, voluttuarie e, come tale, è del tutto naturale. L'autoconsumo invece è considerato rozzo e primitivo. Addirittura Marx pensa che il baratto appaia "là dove le comunità naturali cessavano di esistere, entrando in contatto con l'esterno" (ib.).

Ciò in realtà è profondamente sbagliato, sia perché non è vero che il baratto s'impone quando la comunità smette d'essere completamente autarchica; sia perché l'autoconsumo e il baratto convivono da sempre in maniera del tutto naturale. Non sono mai esistite nella storia dell'umanità comunità così chiuse in se stesse da impedirsi qualunque forma di baratto. Barattare gli oggetti, siano essi eccedenti o meno, fa parte della natura umana. Se sono esistite delle comunità che non hanno praticato questa spontanea forma di scambio, è stato perché si sentivano minacciate da qualcosa (qualcosa che appunto incontravano sul mercato: p.es. scambiare pellicce di animali con bottiglie di whisky non era certo un grande affare per gli indiani nordamericani).

Marx dice che il baratto "è limitato ad un ambito ristretto, costituisce qualcosa di transitorio e di incidentale rispetto alla produzione, e scompare con la stessa casualità con cui è sorto" (ib.). Un modo di vedere le cose, questo, che non tiene conto del fatto che il baratto poteva avvenire con chiunque: nel senso che, al tempo del comunismo primordia-

---

[10] Su questo argomento Engels era ancora più determinista di Marx, che nella lettera alla Zasulič si mostrò possibilista su una transizione diretta dal feudalesimo al socialismo. Engels invece nel 1848 vide in maniera favorevole la conquista francese dell'Algeria, poi si espresse nella stessa maniera "colonialistica" anche nei confronti della conquista statunitense del Messico e di quella italiana dell'Eritrea (cfr H. Jaffe, *Davanti al colonialismo: Engels, Marx e il marxismo*, ed. Jaca Book, Milano 2007).

le, nessuno costringeva dall'esterno una determinata comunità a vivere in un ambito ristretto. Se gli scambi erano limitati, ciò era dovuto alla limitatezza dei trasporti. Ma il baratto avveniva anche tra popolazioni nomadiche (anzi, soprattutto tra queste), che si spostavano periodicamente sulla base delle stagioni e delle migrazioni delle mandrie, selvagge o addomesticate; sicché il baratto non incontrava ostacoli neppure geograficamente.

Per le comunità nomadiche il baratto non era mai qualcosa di "incidentale" o "accidentale", ma era anzi lo strumento principale (non l'unico) che permetteva alle varie tribù di conoscersi, di rispettarsi, di vivere in pace, di combinare matrimoni, di stringere patti e alleanze. Tutto ciò valeva anche per le comunità stanziali.

Inoltre il baratto permetteva di scambiarsi oggetti che, per chi li possedeva e li cedeva, potevano avere un certo valore simbolico o affettivo; sicché chi li riceveva, ne andava fiero e li conservava gelosamente, come reliquie. Questo per dire che il momento del baratto conservava sempre una ritualità quasi sacra, sicuramente molto impegnativa, che obbligava ad assumersi delle responsabilità nei confronti dell'oggetto ricevuto e di chi aveva accettato di scambiarlo.

Il baratto non era mai casuale, proprio perché ciò che lo motivava era un'esigenza sentita, che poteva andare anche al di là di un bisogno materiale. Si barattavano le cose anche solo per rinsaldare delle amicizie: non era obbligatorio scambiarsi le eccedenze. Non sempre era un gesto prettamente economico.

Per sapere queste cose non era necessario, da parte di Marx, leggersi le opere di Lewis Henry Morgan o di Edward Burnett Tylor. Era dai tempi del primo colonialismo europeo che si conoscevano opere sul comunismo primitivo, tant'è che le prime "Utopie" scritte in Europa miravano a riprodurre quel mondo, che consideravano come una sorta di paradiso perduto. Purtroppo però egli era così abituato a guardare le cose con gli occhi dell'economista che inevitabilmente considerava molto "primitivo" quanto non fosse sviluppato secondo i canoni del capitalismo. È questo atteggiamento che lo porta a compiere il seguente e nuovo errore interpretativo: se il baratto dovesse diventare - dice a p. 162 - "un atto continuativo che contiene in se stesso i mezzi del suo continuo rinnovarsi, allora subentra gradualmente, in maniera altrettanto estrinseca e accidentale, la regolazione dello scambio reciproco mediante la regolazione della reciproca riproduzione, e allora i costi di produzione, che infine si risolvono tutti in tempo di lavoro, diventerebbero la misura dello scambio".

Qui in realtà sono presenti due errori. Il primo è tipico del modo di procedere di Marx, che, tenendo separata la cultura dall'economia, è poi costretto a sostenere che il passaggio dal primato del valore d'uso a quello di scambio avviene in maniera del tutto naturale ("estrinseca e accidentale"), senza alcuna volontà cosciente, senza alcuna modificazione nello stile di vita, nei valori esistenziali della comunità.

Il secondo errore è conseguente a questo, che fa cadere Marx nel solito circolo vizioso: la misurazione del valore di una merce sulla base del tempo di lavoro necessario a produrla *presuppone già* un calcolo economico che non può appartenere a una comunità basata sull'autoconsumo. Spieghiamo questo secondo aspetto in altro modo. Se il baratto avviene in maniera continuativa, non è detto che chi acquista conosca esattamente il tempo di lavoro necessario per produrre un determinato oggetto. Può semplicemente operare una stima di massima. Si possono scambiare cose che non necessariamente sul piano economico hanno un valore equivalente. Il criterio con cui si valuta il valore di un bene non è affatto detto che sia lo stesso in chi vende e in chi acquista. L'importante è che ci si deve sentire liberi di poterlo decidere. Se si comincia a fare un calcolo sul tempo di lavoro impiegato a produrre un oggetto, l'importanza dell'autoconsumo è già venuta meno. La mentalità è cambiata e l'interesse per il mercato è diventato predominante.

Sul piano economico il baratto ha senso quando i due contraenti possono stimare approssimativamente il valore di un bene; ciò in quanto il loro stile di vita, pur avendo delle diversità significative, nella sostanza è abbastanza omogeneo. Cioè ognuno si può mettere nei panni dell'altro e fare un calcolo sul tempo, i mezzi, le risorse che ci sarebbero volute per produrre l'oggetto da acquistare. Ma a partire dal momento in cui ci si mette a fare un calcolo preciso, il baratto vero e proprio non esiste più, ed è impossibile che all'interno della comunità non vi sia nessuno che se ne chieda le ragioni, anche perché, ad un certo punto, qualcuno inizierà a chiedere, sul mercato, d'essere pagato in *denaro*.

*

Marx non può nascondere a se stesso che la società basata sull'autoconsumo e quindi sul baratto soffriva molte meno contraddizioni del capitalismo, anche perché, vivendo di proprietà comune, non conosceva antagonismi sociali irriducibili. Non può nasconderselo, ma non vuole neppure trarne le dovute conseguenze, proprio perché preferisce opporre un'alternativa al capitalismo che non sia un semplice ritorno al passato pre-schiavistico, ma che sappia guardare avanti, sfruttando le conquiste tecnico-scientifiche della borghesia. (Questo poi senza considerare ch'egli non riesce neppure a supporre, almeno non nei *Grundrisse*, l'esistenza di un "comunismo primitivo" privo di controlli dall'alto o di coercizione extra-economica).

Ecco perché quando parla di eliminare la funzione alienante ed espropriante del denaro, sa bene che un'alternativa è quella di tornare all'autoconsumo. Quest'ultimo egli se lo prefigura nella maniera distorta che abbiamo già visto: "Se si eliminasse il denaro, si sarebbe ridotti o a un bassissimo livello di produzione (cui corrisponde la forma collaterale del baratto), oppure si avanzerebbe a un livello più alto, in cui il valore di scambio non è più la prima determinazione della merce, perché il lavoro generale, di cui esso [valore] è rappresentante, non si presenterebbe più che come lavoro privato mediato soltanto per la comunità" (p. 174), cioè non mediato anzitutto per il mercato. Quindi in un certo senso egli, da un lato, vorrebbe il meglio della società basata sull'autoconsumo, cioè la proprietà sociale dei mezzi produttivi e l'assenza di conflitti di classe, dall'altro pone però una stretta equazione tra benessere e produzione quantitativa.

Più chiaro di così non poteva essere. Nel socialismo il denaro può anche restare, e con esso il valore di scambio, a condizione che sia soltanto il lavoro ciò che dà valore alla merce, e nella fattispecie un lavoro "mediato per la comunità", cioè non sfruttato dal capitale. Tutto il resto, nella visione idilliaca di Marx, può rimanere immutato.

I socialisti riformisti pensavano, utopisticamente, di poter realizzare il socialismo senza compiere una rivoluzione politica; il socialismo scientifico di Marx resta però non meno utopistico, in quanto è convinto di poter salvaguardare tutto ciò che il capitalismo ha prodotto dopo avere eliminato l'antagonismo tra capitale e lavoro.

Marx s'illudeva di poter convincere la borghesia ad accettare la socializzazione dei mezzi produttivi in nome di una continuazione più sicura ed efficiente del progresso materiale della produzione economica, in virtù del quale tutti avrebbero avuto da guadagnarci. Lo si vede sin dal *Manifesto*, in cui fa un elogio sperticato della rivoluzione industriale. Non si rendeva conto che a un progetto del genere la borghesia si sarebbe sempre opposta con tutte le proprie forze, utilizzando anzi proprio quel progresso tecnologico che Marx voleva invece far ereditare al proletariato industriale. Cioè non si rendeva conto che la borghesia, pur di non rinunciare ai propri privati profitti, alla propria posizione privilegiata, alle proprie cospicue rendite finanziarie sarebbe stata disposta a rischiare persino la propria distruzione.

Oggi peraltro si assiste a questa tendenza autodistruttiva non tanto come risposta a una irriducibile resistenza da parte dei lavoratori sfruttati, che sicuramente in Europa occidentale è stata molto forte soltanto nei primi vent'anni del Novecento; quanto piuttosto in riferimento a una totale mancanza di sensibilità e d'interesse nei confronti della tutela ambientale. Cioè oggi pur di massimizzare i profitti si è disposti a usare la tecnologia in maniera autodistruttiva, in quanto non si vuole tener conto che la sua ricaduta sulla natura è tanto più nociva quanto più aumenta il progresso tecnologico. Persino negli ambienti operai, quando si viene posti di fronte all'alternativa di scegliere tra diritto al lavoro e diritto alla salute non si ha dubbi da che parte mettersi.

Le occasioni di realizzare un socialismo democratico, perdute nel passato, oggi inevitabilmente comportano un peggioramento sempre più acuto delle condizioni ambientali (nei paesi est-europei la cosa si è addirittura verificata in presenza del socialismo statale). Il tempo perduto oggi inevitabilmente rende molto più traumatica, in termini di sofferenze umane, qualunque transizione al socialismo.

La stragrande maggioranza delle popolazioni occidentali non ha la più pallida idea di quale sia il prezzo del proprio benessere pagato nelle aree del Terzo Mondo. Non ci si rende conto che è già in atto una mostruosa devastazione ambientale e umana in 3/4 del pianeta. Noi occidentali non la vediamo in quanto ne siamo tenuti all'oscuro dai mass-media, né vogliamo vederla, in quanto pensiamo di non poter far nulla per modificare le cose.

Forse potremmo renderci conto di qualcosa se quelle stesse popolazioni oppresse dal globalismo del capitale si opponessero tenacemente e pretendessero di svolgere un ruolo da protagoniste. Ma al momento, se si escludono sparuti episodi di guerriglia, l'arma principale con cui difendersi dalla miseria e dallo sfruttamento umano e ambientale sembra essere quella di emigrare verso i paesi del "benessere". Cioè la tendenza che si impone a livello mondiale è quella di diventare "borghesi", quella di potersi sedere al tavolo della torta da spartire a spese dei più deboli.

Oggi i rapporti tra metropoli e periferia, che il capitalismo mondiale impone, sono così intrecciati che allo sfruttamento del Terzo Mondo, in Occidente, partecipano tutti, incluso il proletariato industriale, non solo in quanto produttori di beni che saranno venduti nelle aree più o meno colonizzate, alimentando lo scambio iniquo, ma anche in quanto titolari del credito internazionale quando si acquistano azioni e obbligazioni. Infatti gli interessi che si ottengono dai propri investimenti rientrano in quei debiti che stanno strangolando tutti i paesi del Terzo Mondo.

Marx non si rendeva conto che quanto più i mercati si espandono a livello geografico, tanto meno diventa possibile al proletariato occidentale fare qualcosa per impedire che la propria attività produttiva partecipi allo sfruttamento imperialistico da parte dell'Occidente.

L'unico modo per essere sicuri di non sfruttare il lavoro altrui è quello di vivere in una *comunità basata sull'autoconsumo*, in un *luogo ristretto*, in cui ci si può controllare a vicenda e in cui si scambiano soltanto le eccedenze. Questo peraltro è anche l'unico modo di considerare la natura come qualcosa che va assolutamente rispettata, poiché da essa dipende la sopravvivenza della stessa comunità.

*

Una cosa davvero singolare in Marx è che egli, essendo di origine ebraica (poi passato al luteranesimo per volontà del padre, che aveva abiurato la propria fede), e quindi attento alle "cose religiose", tende a fare, di tanto in tanto, dei collegamenti tra economia borghese e caratteristiche di tipo teologico. Come p.es. quando parla del denaro: "Dalla sua forma di schiavitù, nella quale si presenta come semplice mezzo di circolazione, esso diventa improvvisamente sovrano e dio nel mondo delle merci. Esso rappresenta l'esistenza celeste delle merci, mentre queste rappresentano la sua esistenza terrena" (p. 181).

Lo dice perché davvero il denaro, nell'economia capitalistica, può fare tutto, anche auto-incrementarsi, sfruttando tutte le potenzialità dei mercati. Eppure la frase suddetta non spiega affatto come il denaro, da semplice mezzo di scambio, diventi fine a se stesso. Non lo spiega perché viene usato l'avverbio "improvvisamente". Quel che Marx vuol fare apparire come *naturale*, in realtà ha avuto bisogno di secoli e secoli per realizzarsi.

Tuttavia a Marx questo non interessa. Egli infatti non fa un'analisi *storica*, ma *fenomenologica*; non mette in rapporto organico la cultura con l'economia, ma si limita a dire, sfruttando le sue pregresse conoscenze in materia di religione, che, nel sistema capitalistico, il denaro si comporta come se fosse un dio. I confronti tra economia e religione non sono "strutturali", bensì "incidentali", del tutto casuali: sono usciti dalla sua penna soltanto per un'esigenza esemplificativa, per rendere l'analisi fenomenologica più chiara, più calzante. L'uso di immagini simboliche è una costante nella sua mente enormemente acculturata.

Ma il fatto che qui Marx lasci intendere che il capitalismo appaia come una sorta di "monoteismo del mercato", di per sé non è affatto sufficiente per capire i nessi organici che legano un certo tipo di religione con un certo tipo di economia. La mancanza di un'analisi "olistica" di questo tipo porta Marx, inevitabilmente, a dare giudizi affrettati sui processi di transizione, dei giudizi che, per quanto fossero molto più avanzati di quelli degli economisti borghesi, restavano alquanto superficiali nella comprensione soprattutto del comunismo primitivo.

In un certo senso è incredibile come egli non vedesse la necessità di compiere un'analisi *culturale* dopo aver detto che tra "brama di avere" (merci) e "brama di arricchimento" (di denaro) sono due cose molto diverse. È evidente, infatti, che sotto il capitalismo il denaro possiede una "sensualità astratta" (p. 183), che però - aggiungiamo noi - non può derivargli da se stesso.

Se si è convinti che "l'avidità di denaro o la brama di arricchimento rappresentano necessariamente il tramonto delle antiche comunità" (ib.), non è poi possibile non andare a verificare *storicamente* l'attendibilità di un'affermazione del genere. Il dominio del valore di scambio non nasce dal nulla. Non ci si può limitare a sostenere che presso i Romani e i Greci "il denaro compare nella sua purezza soltanto... come misura e come mezzo di circolazione, e a un grado non molto sviluppato" (ib.), e non fare poi un'analisi storica con cui dimostrare i motivi per cui lo schiavismo impediva una transizione verso il capitalismo. Cosa che non avvenne non tanto per motivi di ordine *quantitativo* - come lascia supporre Marx -, quanto proprio perché mancava la *mentalità* adeguata, cioè non era sufficientemente sviluppata la *cultura cristiana*.

Quanto alle questioni quantitative non ha alcun senso equiparare il mercato greco-romano a quello capitalistico. A quel tempo il mondo greco-romano era in realtà enormemente sviluppato, anche se incredibilmente poco rispetto ai mercati borghesi del XIX sec.

Marx conosce bene almeno tre aspetti fondamentali:
1. che la concezione del denaro come fine a se stesso presuppone una cosa che nel sistema schiavistico mancava (o meglio, non era dominante): il *lavoro salariato*;
2. che, sotto il capitale, "lo scopo del lavoro non è un prodotto particolare che sta in un particolare rapporto con i bisogni particolari dell'individuo, ma è il denaro..." (p. 185);
3. che sotto lo schiavismo non può nascere il capitalismo: "L'uomo antico poteva comprare immediatamente lavoro, p.es. uno schiavo; ma lo schiavo col suo lavoro non poteva comprare denaro" (ib.). La schiavitù industriale degli afro-americani (fino alla guerra di Secessione) era stata possibile solo perché in Europa occidentale vi erano degli Stati capitalistici, ove la manodopera libera era salariata.

E tuttavia non sa andare oltre, non è in grado di dire che cosa ha reso *culturalmente* possibile il passaggio dal lavoro schiavile a quello salariato (il quale ovviamente implicava la *libertà giuridica* del cittadino-lavoratore), cioè non s'accorge che la comunità antica, quella pre-schiavistica, era già stata dissolta dalla comunità schiavistica, pur senza che il denaro diventasse un *fine* nello scambio delle merci.

Quando pensa alla comunità antica, Marx ha in mente quella già schiavistica, non tanto o non sempre quella *privatistica* del mondo greco-romano, quanto piuttosto quella *asiatica-statalizzata*. "Nelle comunità primitive - dice a p. 189 - il commercio su base aurea o argentea aveva un'importanza soltanto collaterale, legata all'eccedente, come del resto l'intero scambio".

Per dimostrare che Marx non sempre si riferisce alle comunità asiatiche, basta riportare quanto scritto a p. 193: "Presso tutti i popoli antichi l'accumulazione di oro e argento si presenta originariamente come privilegio sacerdotale e reale... L'accumulazione serve poi soltanto a ostentare l'abbondanza... come offerta ai templi e ai loro dèi... per opere d'arte pubbliche... come mezzo di riserva nel caso di necessità straordinarie... per acquisto di armi ecc.".

Giustissima invece è l'osservazione che laddove il denaro "non scaturisce dalla circolazione - come in Spagna - ma viene trovato per così dire in carne ed ossa [nelle Americhe], impoverisce la nazione, mentre quelle nazioni che devono lottare per strapparlo agli spagnoli sviluppano le fonti della ricchezza e si arricchiscono realmente" (p. 186). È qui delineata, in un unico pensiero, tutta la storia della Spagna coloniale e vetero-feudale, surclassata dagli inglesi calvinisti e imprenditori.

Parlando del *puritanesimo inglese*, Marx arriva quasi a capire il rapporto *organico* tra religione ed economia. Scrive: "Il culto del denaro ha il suo ascetismo, le sue rinunce, i suoi sacrifici - la frugalità e la parsimonia, il disprezzo per i piaceri mondani, temporali e fugaci; la caccia al tesoro eterno. Di qui la connessione del puritanesimo inglese o anche del protestantesimo olandese con la tendenza ad accumulare denaro" (pp. 195-6). Lo dice chiosando uno scrittore del XVII sec., E. Misselden. E lo dice molto tempo prima di Max Weber! E tuttavia lo dice in maniera *incidentale*.

Marx non vede un rapporto di causa-effetto tra protestantesimo e capitalismo industriale (e mai ne vede uno tra cattolicesimo e capitalismo commerciale). Semplicemente rileva che il protestantesimo si poneva come sovrastruttura ideale per uno sviluppo "naturale" del capitalismo, indipendente dalla volontà umana. Il motivo per cui il Marx economista fosse così determinista dipese, molto probabilmente, dal fatto che egli, come politico-rivoluzionario, si sentiva uno sconfitto.

*

La fine di questa parte dei *Grundrisse* è scritta, in alcuni passaggi, quasi in forma romanzata. Le categorie economiche diventano dei personaggi viventi, teatrali, ognuno con la sua parte da recitare. Al denaro, "come forma generale della ricchezza, si contrappone l'intero mondo delle ricchezze reali di cui esso è la pura astrazione - e perciò, fissato in questa forma, è pura immaginazione" (p. 198).

È davvero strano, in tal senso, che una mente brillante come la sua, che pur aveva scorto una certa familiarità delle categorie economiche borghesi con quelle della religione cristiana, non si sia accorto che *tutta* l'economia borghese non è altro che, in forma laicizzata, un *prodotto diretto del cristianesimo*; nel senso che è soltanto una trasposizione sulla terra di ideali metafisici del tutto astratti e formali, in cui al dio della fede si è semplicemente sostituito il dio denaro.

Non avrebbe potuto esserci uno sviluppo capitalistico dell'economia non solo in presenza dello schiavismo, ma neppure in assenza del cristianesimo. Là dove è stato possibile il capitalismo, in assenza di cristianesimo come religione dominante, è perché è stato imposto con una forza di tipo colonialistico o imperialistico, oppure perché il governo in carica - ed è il caso p. es. dell'odierna Cina - non ha avuto bisogno del cristianesimo per favorire lo sviluppo del capitalismo: si è semplicemente limitato a sfruttare la laicizzazione del cristianesimo già compiuta dalla borghesia e fatta propria da un'ideologia di tipo comunista, che professa l'ateismo sul piano teorico e tollera il capitalismo sul piano pratico: cosa che nessun paese occidentale è mai riuscito a fare, avendo da sempre, storicamente, collegato il capitalismo al cristianesimo. Da sempre perché questo collegamento è avvenuto dapprima nell'ambito del cattolicesimo-romano, a partire dalla nascita dei Comuni, e successivamente nell'ambito del protestantesimo, luterano e soprattutto calvinistico.

Il cristianesimo si è modificato in forme sempre più laicizzate: dall'ortodossia al cattolicesimo, da questo al protestantesimo, da questo al capitalismo e da questo al socialismo statale. Si evolve in forme sempre più laicizzate poiché esso è nato falsificando in chiave religiosa il messaggio originario del Cristo, ch'era di tipo *ateistico* e *comunistico*. E il processo non è ancora terminato, poiché per superare definitivamente il cristianesimo e tutte le sue varianti laicizzate, dobbiamo prima tornare al *comunismo primitivo*.

Commento alle *Formen*

Le *Formen*[11] fanno parte, come *Appendice*, dei *Fondamenti della critica dell'economia politica*, scritti nel biennio 1857-58, e notoriamente conosciuti col nome di *Grundrisse*. Sia questi che le *Formen* sono il risultato di circa 15 anni di ricerche, e precedono immediatamente la stesura del *Capitale*.

L'*Appendice* non era assolutamente destinata alla pubblicazione, per cui si presenta in maniera molto sintetica, astratta, spesso involuta. Ma la cosa più curiosa è che quasi tutti i temi in essa presenti non sono stati ripresi nel *Capitale*. Anzi, l'unico vero momento in cui Marx cercò di approfondire il discorso sul processo pre-capitalistico fu quello occasionato dal rapporto epistolare ch'egli ed Engels tennero coi populisti russi, i quali, cercando una via che impedisse alla Russia di riprodurre il modello avanzato del capitalismo occidentale, credettero di trovarla nella ripresa della comune agricola (*obščina*). Il populismo russo voleva un socialismo senza rivoluzione proletaria (non ritenendola indispensabile), e quindi senza rivoluzione industriale: un socialismo che partisse da una democratizzazione progressiva della vita rurale e che qui si fermasse.[12]

*

Nelle *Formen* Marx esordisce con una osservazione che, se fosse stata adeguatamente sviluppata, avrebbe portato a un'elaborazione ben diversa del *Capitale*. Egli infatti afferma che se uno dei presupposti classici del capitalismo è la presenza del "lavoro salariato" (non schiavile né servile), e quindi la possibilità di comprare la forza-lavoro come "merce" sul mercato, un altro presupposto, ancora più anteriore, che si pone in un certo senso all'origine del precedente presupposto, sta nella "separazione del lavoro libero dalle condizioni oggettive della sua realizzazione - dal mezzo di lavoro e dal materiale di lavoro" (p. 69).

In pratica Marx sostiene che *au fond* del capitalismo c'è una *divisione organica, strutturale*, del lavoratore dalle condizioni che gli permettono di essere "libero". È il tema della "alienazione" o "estraneazio-

---

[11] Testo di riferimento: K. Marx, *Forme economiche precapitalistiche*, Editori Riuniti, Roma 1985.
[12] Questo argomento necessita d'essere affrontato a parte, esaminando anche il rapporto tra leninismo e populismo. Esso, dopo il fallimento del socialismo amministrato, è diventato di particolare interesse.

ne" o "espropriazione", già trattato nei *Manoscritti del '44*.

Marx ha in mente due forme antiche di economia in cui il lavoratore di sentiva "realizzato" come tale: la "piccola proprietà fondiaria libera", di tipo occidentale, costituita da "singole famiglie" (p. 70) e la "proprietà fondiaria collettiva fondata sulla comunità orientale" (p. 69). L'autorealizzazione del lavoratore stava appunto nell'"unità naturale del lavoro coi suoi presupposti materiali" (ib.). Cioè ogni membro della comunità si sentiva "proprietario" in forma o *individuale* o *collettiva*.

Da un lato Marx aveva intuito che in origine la *libertà* stava nell'*unità delle cose*, nel senso che "il lavoratore ha un'esistenza oggettiva indipendentemente dal lavoro..., è in rapporto con se stesso come proprietario, come padrone delle condizioni della sua realtà" (ib.). Dall'altro però aveva compiuto due grossolani errori, in parte giustificati dall'arretratezza degli studi antropologici di allora: 1) non aveva capito che la "piccola proprietà fondiaria", nel momento in cui s'era formata (qui Marx pensa all'Europa occidentale, cioè alle comunità immediatamente precedenti la civiltà schiavistica greco-romane), coesisteva *già* col lavoro servile o addirittura schiavistico; 2) non aveva capito che la "comunità orientale" (asiatica, indiana) rientrava *già* nel modo di produzione di tipo feudale (seppur in forme meno antagonistiche di quelle occidentali).

Marx non fa mistero di prediligere la piccola proprietà delle singole famiglie, che lui immagina essere tale non per "poche" ma per "tutte" le famiglie di una collettività. Egli ancora non suppone neanche lontanamente che il concetto di "famiglia" o di "piccola proprietà" sia *già* il frutto di un sistema sociale antagonistico, fondato sulla separazione tra lavoro "libero" e lavoro "servile".

Che Marx prediliga la proprietà delle piccole famiglie, è chiaro laddove egli afferma che la "proprietà comune, un tempo assorbiva tutto e tutto comprendeva" (p. 70), cioè essa non permetteva all'individuo di emergere nella propria individualità. Quando finalmente vi riuscirà, con la nascita della piccola proprietà privata (per *tutte* le unità familiari), quella antica proprietà collettiva starà "accanto ai molti proprietari fondiari privati" (ib.) come *ager publicus*. Marx insomma intendeva qui riferirsi ai tempi "migliori" (più democratici) della Roma repubblicana.

Molto suggestiva è l'affermazione secondo cui lo *scopo* di questo lavoro *libero* era anzitutto "il mantenimento del singolo proprietario e della sua famiglia, come di tutta la comunità" (ib.), e non la *creazione di valore*, nel senso capitalistico del termine. Laddove prevale il *valore d'uso* sul *valore di scambio* (scambio dei prodotti eccedenti), il lavoratore resta padrone di se stesso e non è obbligato a "vivere per produrre".

"Il porsi dell'individuo come *lavoratore*, nella sua forma nuda, è esso stesso un prodotto *storico*" (ib.). Marx ha pienamente ragione, anche se questa sua affermazione non può trovare un adeguato riscontro storico nelle due *formen* da lui scelte. In quanto "storico", Marx resta qui un dilettante. Egli d'altra parte è nato "filosofo" e questa sua *forma mentis* lo condizionerà per tutta la vita, anche quando comincerà a trattare gli argomenti concreti dell'economia.

*

Può sembrare paradossale sostenere che il fondatore del "socialismo scientifico" sia stato il sostenitore non dell'economia statalizzata - come si è verificato nei Paesi est-europei -, bensì dell'economia *individuale*, di piccoli gruppi autonomi, liberi, indipendenti: certamente un'economia *pianificata* (cioè scientifica) e anche *autogestita* (perché autonoma), ma non centralizzata né burocratizzata.

Può sembrare paradossale, ma è così, e per una semplice ragione: Marx era figlio del suo tempo e soprattutto della Germania luterana e dell'Europa capitalista, in una parola dell'Occidente individualistico. Persino nella sua famiglia d'origine, l'individualismo doveva necessariamente caratterizzare il padre di religione ebraica, che accettò di cambiare religione proprio perché riusciva a sopportare meglio l'individualismo in quanto "protestante" che non in quanto "ebreo".

Ma il problema è un altro. Il fatto che il marxismo in Europa orientale si sia realizzato nella forma statalistica, non deve farci pensare a un "tradimento" delle idee di Marx. È stato proprio il fallimento del marxismo in Europa occidentale a dimostrare che sulla strada dell'individualismo non si sarebbe mai potuto realizzare il superamento del capitalismo.

L'Europa dell'est ha tentato la via del collettivismo scegliendo la strada più "istintiva", più "immediata", quella della statalizzazione o nazionalizzazione dei mezzi produttivi, della proprietà ecc. Col risultato che il lavoratore era padrone di tutto solo "in astratto", in quanto, *nel concreto*, non era padrone di nulla, se non in una maniera molto indiretta.

Il leninismo capì una cosa di fondamentale importanza: per realizzare la transizione al socialismo, occorre una rivoluzione politica fondata su un partito organizzato e sul consenso delle masse. Fin qui il leninismo può essere considerato un passo avanti rispetto al marxismo, il quale invece aspettava che le masse popolari insorgessero da sole, sollecitate da una critica radicale del sistema capitalistico fatta dall'intellettuale progressista.

In questo senso si può tranquillamente affermare che se anche il leninismo avesse tenuto conto dell'individualismo del marxismo occidentale, non avrebbe saputo evitare le storture della statalizzazione (che potevano essere evitate solo democratizzando il collettivismo). Probabilmente non avrebbe mai creato alcuna forma di socialismo. Il marxismo infatti comprende la necessità del socialismo, ma non sa come realizzarla concretamente: lo dimostra l'involuzione della II Internazionale. Solo il leninismo è stato capace di una certa coerenza (le rivoluzioni socialiste extra-europee han dovuto necessariamente tener conto della lezione del leninismo).

Il limite del leninismo sta nel non aver saputo dare il giusto rilievo alle questioni inerenti al "fattore umano", cioè alla progressiva democratizzazione e umanizzazione del socialismo. Il leninismo ha dato giustamente più importanza al fattore "politico" che a quello "economico", ma non è riuscito (non ne ha avuto il tempo) a realizzare adeguatamente il primato dell'*uomo* sulla *politica* (a tale scopo probabilmente occorreva non solo più tempo ma anche una sensibilità più forte).

Il primato dell'uomo non sussiste neppure nel marxismo, ove l'individuo è addirittura *subordinato al processo economico*. Se il leninismo avesse cercato di realizzare il marxismo così come Marx l'aveva formulato, cioè senza preoccuparsi di modificarlo in direzione del collettivismo, probabilmente avrebbe costruito un *socialismo militarizzato*, non molto lontano da quello che Trotsky avrebbe voluto. Solo così infatti si sarebbero potute concretizzare le idee individualistiche del Marx "socialista".

Da questo punto di vista la vittoria di Stalin su Trotsky rappresenta la vittoria di un individualismo più "storico", più "realistico", in quanto più capace di tener conto dell'importanza del leninismo (Stalin si contrapporrà decisamente al leninismo solo dopo aver preso il potere). Lo stalinismo fu un prodotto deforme del leninismo, cioè fu l'esito di un'incapacità: quella di democratizzare e umanizzare ulteriormente il socialismo collettivista. Nel senso che senza questa democratizzazione, il leninismo può rischiare di trasformarsi in stalinismo. Se in Lenin ciò non è avvenuto, non è dipeso dalle sue "teorie", ma dalla sua "personalità". Il che è troppo poco per salvaguardare la democrazia.

In ogni caso se lo stalinismo fu incapace di tale democratizzazione, un trotskismo al potere non avrebbe fatto di meglio. L'industrializzazione sarebbe stata imposta comunque. Trotsky contestava la burocratizzazione del partito e l'identificazione del partito con lo Stato, ma non metteva in discussione che dovessero essere i contadini a pagare il prezzo del decollo industriale del paese. Tant'è che Stalin, dopo aver eliminato Bucharin, procedette proprio in questa direzione.

*

Marx ha perfettamente ragione quando sostiene che "la *comunità tribale*, la collettività naturale, appare non come *risultato*, ma come *presupposto dell'appropriazione collettiva* (temporanea) e dello *sfruttamento collettivo del suolo*" (p. 70). Marx ha messo tra parentesi la parola "temporanea" perché riteneva che la prima forma di esistenza sociale in cui si espresse nel passato il concetto di "gregarietà" fosse il *nomadismo* (in particolare nella veste della *pastorizia*), destinato a essere rimpiazzato dalla *stanzialità*.

Egli però compie un errore clamoroso laddove considera la "famiglia" il nucleo fondamentale della tribù. Il concetto di "famiglia", in realtà, è anch'esso il *risultato* della progressiva frantumazione della comunità tribale, o meglio, delle sue regole comunitarie. L'uomo pretende di avere un dominio sulla propria donna e sui propri figli nel momento stesso in cui si stacca dalle tradizionali norme collettivistiche e impone alla comunità un rapporto autoritario del tipo "servo/padrone" o "suddito/sovrano".

Per Marx il collettivismo non è che un aggregato di diversi individualismi, una sorta di "contratto sociale" in cui si stabiliscono i diritti/doveri reciproci, al fine di salvaguardare il bene più prezioso: la *libertà dell'individuo*. Nella sua prospettiva, la comunità tribale era destinata ad essere superata, proprio perché non garantiva a sufficienza la possibilità di espressione individuale della libertà.

Infatti - dice Marx - "l'effettiva *appropriazione* attraverso il processo del lavoro avviene sulla base di questi *presupposti*, che non sono essi stessi *prodotto* del lavoro, ma appaiono come suoi presupposti naturali o *divini*" (p. 71). La comunità tribale ha "un rapporto ingenuo" (ib.) con la *terra*. Non è una comunità che "fa la storia", poiché è completamente determinata dal suo rapporto con la "natura".

Questo modo di vedere le cose - in sé sbagliato - è sempre stato presente nell'ideologia di Marx: l'uomo comincia a prendere consapevolezza di sé nella misura in cui recide il cordone ombelicale che lo lega alla tribù, ovvero comincia a "fare storia" nel momento in cui si stacca dal suo rapporto ingenuo e primitivo con la natura.

Marx ha sempre escluso la possibilità che nelle *formen* pre-capitalistiche vi fosse non conflitto ma compatibilità tra:

1) *natura e storia*. Marx accetta la compatibilità solo nel senso di attribuire al processo "storico" degli uomini la caratteristica di un processo "naturale", cioè di un processo che *doveva* avvenire *così* e non altrimenti, proprio come nella natura vi sono leggi che non dipendono dalla

volontà o dalla coscienza degli uomini;

2) *individuo e comunità*. Per Marx l'individuo nasce come tale solo quando abbandona la comunità, cioè quando sviluppa la propria creatività senza la protezione che lo fagocita e lo deresponsabilizza. Non c'è possibilità che l'individuo acquisti consapevolezza di sé in quanto membro di una collettività. Questa, come tale, non può prendere consapevolezza della propria differenza dalla natura e, nel rapporto con la natura, dal mondo animale;

3) *comunità e ateismo*. Per Marx l'emancipazione dell'individuo dalla comunità comporta anche la sua emancipazione dalla religione. Oggi invece la scienza è arrivata a dimostrare il contrario, e cioè che la preponderanza dell'elemento religioso nell'ambito della comunità è legata alla dissoluzione dei rapporti collettivistici, ovvero all'affermazione del primato dell'individuo sul gruppo. Se nelle comunità tribali esistevano forme di religiosità collettiva, esse non venivano mai ad assumere un ruolo determinante rispetto ad altri fattori: comunanza di sangue, di lingua, di tradizioni, di attività produttive e di proprietà.

Marx quindi non ha compreso che il rapporto ancestrale della tribù con la natura era sì "ingenuo" ma anche *democratico, egualitario*, alla portata di ogni individuo, sostanzialmente *umano* ed estraneo a qualunque uso "oppiaceo" della religione o dei suoi surrogati.

Non solo ma egli neppure si avvede che esiste una sostanziale differenza tra le comunità primitive e quelle che si sono realizzate nel modo di produzione asiatico: nel senso che quest'ultime rappresentano *già* un'evoluzione *individualistica* dell'antica comunità tribale (seppure l'individualismo sia una prerogativa esclusiva dei capi della comunità).

Marx infatti da un lato ha capito che nelle "forme principali *asiatiche, l'unità complessiva*, che sta al di sopra di tutte queste piccole comunità appaia come il *proprietario* supremo, o *l'unico proprietario*, sicché le comunità effettive appaiono solo come possessori *ereditari*" (p. 71); cioè ha capito che in quelle *formen* esisteva una netta divisione tra il "despota" più o meno divinizzato (a capo della comunità) e le molte comunità particolari. Ma dall'altro lato egli non ha capito che questa forma di socializzazione del lavoro, della proprietà, dei mezzi produttivi ecc., in realtà altro non era che un comunismo imposto con la forza, ben diverso dal *libero collettivismo delle comunità tribali*.

Marx non ha colto la differenza perché l'ha esaminata solo dal punto di vista *economico*. Qui in effetti le differenze sono minime: nella comunità tribale il prodotto eccedente apparteneva a tutti, in quelle asiatiche invece appartiene al despota, solo il quale può disporre di una proprietà privata.

Praticamente la comunità asiatica è un'evoluzione di quella tribale entrata in crisi, come quella feudale è un'evoluzione della comunità asiatica, divenuta incapace di risolvere le proprie contraddizioni antagonistiche: dalla comunità asiatica al servaggio il passo è relativamente breve. Di sicuro non si può pensare a un modo di produzione asiatico formatosi in maniera indipendente dalle comunità tribali, nei cui confronti dette comunità nulla hanno potuto in quanto non erano attrezzate a farlo.

I processi sono stati lunghissimi e il modo di produzione asiatico (che si ritrova anche nell'Africa dei faraoni e nelle civiltà pre-colombiane) non è apparso come il colonialismo europeo agli indios sudamericani o ai pellerossa nordamericani, i quali ben difficilmente avrebbero potuto opporvisi. L'agricoltura è nata circa 10.000 anni fa, ma prima di veder nascere le civiltà schiavistiche (statali o private) son dovuti passare altri 4.000 anni, cioè tutto il tempo necessario per impedire uno svolgimento così tragico.

Si può anzi forse sostenere che non è detto che le forze produttive siano di per sé un elemento sufficiente per determinare la vittoria o la sconfitta di una popolazione nell'agone internazionale. Se davvero fossero decisive - tanto per fare un esempio -, la Russia, nei due anni d'interventismo straniero, subito dopo la prima guerra mondiale, avrebbe dovuto soccombere, in quanto non era certamente ai livelli dei paesi occidentali. E se invece riuscì a sopravvivere, il merito non può certo essere attribuito soltanto a chi dirigeva le forze armate, cioè Trotsky, così come evitiamo di attribuire a Stalin la vittoria della Russia sul nazismo.

Significativo però resta il fatto che Marx, molto più della prassi dell'autoconsumo presente in tutte le comunità basate sul valore d'uso, si sia interessato di mettere a confronto queste comunità autosufficienti (da lui giudicate limitate) con quelle che avevano come punto di riferimento non la campagna ma la *città*.

Critica del programma di Gotha

Premessa

La *Critica del Programma di Gotha*[13] (1875) è in sostanza la critica delle posizioni lassalliane.

Ferdinand Lassalle (1825-64) fu un pubblicista piccolo-borghese tedesco che prese parte al movimento democratico nella provincia del Reno. All'inizio degli anni '60 si associò al movimento operaio e divenne uno dei fondatori dell'Unione Generale degli Operai Tedeschi (1863).

Nella "Prefazione" alla prima edizione del *Capitale*, Marx lo critica d'aver usato molte sue tesi senza mai citare la fonte e peraltro senza mai averle comprese adeguatamente. In particolare gli contesta la legge bronzea dei salari, secondo cui - come scrive Engels - "l'operaio riceve in media solo il minimo del salario perché secondo la teoria della popolazione di Malthus vi sono sempre troppi operai". Lassalle, con questa tesi, diede inizio all'opportunismo in seno al movimento operaio tedesco.

Engels dice di lui che si circondava di "gente sospetta e corrotta", era cinico nella scelta dei mezzi e rimase sino al 1862 "un democratico volgare specificamente prussiano con molte tendenze bonapartistiche", dopodiché "cambiò fronte improvvisamente per puri motivi personali e cominciò la sua agitazione". "Appena due anni dopo esigeva che gli operai prendessero le parti della monarchia contro la borghesia, e insieme con Bismarck, a lui affine di carattere, tesseva tali intrighi che avrebbero dovuto portarlo a tradire veramente il movimento, se per sua fortuna non fosse stato ucciso a tempo".

Il partito socialdemocratico operaio tedesco aveva chiesto a Marx ed Engels, otto giorni prima di riunirsi a Gotha, di aderire al programma di unificazione. Di tale richiesta essi, non informati da nessuno, neppure da Liebknecht, rimasero molto stupiti, in quanto, fino ad allora, il partito aveva rifiutato le loro offerte di collaborazione.

Siccome Bakunin e gli anarchici avevano sparso la voce che Marx ed Engels fossero responsabili di tutto quanto accadeva in Germania nell'ambito del movimento operaio (in sostanza che dirigessero il cosiddetto "partito eisenachiano"), essi si videro costretti a rispondere ufficialmente, in maniera molto critica, alle tesi del programma di Gotha.

---

[13] Testo di riferimento: K. Marx, *Critica del programma di Gotha*. ed. Massari, Bolsena 2008.

Anche perché - scrive Engels - il partito socialdemocratico operaio tedesco aveva sempre agito in totale autonomia e, al massimo, lui e Marx erano intervenuti, sul piano teorico, per correggere singoli errori.

In particolare essi ponevano alcuni temi da discutere come base programmatica per l'intesa:
1. che si accettasse il programma di Eisenach del 1869, eventualmente aggiornato alle mutate condizioni storiche;
2. che si ponesse fine al settarismo lassalliano, rinunciando cioè a considerare come "massa reazionaria" tutte le classi e i ceti non operai, a prescindere dalle specifiche condizioni di classe e dalle analisi delle forze in campo;
3. che si rinunciasse all'aiuto statale per costituire le cooperative di produzione;
4. che si affermasse il carattere internazionale del movimento operaio, soprattutto per la questione degli aiuti agli scioperanti di qualsivoglia nazione;
5. che si considerasse del tutto fuori luogo la legge bronzea sul salario;
6. che si prevedesse di istituire dei sindacati di categoria;
7. che si accettasse l'idea della responsabilità personale da parte di tutti gli impiegati statali nell'esercizio delle loro funzioni;
8. che la si smettesse di parlare di uno "Stato popolare libero", in quanto concetto privo di senso;
9. che si rimettesse in discussione il principio della "totale uguaglianza sociale", in quanto le differenze dovute a contingenze storiche, naturali e ambientali sono inevitabili.

La *Critica* fu inviata da Marx a Wilhelm Bracke, uno dei fondatori ad Eisenach del Partito operaio socialdemocratico tedesco, affinché ne prendesse visione e gliela rinviasse dopo averla fatta leggere a Geib, Auer, Bebel e Liebknecht, tutti dirigenti del partito tedesco.

In seguito alle critiche del programma di Gotha, i lassalliani - scrive Engels - rimasero come "rovine isolate" al di fuori della Germania e il programma fu abbandonato al Congresso di Halle del Partito socialdemocratico tedesco, il primo tenuto dopo l'abrogazione delle leggi eccezionali contro i socialisti, dove si decise il 16 ottobre 1890, su proposta di W. Liebknecht, il principale tra gli autori del Programma di Gotha, di preparare per il Congresso seguente un nuovo progetto di programma, che venne poi approvato nell'ottobre 1891 al Congresso di Erfurt ("Programma di Erfurt").

La critica di Marx

1. Particolarmente fine l'osservazione di Marx, secondo cui, mentre per un borghese il *lavoro* è fonte di valore a prescindere dal rapporto con la natura, proprio in quanto egli si serve dello sfruttamento del lavoro altrui; per un socialista invece sarebbe più giusto affermare che il valore non proviene solo dal lavoro ma anche dalla *natura*, che offre al lavoro tutti i mezzi. Cioè allo sfruttamento del lavoro altrui un socialista dovrebbe opporre lo sfruttamento soltanto della natura, di cui è proprietario.
Il testo del programma socialdemocratico è quindi astratto, troppo generico. Dire che il lavoro è fonte di ogni ricchezza e di ogni civiltà, senza specificare che anche per la borghesia è la stessa cosa (all'ovvia condizione che non si metta in discussione la proprietà *privata* dei mezzi produttivi), è dire cosa quanto meno riduttiva.
Qui oggi dovremmo aggiungere che non solo al lavoro bisogna associare la natura (come fonte della ricchezza), ma anche che il lavoro è stato fonte di lavoro per tutte le civiltà, incluse quelle non antagonistiche (come le comunità primitive), per quanto in tali civiltà il "valore" non fosse unicamente determinato dalla sfera economica.
Nelle civiltà pre-schiavistiche la natura era considerata come "fonte di ricchezza" senza che si avvertisse il bisogno di sottometterla come un proprio oggetto di sfruttamento. Questo per dire che alla pur giusta, circostanziata critica di Marx al concetto idealistico di lavoro che avevano i lassalliani, andrebbe aggiunta oggi la considerazione che se la natura è fonte di tutte le ricchezze, l'uomo è soltanto una di esse. Quale ente di natura, l'essere umano non può ritenersi "proprietario" della medesima natura.
Va detto tuttavia che Marx, citando Rousseau, nega che possa esistere un lavoro "utile" soltanto nelle "civiltà", poiché proprio nelle civiltà anche un lavoro "inutile" e persino "dannoso" può diventare fonte di ricchezza.
Marx insomma stava chiaramente maturando l'idea che esisteva una netta frattura tra "civiltà" (fondata sul lavoro) e "comunità primitiva", dove un qualunque lavoro facilmente diventava "utile" (dalla raccolta del cibo alla caccia), pur non producendo esso alcun valore di scambio.
Questo per dire che quando si afferma che un lavoro è "utile" per la società, va sempre precisato non tanto il tipo di "lavoro" quanto piuttosto il tipo di "società", essendo evidente che la fetta più

grossa nella distribuzione della ricchezza prodotta dal lavoro, se la accaparrano i proprietari dei mezzi produttivi e ovviamente coloro che tutelano la loro proprietà. E come noto chi è proprietario vive sulle spalle del lavoro altrui.

2. Marx ha sufficientemente chiara l'idea che una società socialista, da lui immaginata "industrializzata", senza alcuna concessione al ruralismo autogestito, basato sull'autoconsumo, deve essere organizzata come una società capitalistica, salvo il concetto di "proprietà dei mezzi produttivi", che deve essere "pubblica".

    Il che implica conseguenze rilevanti su tutti quegli aspetti che sotto il capitalismo vengono considerati marginali, come p.es. la scuola e la sanità gestiti dall'ente pubblico, l'assistenza per i lavoratori e la previdenza per gli anziani, i disabili ecc.

    Marx qui vuole dimostrare ai seguaci di Lassalle che il socialismo, quando viene presentato in maniera astratta e utopistica, non può mai costituire un'alternativa al capitalismo, anzi il capitalismo se ne servirà per far sopravvivere se stesso.

3. Marx sostiene che in una società socialista uscita dal capitalismo (cioè non ancora comunista) la legge dell'equivalenza dei valori ha come punto di riferimento diretto il lavoro e non la merce. L'operaio riceve dalla società l'equivalente di ciò che ha prodotto, salvo le detrazioni relative a ciò che serve per la produzione e per la società nel suo complesso.

    La differenza è che mentre nel capitalismo egli non riceve affatto l'equivalente del suo lavoro, se non in una media statistica nazionale, che concretamente non dice nulla, nel socialismo invece deve ricevere un equivalente che tenga conto della sua realtà di singolo lavoratore. In sostanza il lavoro garantisce la democrazia solo se la proprietà è *comune*.

    E democrazia non vuol dire considerare "tutti uguali", ma soddisfare le esigenze specifiche di ognuno. Il diritto deve necessariamente essere "disuguale", se si vuole assicurare la democrazia. Ma per soddisfare esigenze specifiche non si può considerare il lavoro come metro di misura del valore che uno produce. Posta l'abolizione della proprietà privata dei mezzi produttivi, nella fase del socialismo maturo un lavoratore darà secondo ciò che potrà dare e riceverà secondo i suoi bisogni.

4. Quanto tutte le idee occidentali di socialismo siano lontanissime dal realizzare un socialismo davvero democratico è dimostrato dal fatto, secondo Marx, ch'esse s'interessano esclusivamente della distribuzione della ricchezza e non anche della sua produ-

zione. Esse cioè non mettono più in discussione la proprietà *privata* dei mezzi produttivi, ma soltanto il fatto che il valore ottenuto dalle forze produttive non è equamente distribuito. In tal modo il socialismo occidentale, nel migliore dei casi, non fa che "umanizzare" il capitalismo, contribuendo a illudere gli operai che le contraddizioni antagonistiche possano essere "mediate" o addirittura risolte.

5. Rispetto a Lassalle che considera astrattamente "reazionarie" tutte le classi non proletarie, Marx riconosce alla borghesia un carattere "rivoluzionario" rispetto ai ceti feudali. Non solo, ma lo riconosce anche a quei ceti medi in via di proletarizzazione, all'ovvia condizione che siano capaci di organizzarsi in senso anticapitalistico.

    Marx è qui lontanissimo dall'ipostatizzare un ruolo rivoluzionario al solo proletariato industriale. Storicamente lo riconosce anche alla borghesia e politicamente lo riconosce anche alla piccola borghesia (contadini, artigiani, piccoli imprenditori) in procinto d'essere rovinata dalla grande industria.

    Marx critica Lassalle d'essersi in realtà voluto alleare con la classe feudale (agrari) contro la borghesia *qua talis*, e ciò allo scopo di accattivarsi le simpatie di Bismarck.

6. Contro le posizioni di Lassalle, Marx sostiene che se è vero che, nelle forme specifiche, la lotta di classe va combattuta a livello nazionale, è anche vero che nella sostanza essa va internazionalizzata, proprio perché il capitalismo è "commercio mondiale". Di qui la necessità di dotarsi di un organo internazionale. L'Associazione Internazionale degli Operai fu il primo tentativo in tale direzione, che si dovette chiudere dopo la sconfitta della Comune parigina.

    Non si può pensare che l'internazionalizzazione del movimento operaio sia una conseguenza automatica delle lotte nazionali condotte contro il capitale. Il capitalismo ha degli aspetti "mondiali" contro i quali bisogna porsi da subito in maniera "mondiale".

    Si pensi in effetti al ruolo che oggi svolgono le banche o gli istituti finanziari che concedono crediti ai paesi in via di sviluppo vincolandoli a condizioni capestro, favorevoli soltanto ad aumentare la loro dipendenza economica nei confronti dell'occidente.

    Peraltro accentuare il momento "nazionale" rispetto a quello "internazionale" è sempre molto pericoloso, come ha dimostrato il tradimento della II Internazionale in occasione dello scoppio della prima guerra mondiale.

7. La posizione tipica della corrente fondata da Lassalle, allora predominante tra i socialisti tedeschi, costituiva una deviazione "statalista" nel movimento operaio, in quanto si concepiva lo Stato come entità sovrastante le classi e quindi si cercava il suo appoggio persino nello sviluppo delle organizzazioni operaie e cooperative. Nel contempo si sottovalutava, anzi si ostacolavano le lotte economiche e le coalizioni sindacali, in quanto - si diceva - distoglievano dal lavoro organizzativo e intralciavano i rapporti politici col governo.

L'errore teorico sulla natura e il ruolo dello Stato, che per Lassalle era "l'unità degli individui in un tutto morale", portava a privilegiare singoli ipotetici risultati della lotta di classe piuttosto che il percorso di resistenza contro l'antagonismo in generale. Ad una faticosa e difficile costruzione di legami di massa si preferiva la scorciatoia, per lo più illusoria, del rapporto col governo prussiano.

Sul piano economico Lassalle sosteneva l'inutilità della lotta sindacale in forza della cosiddetta "legge bronzea dei salari", secondo la quale anche se "la congiuntura propizia è generale e durevole, l'aumento dei salari che si verifica a poco a poco genera un tale aumento di matrimoni e di famiglie operaie e un tale aumento di domanda di lavoro che, di regola, viene compensata con ciò la crescente offerta di lavoro, e il salario cade di nuovo al suo antico livello o sotto di questo" (F. Lassalle, *Capitale e lavoro*, ed. Samonà e Savelli, Roma 1970).

Engels, in una lettera ad August Bebel del 18 marzo 1875, scrive che la "legge bronzea" riposa sulla falsa e antiquata teoria della popolazione di Malthus, mentre "Marx ha ampiamente dimostrato nel *Capitale* che le leggi che regolano il salario sono molto complicate; che a seconda della situazione prevale ora l'una ora l'altra di esse, che esse non sono quindi per niente bronzee, ma al contrario molto elastiche".

Egli poi nota che, conseguentemente, Lassalle "non fa parola dell'organizzazione della classe operaia come classe a seguito dei sindacati di mestiere. È questo un punto molto essenziale, perché questa è la vera organizzazione di classe del proletariato, in cui esso combatte le sue lotte quotidiane contro il capitale, in cui si addestra".

Il propagarsi degli scioperi in quegli anni lacererà l'organizzazione lassalliana. Secondo la descrizione che ne fa Franz Mehring, nella sua *Storia della socialdemocrazia tedesca*, pur tesa a rivalutare i lassalliani, risulta che Schweitzer, succeduto al fondatore dopo la tragica morte di Lassalle, arriva a battersi tra i suoi per promuovere i sindacati. Egli si limita però a considerare gli scioperi un utile mezzo per "risvegliare dal letargo una popolazione operaia" e, continuando a ritenerli "necessariamente senza risultato dal punto di vista economico", ne deduce che "essi non erano da approvare là dove la classe operaia agiva già apertamente per i suoi ultimi obiettivi". Al massimo ne discende per lui "la conseguenza di abbreviare il più possibile con una giusta organizzazione degli scioperi questo stadio di passaggio".

In realtà Engels, nel *Sistema del salario* del 1881, ha presente un quadro molto più dialettico, poiché, entro certi limiti, la legge del salario non è inflessibile, anzi "sempre (salvo nei periodi di grave depressione), e in ogni ramo d'attività, esiste un certo margine all'interno del quale il livello dei salari può essere modificato in base al risultato della lotta condotta dalle due parti nemiche. In ogni caso i salari vengono fissati mediante una trattativa, durante la quale chi resiste meglio e più a lungo ha maggiori speranze di ottenere qualcosa di più di quanto gli spetterebbe".

Qual è la differenza fondamentale tra la scuola marxista e la variante statalista? Alla domanda se gli scioperi e i sindacati risolvano definitivamente i problemi della classe, entrambe rispondono di no. Alla successiva domanda se gli scioperi comunque servano, ancora entrambe, questa volta, rispondono di sì. Poi si divaricano. Gli statalisti operano per dimostrare che gli scioperi sono inefficaci, almeno sul piano economico, e che bisogna, al più presto, utilizzare e dirottare l'agitazione delle masse verso una soluzione politica in sede governativa: un'apertura del governo prussiano, oppure, oggi, un'interrogazione parlamentare o un futuro governo del polo progressista.

I marxisti, invece, intervengono per dimostrare ai lavoratori che ci si può organizzare per ottenere una transizione al socialismo. In *Salario, prezzo e profitto* del 1865 (Editori Riuniti, Roma 1970), Marx si pone un problema di metodo che è un'indicazione di lavoro rivoluzionario nei sindacati: "la volontà del capitalista consiste nel prendere quanto più è possibile. Ciò che noi dobbiamo fare non è parlare della sua volontà ma indagare la sua forza, i limiti di questa forza e il carattere di questi limiti". In tal modo Marx rispondeva agli argomenti puerili circolanti all'epoca, secondo i quali gli scioperi per aumenti di salario si sarebbero risolti semplicemente in aumenti dei prezzi.

Nella conclusione, molto nota, del suo lavoro, Marx, dopo aver stimolato la classe a "non cedere per viltà nel suo conflitto quotidiano", avverte che essa "non deve esagerare a se stessa il risultato finale di questa lotta", ma battersi per la soppressione del sistema del lavoro salariato, lottare per il comunismo.

Insomma dopo aver mostrato che la lotta per il salario è inseparabile dalle leggi che regolano il mercato delle merci; dopo aver chiarito che un rialzo generale dei salari si può ripercuotere sui profitti e non avere influenza sui prezzi, Marx mette in guardia dal cadere nel praticismo sindacale. Lo scopo di tutto l'opuscolo è una spiegazione dei meccanismi di funzionamento del mercato per chiedere ai lavoratori un impegno concreto. Rivendicando cose ottenibili secondo la stessa logica del capitalismo, gli operai impareranno a condurre al meglio le loro battaglie e, per questo, capiranno di dover andare oltre.

Ecco quello che scrive sulle Trade-Unions: "esse compiono un buon lavoro come centri di resistenza contro gli attacchi del capitale; in parte si dimostrano inefficaci in seguito ad un impiego irrazionale della loro forza. Esse mancano, in generale, al loro scopo perché si limitano a una guerriglia contro gli effetti del sistema esistente". Questo per dire che la presenza dei comunisti nelle lotte economiche e nelle organizzazioni sindacali non può essere solo di denuncia della volontà del capitalista, o della incapacità e del tradimento dei vertici burocratici.

8. Marx si pone in modo del tutto contrario all'idea di poter costituire delle cooperative di produzione (o anche di consumo) in cui risulti decisivo il ruolo riconosciuto allo Stato. Gli pare assurdo pretendere che lo Stato finanzi ciò che potrebbe nuocergli, o chiedere aiuto al "nemico" per continuare a esistere e a svilupparsi.[14]

Peraltro in questa maniera si rischia di distogliere le proprie forze dalla lotta *politica* vera e propria. Anche perché lo Stato non è in grado in alcun modo di costruire una "nuova società" ma soltanto di difendere quella esistente.

Marx non è contrario alle società cooperative in sé, ma ritiene ch'esse vadano costruite in totale autonomia, nei confronti sia della borghesia, come classe, che dei governi, sul piano politico.

---

[14] L'idea dell'aiuto Lassalle l'aveva presa dal repubblicano borghese Buchez, che però in Francia l'aveva usata contro i socialisti.

Queste realtà solidaristiche hanno un loro senso solo se sono finalizzate al superamento delle condizioni di produzione borghese.

9. Marx non crede ai concetti di "Stato democratico" o di "Stato libero". Lo Stato dovrebbe restare subordinato alla società fino a scomparire del tutto. Esso non può essere considerato come un ente indipendente dalla società, cioè non può mai essere più "libero" della società che presume di rappresentare.

Mentre la società è, in tutti gli Stati, di tipo capitalistico, gli Stati invece possono assumere forme diverse dettate dalle circostanze (centralisti, federalisti ecc.). Tutti gli Stati tutelano la società di cui sono espressione e che in sostanza li ha generati.

Uno "Stato democratico" per Marx esiste già in Svizzera, negli Usa, molto meno autoritario di quello tedesco o russo.

Per Marx è impossibile sapere cosa resterà, nella società socialista, dell'odierno Stato borghese. L'unica cosa certa è che nella transizione deve esserci una dittatura del proletariato che impedisca alla borghesia di utilizzare le leve dello Stato per riaffermare la proprietà privata.

In tal senso le rivendicazioni dei lassalliani non sono molto diverse da quelle della borghesia: si vuole soltanto una democratizzazione più avanzata di uno Stato che nella sostanza resta capitalistico.

Un socialista rivoluzionario non dovrebbe limitarsi a chiedere legalmente una cosa che un governo borghese, un minimo avveduto, non avrebbe difficoltà a concedergli.

Per Marx addirittura, quanto più uno Stato borghese si democraticizza (p.es. favorendo un'imposta progressiva sul reddito), tanto più il passaggio al socialismo deve giocarsi sulla base della lotta di classe. Infatti quanto più esso si democraticizza, tanto più le classi meno abbienti finiscono col pagare le spese per l'istruzione, la sanità, la previdenza ecc. anche alle classi che se le dovrebbero pagare per conto proprio.

Peraltro una "scuola statale", controllata dal governo, era per Marx una cosa inaccettabile tanto quanto una scuola controllata dalla chiesa. Egli voleva sì una scuola "pubblica", non "privata", ma autogestita dai lavoratori, i quali non dovevano pagare con le loro tasse l'istruzione per i figli della borghesia.

10. Netta anche la critica della libertà borghese di coscienza, la quale non fa che tutelare ogni forma di libertà religiosa, mentre la vera libertà è quella "da" ogni religione.

Marx, Engels e il pre-capitalismo

Nella *Prefazione* alla prima edizione del *Capitale*, Marx dice che in Germania (come in tutta l'Europa occidentale), rispetto all'Inghilterra, "siamo oppressi non solo dallo sviluppo della produzione capitalistica, ma pure dalla mancanza di tale sviluppo", poiché, laddove esso si è verificato, le condizioni di lavoro degli operai, in seguito alle rivendicazioni sindacali, sono migliori rispetto a quelle dove il capitalismo è agli albori.

Per questa ragione Marx fa capire che la Germania e tutta l'Europa devono affrettarsi a "importare" il capitalismo se vogliono *uscirne* in fretta (insieme all'Inghilterra). "Il paese industrialmente più sviluppato [l'Inghilterra appunto] non fa che mostrare al meno sviluppato l'immagine del suo avvenire".

Marx dava per scontato non solo lo sviluppo capitalistico di tutta l'Europa (e di tutto il mondo), ma anche l'impossibilità di "recuperare" le formazioni sociali pre-capitalistiche. La sua visione è disarmante: il capitalismo è inevitabile e il pre-capitalismo impossibile.

Il capitalismo è talmente inevitabile ch'esso rappresenta -secondo Marx- soltanto un "*processo di storia naturale*", in cui i capitalisti non sono che "personificazioni di categorie economiche", cioè non responsabili di rapporti da cui provengono, anche se soggettivamente possono avere un atteggiamento critico nei confronti di tali rapporti (cosa che normalmente non hanno).

Conclusione? Marx parla come un profeta biblico: il capitalismo è inevitabile, ma altrettanto lo è la sua fine. Lo è per una legge interna dovuta al suo proprio movimento. Questa legge è stata appunto scoperta dal *Capitale*.

In attesa che crolli che fare? Si possono "abbreviare e attutire le doglie del parto". Di qui l'importanza della *legislazione inglese sulle fabbriche*.

Nulla quindi di politico o di rivoluzionario, ma tutto e solo di sindacale e di riformistico. Marx non solo non vuole recuperare la memoria del passato pre-capitalistico, ma non vuole neppure stimolare una prassi politica di liberazione per un presente non capitalistico.

*

Nelle *Teorie sul plusvalore* (*Storia dell'economia politica*, vol. III, Ed. Riuniti, Roma 1993, p. 453), parlando di Richard Jones, Marx scrive: "La primitiva unità di lavoratore e condizioni di lavoro [a prescindere dal rapporto di schiavitù, in cui il lavoratore stesso appartiene alle condizioni oggettive di lavoro] ha due forme principali: la comunità asiatica (comunismo naturale) e la piccola agricoltura familiare (a cui è collegato il lavoro a domicilio) nell'una o nell'altra forma. Entrambe le forme sono forme infantili e ugualmente poco adatte a sviluppare il lavoro come lavoro *sociale* e la forza produttiva del lavoro sociale. Di qui la necessità della separazione, della lacerazione, della contrapposizione di lavoro e proprietà (da intendersi come proprietà delle condizioni di produzione). La forma estrema di questa lacerazione in cui le forze produttive del lavoro sociale sono nello stesso tempo sviluppate al massimo è quella del capitale. Soltanto sulla base materiale che esso crea e per mezzo delle rivoluzioni che la classe operaia e l'intera società attraversano nel processo di questa creazione, può essere ristabilita l'unità originaria".

Questo è stato in assoluto l'errore più grave di Marx. Un errore che si pone a un duplice livello:
1. quello di pensare che il comunismo primitivo fosse talmente "primitivo" da essere fatalmente destinato alla dissoluzione;
2. quello di pensare che per far nascere il socialismo fosse necessario sviluppare il capitalismo, o comunque appropriarsi della forza produttiva formatasi sotto il capitale.

Quando parla di "comunismo primitivo" Marx ha in mente solo due cose:
1. il comunismo asiatico, in cui lo Stato agisce come grande proprietario collettivo e l'agricoltore altri non è che uno schiavo di stato;
2. la piccola proprietà contadina, autonoma, ma sostanzialmente individualistica.

In nessuno dei due casi si sviluppa la produzione "sociale": nel primo caso infatti essa è statale ma schiavile, nel secondo è libera ma individualistica.

Marx vuole una produzione libera e associata degli operai, capace di utilizzare i mezzi della rivoluzione tecnologica avvenuta sotto il capitalismo.

Mentre in tutta l'opera di Marx non possiamo considerare superata la critica dell'economia politica borghese, questo aspetto invece va considerato nettamente superato: sia perché il comunismo primitivo non è riconducibile alle sole due forme citate da Marx; sia perché non è affatto vero che il socialismo democratico debba formarsi necessariamente sulla base della tecnologia capitalistica.

L'errore, molto probabilmente, deriva dal fatto che Marx considerava del tutto naturale l'esigenza, da parte dell'uomo, di realizzare un "dominio" sulla natura. Peraltro le conoscenza del comunismo primitivo erano ai suoi tempi molto scarse, stando almeno a quanto dice Engels.

Alle origini del difetto delle teorie del socialismo scientifico vi è l'accettazione del dogma capitalistico secondo cui la natura appartiene all'uomo e non l'uomo alla natura. La natura non va "dominata" ma "rispettata". Una più adeguata conoscenza delle sue leggi non ci autorizza a "sfruttarla". La natura può essere utilizzata per vivere, ma se vi fosse autoconsumo si starebbe molto attenti a come utilizzarla, poiché si saprebbe in anticipo di poter contare solo su una determinata porzione di territorio locale. E, ogniqualvolta si pensa di poter sfruttare alcune sue risorse, si dovrebbe fare molta attenzione a non danneggiarne altre, poiché la natura è un *unicum* integrato, che ha preceduto di molto la nascita dell'uomo sulla Terra. Non è la natura che ha bisogno dell'uomo per esistere ma il contrario.

Per Marx il carattere "sociale" della produzione capitalistica è in contraddizione con la forma "privata" della proprietà dei mezzi produttivi e con l'appropriazione "privata" del profitto capitalistico. Egli era convinto che l'acuirsi di tale contraddizione avrebbe indotto la società, mediante la rivoluzione, a imporre il lato "sociale" della produzione sul carattere "privato" della proprietà.

Egli non ha mai messo in discussione la superiorità della produzione industriale su ogni altra forma di produzione. Non si è mai accorto che proprio il primato della produzione industriale su ogni altro tipo di produzione rende impossibile una "socializzazione" dei rapporti umani, in quanto rende impossibile un rapporto "naturale" dell'uomo con la natura.

In altre parole la socializzazione è impossibile non solo perché la proprietà e il profitto sono privati, ma anche perché nei confronti della natura si ha un rapporto di mero sfruttamento. Quindi, anche nel caso in cui gli operai riuscissero, tramite la rivoluzione, a socializzare la proprietà, resterebbe ancora da risolvere il problema del rapporto tra produzione e natura.

Il crollo del socialismo reale, in tal senso, va visto come l'occasione di sviluppare una maggiore democrazia non soltanto nei rapporti sociali, ma anche nei rapporti tra gli uomini e la natura.

Ripensamenti su queste sue idee, Marx cominciò ad averne quando venne a contatto coi populisti russi, esaminando la comune rurale del loro paese. Ripensamenti che però non sortirono alcun effetto sul giovane Lenin, critico del populismo.

*

Marx ed Engels erano convinti che senza rivoluzione operaia in Europa occidentale, la comune rurale russa non avrebbe avuto possibilità di evolvere in forme di comunismo agricolo, poiché senza quella rivoluzione il capitalismo sarebbe inevitabilmente penetrato in Russia e avrebbe sconvolto, in senso capitalistico, il destino della comune.

Le cose andarono diversamente. L'Europa occidentale non fece alcuna rivoluzione proletaria (se si esclude la breve parentesi della Comune di Parigi e della Repubblica di Weimar) e la comune russa poté risorgere grazie alla rivoluzione d'Ottobre. Lenin capì che in Russia si poteva realizzare il socialismo con l'aiuto non tanto degli operai occidentali quanto piuttosto degli stessi contadini russi.

Tuttavia, le cose procedettero diversamente anche secondo le previsioni di Lenin. Alla morte di questi infatti, la comune rurale fu trasformata in una azienda statale, la cui struttura risultò così innaturale da portare al crollo dell'intero sistema socialista.

La fine del cosiddetto "socialismo reale", strutturato in maniera burocratica e verticistica, non ha portato alla rinascita dell'antica comune rurale (*obščina*), ma a una trasformazione in senso capitalistico di tutta l'economia del paese.

Il socialismo amministrato aveva risparmiato alla Russia le forche caudine del capitalismo avanzato, ma i fatti sembrano dimostrare che anche la Russia ha bisogno di passare sotto queste forche prima di giungere a una nuova formulazione e realizzazione di socialismo.

*

Nell'odierna Russia è riesploso il capitalismo perché col comunismo s'era cercato di fermarlo in maniera artificiosa. Non nel senso che, affinché si realizzasse il comunismo, doveva prima affermarsi il capitalismo (seguendo la linea del marxismo classico), ma nel senso che il comunismo russo non è riuscito a servirsi dei contadini in funzione anti-capitalistica.

I contadini, a parte i primi momenti della rivoluzione, sono sempre stati subordinati agli operai, o meglio alle esigenze di una forzata industrializzazione. D'altra parte, gli intellettuali marxisti, essendo tutti atei, non potevano essere "organici" agli interessi dei contadini, che erano tutti credenti e che semmai si riconoscevano nei populisti.

Gli intellettuali marxisti avevano bisogno di affermare la necessità del capitalismo perché volevano essere "organici" a una nuova classe sociale: quella operaia dell'industria, la quale, essendo stata strappata dalla terra, aveva perso ogni legame con la religione.

La differenza tra Marx e gli intellettuali marxisti russi, riguardo agli atteggiamenti pregiudizievoli verso il mondo rurale, stava semplicemente nel fatto che quest'ultimi si resero subito conto che in un paese prevalentemente agricolo non sarebbe stata possibile alcuna rivoluzione proletaria senza l'appoggio dei contadini. Di qui lo sviluppo di scienze politiche come la tattica e la strategia rivoluzionaria. Anche se ideologicamente Lenin era lontano dal mondo contadino, politicamente gli era vicino.

È un fatto, tuttavia, che nella sua polemica contro i populisti, Lenin non abbia saputo trovare nelle istituzioni contadine del suo paese alcun elemento positivo.

Eppure i marxisti russi sapevano bene che in un paese arretrato come il loro il capitalismo, per imporsi, non poteva aspettare il consenso delle masse, doveva per forza agire usando gli strumenti più brutali: cosa che i contadini, la stragrande maggioranza della popolazione, non avrebbero potuto tollerare. È stata dunque una scelta assai infelice quella di aver attribuito un primato socio-politico al proletariato industriale.

Scrive Lenin, a proposito della classe operaia, in *Che cosa sono gli "Amici del popolo"*: "nessun legame la unisce con la vecchia società, interamente basata sullo sfruttamento; le condizioni stesse del suo lavoro e il suo modo di vivere la organizzano, la costringono a pensare, le danno la possibilità di scendere sull'arena della lotta politica" (Editori Riuniti, Roma 1972, p. 80).

1. Dunque, la "vecchia società" impediva di "pensare"? di reagire?
2. forse perché essa era "interamente" basata sullo sfruttamento?
3. Dunque, i contadini erano del tutto incapaci di ribellarsi a uno sfruttamento così massivo?
4. Un modo "particolare" di lavorare porta di per sé a una maggiore consapevolezza rivoluzionaria?
5. Eppure proprio Lenin dirà in *Che fare?* che non basta essere operai per diventare rivoluzionari: occorre che la "coscienza" venga data "dall'esterno", e più precisamente dagli intellettuali rivoluzionari.

Per il Lenin anti-populista vi era solo un modo per distruggere il capitalismo: "la lotta di classe del proletariato contro la borghesia" (p. 87). Questo l'insegnamento di Marx mediato in Russia da Plechanov.

Quando Lenin arrivò a comprendere che la sola via d'uscita dal capitalismo non poteva essere che quella d'una lotta comune tra operai e contadini contro feudalesimo e capitalismo insieme, il suo rapporto col populismo era praticamente finito. E la fine di questo rapporto renderà precaria la consapevolezza che il ruolo dei contadini nella rivoluzione bolscevica non avrebbe potuto essere irrilevante.

D'altra parte non si deve dimenticare che i cosiddetti "marxisti legali" in Russia erano addirittura convinti che il capitalismo fosse in Russia del tutto inevitabile, per cui sarebbe stata vana qualunque forma di resistenza. Essi non avevano alcuna fiducia nel mondo contadino. Ed erano altresì convinti che l'unica forma possibile di socialismo fosse quella industriale, post-capitalistica, del tutto estranea alle formazioni sociali pre-capitalistiche.

La Russia ha sempre sofferto di questa antinomia: la classe politica e intellettuale è tendenzialmente filo-occidentale, mentre la classe contadina è slavofila.

*

Dallo schiavismo al servaggio esiste un progresso nell'emancipazione sociale e culturale del lavoratore che il marxismo classico non ha mai sottolineato nella giusta misura.

I pregiudizi nei confronti del mondo rurale si sono riflessi nell'interpretazione del feudalesimo, che viene positivamente considerato solo in riferimento a quelle realtà sociali e istituzionali che poi porteranno alla nascita del capitalismo (p.es. l'Italia comunale o in genere la borghesia del basso Medioevo).

Il marxismo occidentale non ha ipotizzato l'idea che con una maggiore resistenza contadina al servaggio si sarebbe potuta verificare una transizione diversa da quella che farà poi nascere il capitalismo. C'è voluto il leninismo prima di ipotizzare un salto dal feudalesimo al socialismo.

La storia in realtà s'è incaricata di dimostrare che dal servaggio al lavoro salariato esiste più che un progresso nell'emancipazione sociale, un progresso nell'ipocrisia di tale presunta emancipazione.

Esiste infatti un falso progresso sul piano della *libertà giuridica*, la quale viene costantemente contraddetta dalla *schiavitù sociale* (questo anche tutto il marxismo lo sa bene). Si è "liberi" di vendere la propria forza-lavoro, ma con scarse possibilità di contrattare sul prezzo (specie se non esiste qualifica per una mansione particolare) e comunque senza certezze che qualcuno sarà disposto a comprarla.

L'operaio salariato è più simile allo schiavo romano che non al servo della gleba. La differenza sta solo nella maggiore libertà giuridica, che però è del tutto formale. Lo schiavista poteva fare dello schiavo quel che gli pareva, ma doveva comunque mantenerlo in vita per poterlo sfruttare. Oggi la libertà giuridica lo ha anche esonerato da questo obbligo.

Rispetto al servaggio è migliorata una situazione formale ed è peggiorata la condizione sostanziale. Di questo non ci si accorge nei tre poli dell'imperialismo mondiale: Stati Uniti, Europa occidentale e Giappone semplicemente perché il peso delle contraddizioni tra capitale e lavoro viene prevalentemente scaricato sull'80% dell'umanità che vive nei paesi del Terzo e Quarto Mondo.

*

Nell'*Ideologia tedesca* Marx ed Engels intendono la società "naturale" nel senso della "spontaneità", in opposizione alla "volontà cosciente" di individui che liberamente si sottopongono a un piano complessivo.

In realtà la "naturalezza" della comunità primitiva stava nella "consapevolezza" di una dipendenza necessaria dalla natura, che non veniva affatto avvertita come "limite" ma al contrario come "garanzia di sopravvivenza".

Se la naturalezza viene equiparata alla spontaneità di una comunità inconsapevole, ignorante, sprovveduta, si finisce poi col considerare questo collettivo come una realtà illusoria, primitiva, molto imperfetta, destinata inevitabilmente alla divisione in classi contrapposte.

In realtà esisteva una forte consapevolezza del primato della natura sull'uomo ed anche della tradizione storica che si tramandava attraverso le generazioni: il collettivo era decisamente superiore a qualunque individuo e non si avvertiva questo come un "problema" ma semmai come un "vantaggio".

La sicurezza dell'esistere stava nella continuità del sapere, teorico e pratico, che ci si trasmetteva oralmente. Un sapere strettamente collegato con le risorse della natura.

Il cammino della storia oggi altro non è, per noi, che una progressiva presa di coscienza che l'epoca storica più conforme alle esigenze umani e naturali era quella primordiale. Alla fine avremo una consapevolezza forte di tutti i fallimenti delle civiltà antagonistiche.

*

Nell'esaminare il pensiero di Marx relativamente alle formazioni pre-capitalistiche bisognerebbe partire dalle seguenti premesse:
1. nel marxismo occidentale esistono pregiudizi nei confronti del

mondo rurale, sia perché questo mondo è legato a ideologie di tipo religioso, sia perché non presenta i connotati tipici del proletariato industriale, che non possedendo altro che la propria forza-lavoro, viene ritenuto più disposto a compiere la rivoluzione;
2. il marxismo occidentale, per spiegare la nascita dell'accumulazione primitiva, non è in grado di fare un'analisi di tipo culturale, ontogenetica, ma solo un'analisi di tipo economico-fenomenologico;
3. quando Marx parla di Medioevo generalmente intende il basso Medioevo;
4. quando Marx si riferisce alla comunità primitiva, generalmente esclude che fosse libera e basata su un lavoro collettivistico;
5. Marx scopre il lato eversivo e quindi "potenzialmente rivoluzionario" del mondo agricolo soltanto quando viene a contatto col populismo russo, cioè dopo il 1868.

Nel cap. 36 del III libro del *Capitale* egli afferma, in maniera ricorrente, che "il capitale usuraio è tanto più forte quanto più è dominante la piccola produzione dei contadini e degli artigiani". Ma se questa tesi può essere vera per il basso Medioevo, non lo è anche per l'alto Medioevo.

Un'altra tesi ricorrente, molto generica e sostanzialmente errata, è questa: "se e quando il capitale usuraio porta alla nascita del capitalismo, ciò dipende dal grado di sviluppo della società". Lo stesso Marx sembra però sostenere il contrario: "il capitale usuraio distrugge la società pre-capitalistica senza crearne una capitalistica; il capitale industriale invece distrugge e crea".

Dunque, cosa intende Marx per "grado di sviluppo della società"? Qualunque riferimento all'economia, in ultima istanza, non spiega nulla.

Finché esiste *solo* il capitale usuraio, la società pre-capitalistica ha più possibilità di autoconservarsi di quante non ne abbia se si sviluppa il capitalismo, ovviamente a condizione che esista un'opposizione collettiva del lavoro all'usura. Viceversa, se si sviluppa il capitalismo, la conservazione della memoria del passato diventa impossibile e l'anti-capitalismo non può essere che un sinonimo di post-capitalismo, cioè di *socialismo*.

In una lettera a Engels, Marx ammette d'aver avuto dei *pregiudizi* nei confronti della questione contadina. Lo scrive dopo aver preso contatti col populismo russo. Come noto, i pregiudizi non dipendono sempre dalle insufficienti conoscenze. Marx mostra di averne nei confronti del mondo rurale sin dal suo esordio giornalistico nella "Rheinische Zeitung"

(1842-43). Molto interessanti sono le lettere spedite da Marx a Engels nel 1856 (29/02, 16/10, 30/10). Rilievi negativi nei confronti delle istituzioni comunitarie dei popoli slavi si trovano anche in *Per la critica dell'economia politica*, nei *Lineamenti...* e nello stesso *Capitale*.

Certamente il livello degli studi delle formazioni precapitalistiche era ai suoi tempi relativamente modesto, ma sia Marx che Engels conoscevano le opere di Hanssen, Meitzen, Maurer, Morgan, e comunque non era assente l'esperienza del lavoro agricolo pre-capitalistico.

Marx conosceva le comunità asiatiche (specie dell'India), le comunità di villaggio rumene, le comunità "comunistiche" del Perù pre-colombiano... Tuttavia, mentre scriveva il I libro del *Capitale*, egli non s'è mai interessato seriamente ai problemi dell'evoluzione dell'agricoltura medievale o della servitù della gleba. L'unica regione dell'Europa orientale citata nel *Capitale* è la Romania (vagamente i paesi danubiani).

È stato semmai Engels a interessarsi maggiormente del Medioevo dell'Europa occidentale (soprattutto della Germania). In una lettera a Engels del 14/03/1868, Marx mette a confronto alcune caratteristiche dell'*obščina* russa con la *marca* tedesca: questo indurrà Engels ad approfondire l'argomento della rivoluzione contadina dei tempi di Lutero e il tema dell'*Origine della famiglia, della proprietà e dello Stato*.

Marx cominciò a superare i suoi pregiudizi non solo quando ebbe una chiara visione della comune agricola russa (grazie alle opere di Černyševskij e di Kovalevskij), ma anche quando si rese conto che i populisti erano seriamente intenzionati a fare una sorta di "rivoluzione socialista" per impedire che il capitalismo distruggesse l'*obščina* definitivamente.

In una lettera a Kugelmann (17-02-1870), Marx difende esplicitamente l'*obščina* contro coloro che ritengono quest'ultima responsabile della miseria dei contadini.[15]

In quegli anni la posizione di Marx si può così riassumere:
1. è possibile salvaguardare l'*obščina* e compiere una rivoluzione socialista agraria solo se contemporaneamente esiste in Europa occidentale una rivoluzione proletaria, che aiuti la comune agricola a sopravvivere;
2. dal 1861 in poi in Russia, pur in presenza della liberazione dal servaggio, va emergendo la classe dei kulaki, che tende a privatizzare la terra: ciò senza dubbio favorirà la nascita del capitalismo.

---

[15] Cfr anche le lettere di Marx all'"Otecestvennje Zapiski" (novembre 1877), a Vera Zasulič (08-03-1881), di nuovo a Kugelmann (29-11-1869 e 27-06-1870) e a S. Meyer (21-01-1870).

Una questione bisognerebbe tuttavia chiarire: quando Michajlovskij sosteneva che, per come viene descritto nel *Capitale*, il processo di formazione del capitalismo pare debba valere come legge inevitabile della storia *qua talis* e che quindi non ci può essere rivoluzione socialista se prima non viene imposto il capitalismo su vasta scala - si tratta, questa, di una lettura sbagliata del *Capitale* o di una sua inevitabile interpretazione (conseguente a certe tesi marxiane)?

Marx si è difeso dicendo che intendeva riferirsi all'Inghilterra, ma lui stesso ha affermato d'aver scelto questo paese come "sede classica" dell'accumulazione capitalistica. Solo dopo aver preso contatti col populismo ha affermato di non aver voluto indicare una sorta di "filosofia della storia".

Qui tuttavia è impossibile discutere delle intenzioni di un grande economista quale fu Marx. Qui si vuole semplicemente discutere se *oggettivamente* talune sue tesi (o addirittura l'impostazione generale del *Capitale*) potevano portare alla conclusione che il capitalismo fosse una tappa fondamentale per la realizzazione del socialismo.

Che poi Marx abbia voluto fare autocritica solo in maniera indiretta, facendo concessioni, ammettendo alcune possibilità non previste... questo è un altro discorso.

Dal canto suo Marx non aveva dubbi nel considerare l'Europa occidentale (e l'Inghilterra in particolare) come l'area geografica più avanzata del mondo. Se a questo si unisce la sufficienza con cui Marx ha sempre guardato le formazioni economiche pre-capitalistiche, diventa una conseguenza inevitabile, anche se non esplicitamente ammessa, il ritenere che tutto lo sviluppo storico mondiale debba in qualche modo ripercorrere le fasi del capitalismo europeo.

Marx avrebbe fatto meglio ad ammettere che dopo essere venuto a contatto col populismo russo, cominciò a comprendere l'importanza delle società pre-capitalistiche (europee e non), e di averle colpevolmente trascurate nella stesura del *Capitale*, proprio a causa di un personale pregiudizio nei confronti del mondo rurale (riscontrabile esplicitamente persino nel *Manifesto* del 1848).

La conclusione cui vogliamo arrivare è in sostanza la seguente: se Marx avesse compreso meglio le formazioni precapitalistiche, probabilmente avrebbe cercato di approfondire di più, sul piano *culturale*, i motivi che storicamente portarono alla nascita del capitalismo. L'aver ricondotto l'analisi della nascita del capitalismo entro gli angusti limiti dell'*economia politica*, implicava già di per sé una posizione nettamente sfavorevole nei confronti delle società precapitalistiche, dove il ruolo culturale di questa scienza borghese era insussistente e dove le forze produttive erano indubbiamente limitate rispetto a quelle che si svilupperanno a seguito del macchinismo. Implicava inoltre la decisione di considerare il capitalismo come una formazione sociale *inevitabile*.

Marx ovviamente non fu così ingenuo dal pensare che il capitalismo sarebbe potuto nascere in qualunque epoca storica (inclusa quella greco-romana, dove i commerci erano molto sviluppati). Tuttavia egli era convinto di due cose:
1. che dal feudalesimo euroccidentale si sarebbe potuti uscire *solo* attraverso il capitalismo;
2. che un capitalismo europeo su scala mondiale avrebbe fatto entrare in un unico mercato internazionale anche quelle aree geografiche caratterizzate non solo dal feudalesimo ma anche da formazioni sociali pre-feudali.

Le varianti a queste tesi non sono emerse che dal rapporto coi populisti russi.

Marx non si è mai interessato delle lotte contadine anti-feudali. A suo dire l'inevitabilità del capitalismo dipendeva proprio dal fatto che si passava da una proprietà privata (quella dei piccoli agricoltori) a un'altra (quella dei capitalisti). In Russia, per realizzare il capitalismo, si doveva passare da una proprietà comune (l'*obščina*) a una privata (p.es. dei kulaki). Se questa seconda forma di transizione la si voleva considerare inevitabile, occorreva farla dipendere non dalle considerazioni (fatte nel *Capitale*) relative alla prima forma di transizione, ma da nuovi argomenti (vedi p.es. la lettera alla Zasulič).

Va detto tuttavia che neppure la prima forma di transizione avrebbe dovuto essere considerata inevitabile, non foss'altro perché anche in Europa occidentale sono esistite comunità di villaggio, proprietà comuni della terra ecc. Per Marx però le comunità di villaggio sono esistite solo nelle formazioni pre-feudali.

Gli ultimi 12 anni della vita di Marx andrebbero studiati come un capitolo a parte della sua vita. Questo periodo andrebbe intrecciato con quello coevo di Lenin, il quale, condizionato com'era da Plechanov, non riusciva ad afferrare l'importanza del populismo. Lenin, come tutti i marxisti russi, era convinto che il capitalismo sarebbe stato inevitabile in Russia e – questo però solo lui lo pensava – che ad esso si sarebbe potuta opporre un'efficace resistenza non tanto con la comune agricola quanto con la rivoluzione proletaria. Solo molto più tardi Lenin penserà di utilizzare le rivendicazioni contadine per la realizzazione del socialismo. Di Lenin bisogna leggere *Che cosa sono gli "Amici del popolo"* (1894).

Le domande cui bisognerebbe rispondere sono queste: se i marxisti russi si fossero alleati in tempo coi populisti, la rivoluzione bolscevica sarebbe scoppiata prima? sarebbe stata comunque dominata dagli intellettuali e dalle esigenze dell'industrializzazione? sarebbe stata ugualmente burocratica e statalistica, secondo la deformazione staliniana? ci sarebbe stata la collettivizzazione forzata delle campagne?

Se si considera l'*obščina* russa come una possibilità praticabile che l'Europa aveva d'impedire il sorgere del capitalismo, oggi, essendo essa scomparsa, si deve necessariamente credere che per tutta l'Europa non sarà mai più possibile alcuna transizione al socialismo? Ha senso sostenere che un'efficace lotta anti-capitalistica non avrebbe potuto essere patrimonio esclusivo dei soli populisti, senza un collegamento con quella condotta dagli operai industrializzati?

*

Il fatto che Marx non abbia mai afferrato bene il carattere *sociale* della produzione pre-capitalistica è dipeso, molto probabilmente, dai pregiudizi ch'egli ha sempre nutrito nei confronti della religione.

Se Marx avesse avuto come esempio pre-capitalistico una formazione sociale non individualistica ma collettivistica, come ad es. l'*obščina* russa, avrebbe ugualmente considerato come inevitabile la transizione dal feudalesimo al capitalismo? Gli ultimi suoi scritti dicono di no.

Ma anche supposta l'esistenza storica della proprietà privata libera e individuale, Marx era forse in diritto di considerarla come una "mediocrità" destinata ad essere superata dal capitalismo?

È curioso vedere come in Marx l'origine del capitalismo venga fatta risalire, a volte, al momento della "circolazione" del capitale, altre volte al momento della "separazione" dell'individuo dalla comunità, contestualmente alla rivoluzione tecnico-scientifica (in realtà anche nel servaggio e infinitamente di più nello schiavismo c'è "separazione", ma non si può certo parlare di "rivoluzione" tecnologica, poiché anche questa presuppone una rielaborazione culturale anti-cristiana).

Dice Marx: "La trasformazione di una somma di denaro in mezzi di produzione e in forza lavorativa è il primo movimento effettuato dalla quantità di valore che deve fungere da capitale. Esso si verifica sul mercato, nella sfera della circolazione" (*Il Capitale*, ed. Newton Compton, Roma 1976, I, p. 742).

Cioè l'esigenza o la necessità o l'inevitabilità di tale trasformazione qui non viene *spiegata* ma accettata come un dato di fatto. Il capitalismo, in un certo senso, si pone come un evento del destino: il tempo e il luogo, poste quelle premesse relative alla circolazione dei capitali, possono essere considerati casuali o comunque molto relativi.

Di fronte a sé Marx ha l'immagine di un individuo singolo, dedito al commercio di qualche bene di scambio che, ad un certo punto, decide di investire il proprio denaro nell'acquisto della forza-lavoro da impiegare in un'attività produttiva finalizzata all'accumulo di capitali.

A differenza degli economisti borghesi Marx capì perfettamente che la nascita del plusvalore (il cuore dello sfruttamento capitalistico) è strettamente connessa all'impiego di manodopera salariata, ma non riuscì a spiegare le ragioni *culturali* (*storiche*, se riferite a una classe sociale; *esistenziali*, se riferite a un individuo) che *ad un certo punto* portarono il mercante a trasformarsi in capitalista.

Infatti, finché si parla di "mercante" bisogna dare per scontato il primato dell'*agricoltura* (il commercio è solo un addentellato di un sistema di vita rurale); quando invece si parla di "capitalista" bisogna pensare al primato dell'*industria* (manifattura ecc.). Tuttavia non può essere l'industria che *di per sé* spiega la trasformazione del mercante in capitalista, poiché la presenza stessa di una manifattura implica già una *rivoluzione culturale*, il protagonista della quale non necessariamente è stato lo stesso mercante o la classe cui egli appartiene.

L'origine del capitalismo va cercata, come motivazione e quindi come elaborazione culturale, nei testi degli *intellettuali* (filosofi e soprattutto teologi) i quali, a loro volta, non potevano prevedere con chiarezza tutte le possibili conseguenze che avrebbero potuto determinare le loro teorie. Generalmente un intellettuale elabora delle idee allo scopo di migliorare la situazione sociale, culturale ecc. del periodo in cui vive, e ovviamente spera che le generazioni future vogliano continuare a utilizzare, con gli inevitabili correttivi, quelle stesse teorie. Ma nessun intellettuale è mai in grado di prevedere, sino in fondo, che determinate sue idee potranno essere soggette ad un uso opposto o non voluto rispetto a quello immaginato.

La nascita del capitalismo, tanto per fare un esempio, non può essere culturalmente fatta risalire, *stricto sensu*, alla riscoperta medievale dell'aristotelismo, eppure in quel periodo vennero poste le basi, senza volerlo e senza neppure saperlo, per il superamento del cattolicesimo romano (che avverrà 500 anni dopo con la riforma protestante) e anche per l'affermazione del *Cogito* cartesiano, che rappresenta la quintessenza della primordiale concezione di vita borghese.

Ponendosi sulla scia del progressivo distacco del mondo latino da quello greco-ortodosso, i teologi cattolici hanno contribuito, senza volerlo e senza neppure esserne consapevoli, al superamento della loro stessa ideologia. È stato il progressivo imporsi dell'arbitrio del singolo sul collettivo (che per quanto riguarda la chiesa romana si estrinsecò nel primato che si volle concedere al papato rispetto alle esigenze conciliari) che ad un certo punto (per progressive determinazioni quantitative) si arrivò a trasferire questo processo dalla sfera *politica* (la gerarchia cattolica insieme alla nobiltà feudale) a quella *sociale* vera e propria, in cui la nuova figura del borghese imprenditore risulterà decisiva per la diffusione mondiale del capitalismo.

Marx ha criticato nel *Capitale* l'ipocrisia dell'economia politica borghese, che finge di non riconoscere la differenza tra le due opposte proprietà: quella basata sul *proprio lavoro* e quella basata sul *lavoro altrui*. E ha dimostrato come dalla dissoluzione della prima sorge inevitabilmente la seconda, per quanto il capitalismo sia nato in opposizione non solo alla suddetta libera proprietà, ma anche alla proprietà feudale basata sul servaggio.

Marx in sostanza non ha capito che in Europa occidentale l'economia politica borghese si preoccupava di affermare che il capitalismo era una proprietà basata sul lavoro personale non perché voleva porsi in antitesi alla libera proprietà pre-capitalistica (ch'era cosa quantitativamente irrilevante), ma piuttosto perché voleva *illudere* il servo della gleba (figura dominante nel Medioevo) che, lottando contro il servaggio e accettando il capitalismo, avrebbe potuto diventare finalmente *libero*, in quanto vero proprietario di qualcosa. Il capitalismo cioè venne accettato come un miraggio che prometteva condizioni di vita migliori. Se nella transizione dal feudalesimo servile al capitalismo i contadini avessero potuto costatare solo gli aspetti negativi dell'industrializzazione, l'opposizione al capitalismo sarebbe stata certamente più forte.

Marx non ha compreso questo semplicemente perché non ha sufficientemente studiato l'*ideologia* con cui il capitalismo emergente cercava di superare il feudalesimo: questa ideologia ha le sue radici nel protestantesimo, anzi, ancor prima, nella riscoperta dell'aristotelismo avvenuta in ambito cattolico.

La nascita storica del protestantesimo non è avvenuta, ovviamente, con Lutero, ma intorno al Mille, cioè nel momento in cui si è verificato il passaggio dall'alto Medioevo (ideologicamente caratterizzato, in Europa occidentale, dall'agostinismo) al basso Medioevo (ideologicamente caratterizzato dal tomismo). Il tomismo rappresenta, grazie alla riscoperta dell'aristotelismo, il superamento ideologico dell'agostinismo in un ambito ancora dominato politicamente dal cattolicesimo. È stato il tomismo che indirettamente ha portato al protestantesimo.

Il primo Paese di religione "protestante" è dunque stato l'Italia, che a partire dal Mille e fino alla scoperta dell'America, ha conosciuto una rivoluzione *culturale* (non politica), ineguagliata nel resto d'Europa.

La Germania, in questo senso, non fece che portare a compimento, sul piano dell'ideologia religiosa, un processo iniziato nelle università e nei Comuni italiani e fra i primi movimenti ereticali: un processo che aveva trovato in Francia, Inghilterra, Olanda, Cecoslovacchia... un felice seguito. Non dobbiamo dimenticare che la Germania, nell'Europa occidentale, ha sempre rappresentato il massimo dell'idealismo possibile.

Con Lutero si è avuta la migliore formulazione teologica del protestantesimo basso medievale, la sua definitiva sanzione giuridica. Nella Riforma, in effetti, sono confluite tutte quelle correnti borghesi, tutti quei movimenti ereticali che si erano succeduti per almeno mezzo millennio, prima della nascita di Lutero.

Tuttavia la rivoluzione *politica* borghese non avverrà anzitutto in Germania, ma in Olanda, Inghilterra e Francia. Cioè la Germania, pur riuscendo a fare sul terreno sociale e ideologico ciò che l'Italia non era riuscita a fare (se non in ambiti meramente intellettuali), non ebbe poi la forza di compiere il passo successivo, probabilmente perché riteneva sufficiente all'emancipazione del lavoratore un'acquisizione interiore della libertà, una liberazione della coscienza.

Come mai allora la Germania, che pur ai tempi di Lutero era prevalentemente protestante, benché territorialmente divisa, dovette aspettare alcuni secoli prima di diventare una grande potenza industriale e capitalistica? Il motivo è che in Germania la riforma protestante fu una rivoluzione tradita dallo stesso fondatore, che invece di allearsi con la classe borghese si alleò con quella latifondista contro le masse contadine in rivolta. Lutero si accontentò di due cose: 1) aver spezzato l'egemonia *politica* del cattolicesimo-romano; 2) aver posto le basi *culturali* per un rinnovamento del pensiero teologico.

Il vero artefice della rivoluzione culturale borghese, colui che decisamente unì il protestantesimo all'attività economica borghese fu Calvino, che non a caso riuscì a trovare ampi consensi in Svizzera, Olanda, Francia, Inghilterra e soprattutto Stati Uniti. La Germania dovrà scatenare due guerre mondiali per recuperare il tempo perduto.

Che l'ideologia protestantizzante fosse profondamente penetrata nella società occidentale, ancor prima della Riforma, è documentato anche dal fatto che nelle colonie i lavoratori salariati, là immigrati per emanciparsi, non si lasciarono mai sfuggire l'occasione di diventare dei capitalisti (cioè degli sfruttatori del lavoro degli indigeni locali). Nelle colonie l'espropriazione è potuta avvenire usando metodi più brutali, appunto perché non c'era necessità di giustificarla attraverso lo strumento dell'ideologia religiosa (o almeno questa necessità non era così sentita come in Occidente).

Il riferimento alla religione per comprendere la transizione dal feudalesimo al capitalismo non va inteso, ovviamente, che in senso *culturale*, al fine d'individuare le mentalità, gli atteggiamenti psicologici, gli usi e i costumi etici che possono aver influenzato determinate scelte economiche o comportamenti sociali. La religione non ha solo cercato di adeguarsi a una prassi sociale in evoluzione, ma ha pure condizionato l'evolversi di questa stessa prassi.

*

Marx ha esaminato la *forzata* separazione del lavoratore dai suoi mezzi produttivi; oggi bisogna esaminare la *volontaria* separazione del borghese dalla comunità cristiana, perché questa separazione precede l'altra e sul piano culturale la spiega. E spiega anche il motivo per cui il capitalismo sia potuto nascere in Europa occidentale e perché proprio nel XVI sec., cioè contestualmente alla riforma protestante.

Qui non interessano le motivazioni personali, psicologiche, quelle descrizioni individuali alla Pirenne, col suo san Godric di Finchale, fatto passare per archetipo del mercante medievale, a meno che non vengano prese come mere esemplificazioni di un discorso più generale. Qui piuttosto interessano le *linee teoriche fondamentali* che possono aver indotto ad assumere determinati comportamenti.

Nell'esaminare la teoria (teologia, filosofia, diritto...) c'interessano non tanto le diatribe interne alle correnti teologiche, filosofiche ecc., poiché i termini dei problemi non sono più attuali o, se ancora lo sono, ad essi oggi diamo delle risposte che allora neanche supponevano, quanto piuttosto c'interessano i *possibili nessi tra determinate posizioni culturali e gli sviluppi della formazione capitalistica*; quest'ultima può essere coeva a quelle posizioni, ma di regola è quasi sempre successiva, avendo gli uomini bisogno di metabolizzare le innovazioni del pensiero.

Qui non dobbiamo dimenticarci che abbiamo sempre a che fare con profonde e subdole mistificazioni, in quanto raramente gli intellettuali potevano esprimersi in libertà, raramente quindi dicevano tutto quello che pensavano. Marx riuscì a individuare le mistificazione nell'economia politica classica, ma oggi dobbiamo trovarle nella teologia cattolica, protestante e nella stessa filosofia borghese che diede inizio al capitalismo.

Si badi: qui non si tratta di dimostrare che lo spirito borghese è falso in quanto là dove predica l'umanesimo laico e la democrazia politica, di fatto impone l'ineguaglianza sociale; tale dualismo o doppiezza di metodo è ben noto alla storiografia marxista. Qui si tratta di dimostrare che le origini dello spirito borghese vanno cercare nelle origini dello spirito individualistico, anti-comunitario, che risalgono agli albori della separazione tra la chiesa romana e la chiesa ortodossa (e all'interno di quest'ultima tra il cristianesimo predicato dal Cristo e quello predicato dagli apostoli).

La chiesa romana impose l'individualismo sul piano politico-istituzionale, facendo del papa un soggetto superiore all'istanza comunitaria chiamata "concilio". La chiesa protestante non fece che estendere questo stesso principio sul terreno *sociale*, trasformando il mercante (sempre esistito) in un individuo borghese superiore e al pontefice e alla tradizionale comunità cristiana, un individuo che pur lascia sopravvivere la religione come strumento di consolazione e nel contempo di soggezione delle classi oppresse.

Esiste quindi una *linea di continuità* che attraversa i cosiddetti "momenti di rottura". Sotto questo aspetto non ha più senso vedere il protestantesimo in antitesi al cattolicesimo-romano (se vogliamo riprendere i lavori di Grothuysen dobbiamo farlo con questa consapevolezza, altrimenti non si esce dall'*impasse*).

La stessa esperienza del "socialismo reale" va inserita in questa medesima linea, almeno a partire dallo stalinismo e dal maoismo. Il "socialismo reale" non è stato altro che una sorta di cattolicesimo-romano in veste ateistica, nel senso che il primato concesso alla politica rispetto all'economia è stato gestito con criteri di tipo assolutistico. Oggi il superamento del "socialismo reale" (se si esclude la parentesi democratica della *perestrojka*) continua a porsi sulla scia dell'individualismo, in quanto l'attuale primato concesso all'economia risente di forti condizionamenti borghesi.

Le possibili transizioni al socialismo

Da tempo andiamo ribadendo che sia in Marx sia in Engels vi fu un pregiudizio di fondo nei confronti della classe contadina, ritenuta socialmente piccolo-borghese e culturalmente molto arretrata, facilmente strumentalizzabile dal potere clericale, e quindi incapace di compiere una vera rivoluzione proletaria. Se avessero evitato tale pregiudizio non solo avrebbero creduto possibile l'alleanza operaio-contadina contro il capitalismo, ma avrebbe anche evitato di considerare come "automatica" la formazione, nella classe operaia, della coscienza rivoluzionaria in virtù dello stesso sviluppo capitalistico.

Marx non riuscì a intuire - a differenza di Lenin - che proprio lo sfruttamento dei contadini (ivi inclusi quelli delle colonie) avrebbe permesso ai capitalisti d'influenzare in modo borghese la coscienza operaia, impedendole di diventare rivoluzionaria.

Paradossalmente proprio il *Capitale* permette, senza volerlo, al capitalismo di sopravvivere grazie allo sfruttamento dei contadini, prima che le proprie contraddizioni interne giungano a piena maturità. Lenin invece ha dimostrato che non occorre aspettare il parto naturale della negazione del capitale: con la rivoluzione politica di operai e contadini lo si può affrettare.

Marx ed Engels non hanno mai creduto nella possibilità che in Europa orientale si potesse sviluppare una rivoluzione socialista prima che nella parte occidentale, ovvero che, anche avvenendo prima in Europa orientale, essa potesse sopravvivere senza l'aiuto di una rivoluzione socialista nella parte occidentale (questa tesi verrà ripresa da Trotsky[16]).

Il loro torto stava:
1. nel considerare il capitalismo come una formazione sociale superiore sotto tutti i punti di vista a qualunque altra formazione sociale non socialista;
2. nel non considerare che se il capitalismo era davvero una formazione sociale superiore, lo era anche nella capacità d'influire in modo borghese sulla coscienza degli operai;
3. nel considerare gli operai, appunto perché "operai", politicamente più maturi di qualunque altra classe sociale;
4. nel non considerare che la lotta politica anti-capitalistica dev'essere condotta non solo nei momenti di particolare crisi, ma anche nella quotidianità dei rapporti sociali, in modo globale, cioè investendo tutte le contraddizioni del capitalismo, non solo quelle

---

[16] Quando i comunisti sovietici si resero conto che, nonostante i grandi progressi industriali, non vi era in Europa occidentale alcuna possibilità di una rivoluzione socialista analoga a quella bolscevica, si smise presto di credere necessaria una contestuale rivoluzione proletaria in Europa, al fine di assicurare la sopravvivenza di quella avvenuta in Russia, e Trotsky praticamente fu l'unico a ribadire la tesi della "rivoluzione permanente". Oggi il crollo del cosiddetto "socialismo reale" non ha dimostrato la fondatezza della tesi di Trotsky, ma soltanto che non può esistere alcun socialismo democratico quand'esso è gestito da uno Stato centralizzato, e che lo Stato dovesse centralizzare l'economia, anche Trotsky non l'aveva mai messo in dubbio. Semmai criticava il "centralismo democratico" presente nel partito. Non ha alcun senso sostenere che in Urss non vi è mai stato il socialismo, in quanto il trotskismo non passò come linea politica. Trotsky fu eliminato prima di Bucharin, proprio perché al tempo di Trotsky ancora non era definitivamente chiaro che i costi dell'industrializzazione avrebbero dovuto essere totalmente pagati dai contadini. L'opposizione di Bucharin a un'idea del genere era ancora piuttosto forte.

economiche e politiche.

Fu il populismo russo che obbligò Marx ed Engels a rendersi conto dell'importanza dell'*obščina* (comune agricola), cioè della gestione collettiva e non individuale della terra. Engels, da allora, iniziò a rivalutare anche la "marca" tedesca, ed entrambi - grazie alle opere di G. von Maurer, che dimostrò l'esistenza della comune rurale tedesca e di L. Morgan, che dimostrò l'esistenza del comunismo primitivo - cominciarono a ripensare le formazioni sociali pre-capitalistiche.

Tuttavia né Marx né Engels arrivarono mai a credere che le masse contadine russe, unite agli operai, avrebbero fatto la rivoluzione socialista prima che in Europa occidentale o senza una contemporanea rivoluzione in occidente. Al massimo Engels arrivò ad accettare l'idea di una "cospirazione blanquista".

Engels, nel migliore dei casi, era convinto che senza l'aiuto della rivoluzione socialista occidentale, l'*obščina* si sarebbe disintegrata dall'interno, dando il via allo sviluppo capitalistico. Nel peggiore dei casi riteneva l'*obščina* già dissolta o comunque uno strumento utile solo all'autocrazia zarista.

Marx ed Engels non si rendevano conto che se per quanto riguardava l'*istanza di liberazione* il proletariato occidentale poteva sentirsi più intenzionato a volere la rivoluzione, poiché da tempo sperimentava il peso delle contraddizioni antagonistiche (sebbene tale peso fosse sempre più alleviato dal colonialismo), per quanto invece riguardava la *memoria di liberazione* che nell'Europa orientale si voleva conservare contro il capitalismo emergente, i contadini e gli ex-contadini divenuti operai si sentivano molto più rivoluzionari del proletariato occidentale.

Marx ed Engels non escludevano il passaggio dall'*obščina* al socialismo: escludevano che tale passaggio potesse avvenire *prima* della rivoluzione socialista occidentale. Ancora non potevano immaginare che proprio con il colonialismo, il capitalismo avrebbe potuto tenere alti i salari degli operai delle metropoli corrompendo la loro coscienza rivoluzionaria.

Abituati a convivere con l'individualismo delle formazioni sociali occidentali, Marx ed Engels si sentivano indotti ad ammettere che il capitalismo dovesse avere anche in Europa orientale il suo corso naturale, inevitabile. Siccome in Europa occidentale non ci fu modo di contrastarlo efficacemente, essi pensavano che la medesima difficoltà avrebbe dovuto esserci anche in Europa orientale, all'interno della quale - essi dicevano - le contraddizioni sarebbero state ancora più pesanti, poiché il capitalismo vi si sarebbe imposto già nella sua fase più matura, quella monopolistica. In altre parole, l'industrializzazione, per Marx ed Engels, non poteva essere che capitalistica. Tale loro fatalismo storicistico rispecchiava la cultura tedesca, protestante e idealistica.

Sarà il leninismo a dimostrare che le possibilità del socialismo erano migliori non nei Paesi altamente sviluppati dell'occidente, ma in quel Paese dove le contraddizioni create dal capitalismo si scontravano con una forte coscienza di classe.

La differenza tra marxismo e leninismo qui è rilevante. Il marxismo riteneva possibile la rivoluzione solo quando il capitalismo avesse *esaurito* tutte le proprie potenzialità. Il leninismo invece la riteneva possibile nella misura in cui le contraddizioni antagonistiche risultavano *insopportabili* alla coscienza rivoluzionaria. Il primo a credere nella possibilità di una transizione dall'*obščina* al socialismo non fu però Lenin ma Černyševskij.

Bisogna qui tuttavia precisare, contro le idee populistiche, che l'*obščina* non avrebbe mai vinto contro il capitalismo se non ci fosse stata la rivoluzione d'Ottobre. L'*obščina* infatti non rappresentava l'unica formazione sociale della Russia pre-capitalistica. L'altra era il servaggio, che, per quanto abolito giuridicamente, restava sempre in vigore sul piano sociale. Marx questo l'aveva capito perfettamente. Nella contraddizione tra servaggio e *obščina* si era insinuato il capitalismo, il quale, senza rivoluzione socialista, avrebbe sicuramente avuto la meglio sull'*obščina*. Purtroppo però se l'*obščina* sopravvisse grazie all'Ottobre, venne sistematicamente distrutta dallo stalinismo.

*

Oggi, qualunque partito socialista o comunista o socialdemocratico europeo vada al potere in Europa occidentale, è costretto a fare gli interessi del capitale, quindi la stessa conquista del potere politico è diventata irrilevante, senza una trasformazione radicale dei rapporti produttivi.

La domanda che ci si pone è dunque la seguente: com'è possibile compiere una rivoluzione economica ora che tutto il mondo è inglobato nel mercato capitalistico? Si può compiere una vera transizione al socialismo restando all'interno di questo mercato? Cioè si può sviluppare un mercato *interno* (nazionale) di tipo socialista accettando l'idea di dover convivere con un mercato *esterno* (di altre nazioni) di tipo capitalista?

Se esistesse una società socialista, che cosa si venderebbe sul proprio mercato nazionale e su quelli internazionali, visto che nel socialismo si dovrebbe anzitutto produrre per soddisfare bisogni e non per accumulare profitti? Ciò che più conta infatti per il socialismo è l'uguaglianza delle condizioni o comunque il diritto per tutti ad avere quanto occorre per essere soddisfatti come persone. Dunque si venderebbe solo il surplus? esattamente come nel Medioevo e in tutte le società pre-capitalistiche?

Se anche oggi, con una rivoluzione politica (locale, regionale, non nazionale) il proletariato di un determinato territorio riuscisse a espropriare i capitalisti della proprietà dei mezzi produttivi e fosse così forte da contrastare il peso di una resistenza armata dei suddetti capitalisti, cioè se avesse la forza, la capacità di gestire autonomamente i mezzi e gli strumenti produttivi che in precedenza usava in qualità di "operaio salariato" - che possibilità avrebbe questo proletariato di autogestirsi come "lavoratore libero" all'interno di un mercato globale, dominato dalle leggi dell'imperialismo? A quale livello di determinazione geografica è oggi possibile che avvenga un superamento del capitalismo nell'Europa occidentale? In che misura sarebbe possibile una riconversione industriale indirizzata verso il soddisfacimento dei bisogni vitali della popolazione?

Non dobbiamo infatti dimenticare che oggi le merci vengono prodotte non per i *bisogni* (direttamente), ma per il *mercato*, al fine di ottenere *profitti*: la soddisfazione dei bisogni è effetto secondario e quasi incidentale, poiché molte delle merci vengono vendute senza soddisfare dei bisogni veri e propri (si pensi p.es. alla moda), o comunque vengono vendute per soddisfare bisogni non vitali ma indotti, prodotti artificiosamente dai mass-media. Senza parlare del fatto che il capitale approfitta dei bisogni primari (p.es. l'alimentazione) per produrre, a basso prezzo, cose nocive alla salute.

Da tempo siamo abituati a questo trend. Dunque forse la prima cosa da fare sarebbe quella di continuare a vendere le merci tradizionali, pensando però nello stesso tempo a come riconvertire il capitale costante in direzione del soddisfacimento dei bisogni primari, riscontrabili a livello locale o regionale, i cui principali soggetti sono gli stessi lavoratori e le loro famiglie. Occorre che sulla base di tali bisogni la produzione si *autonomizzi* il più possibile, sottraendosi alla tipica dipendenza dal mercato che si verifica sotto il capitalismo.

È fuor di dubbio che non si arriverà mai a una soluzione del genere se prima non si saranno sperimentati gli effetti più negativi dello sviluppo capitalistico (già oggi i salari permettono una semplice riproduzione della forza-lavoro: è sufficiente una crisi petrolifera o un crack borsistico o una forte spinta inflazionistica per mettere i lavoratori nel panico). Bisogna rieducarsi a valori oggi scomparsi: l'autoconsumo, il risparmio delle risorse, il riciclo delle scorie, la compatibilità ambientale...

Le occasioni storiche di una transizione al socialismo sono andate tutte perdute, e questo ha fatto sì che i condizionamenti borghesi si siano spaventosamente accentuati. Oggi nei paesi del capitalismo avanzato è impensabile una transizione spontanea al socialismo, e forse non è neppure ipotizzabile una soluzione geograficamente limitata che non parta dalla consapevolezza critica delle masse popolari. Cioè non ha senso ipotizzare una soluzione in cui il ruolo guida venga svolto da intellettuali di tipo giacobino. Soluzioni di questo genere (o come quelle del socialismo utopistico) potevano andar bene agli albori del capitalismo, quando esisteva ancora la memoria d'un passato pre-capitalistico da salvaguardare. Tutto ciò oggi non esiste più.

La rivoluzione comunista è avvenuta in Russia perché questo paese era l'anello debole del capitalismo mondiale. Oggi esiste un anello debole? Noi viviamo dominati da un mercato imperialistico: possiamo pensare a forme *autarchiche* di produzione e consumo? Forse sì, ma a condizione di essere assolutamente sicuri di poter produrre quanto effettivamente ci occorre e soprattutto di avere le forze sufficienti per rieducare la popolazione.

Oggi l'anello debole del capitalismo e, se si vuole, tutto il Terzo Mondo, che è stato coinvolto di prepotenza nel mercato mondiale. Quest'area deve avere in sé la forza, anche intellettuale, di emanciparsi e di stabilire con l'occidente un rapporto alla pari, dove gli scambi abbiano la possibilità di essere equi. Ma che cos'è più importante per i paesi del Terzo Mondo: la possibilità di iniziare una rivoluzione industriale in piena autonomia (così come fecero i paesi europei 500 anni fa) oppure la possibilità di scegliere autonomamente il proprio sviluppo? Il problema infatti non è tanto quello di sapere come arrivare alle stesse conquiste dei paesi tecnologicamente o industrialmente più avanzati, quanto quello di sapere come poter ottenere un'*autonomia economica* che funga da base per una scelta non obbligata del proprio futuro.

La cosa infatti che i teorici del marxismo-leninismo non comprendono è il motivo per cui si debba necessariamente passare, per giungere al socialismo, attraverso una rivoluzione industriale o comunque tecnico-scientifica più o meno analoga a quella che in occidente ha portato o ha accompagnato la nascita e lo sviluppo del capitalismo. L'unica plausibile ragione di questa "necessità" può essere quella che vede nella debolezza militare di un'esperienza socialista un rischio gravissimo per la sua futura sopravvivenza, in quanto la minaccia di una distruzione da parte del capitalismo sarebbe troppo forte per poterla sottovalutare.

Dobbiamo però chiederci se questo sia davvero un prezzo che il socialismo deve pagare. Cioè se sia davvero indispensabile puntare sulla tecnologia per avere un efficiente apparato militare difensivo, oppure se si possa ipotizzare l'idea che una società basata su principi collettivistici in maniera consapevole non ha bisogno di un'elevata tecnologia militare per potersi difendere.

In altre parole: i sistemi pre-capitalistici hanno perso il confronto bellico col capitalismo perché non erano sufficientemente *armati* o perché non erano sufficientemente *coesi*? Non dimentichiamo che sulla sua strada il capitalismo ha spesso incontrato civiltà in decadenza (come p.es. quelle pre-colombiane) e formazioni tribali divise tra loro (come quelle indiane nord-americane, che non a caso riuscirono ad avere la meglio sui coloni e sui loro eserciti solo quando scelsero l'unità). Là dove gli europei o gli statunitensi hanno trovato popolazioni relativamente unite, anche se scarsamente dotate di mezzi tecnici (India, Vietnam...), lì non c'è stato modo di realizzare un'occupazione militare.

Se così dunque stanno le cose, per quale ragione non si dovrebbe autorizzare una determinata popolazione a cercare strade *autonome* verso la realizzazione del socialismo, prescindendo dalle dinamiche occidentali dell'accumulazione originaria e del conseguente sviluppo? In Cina lo sviluppo capitalistico è controllato a livello politico. Cioè esiste, sulla base di un certo opportunismo teorico, una parvenza di socialismo sul piano politico e una progressiva industrializzazione analoga a quella capitalistica.

Anche quando non vi è un pericolo di crollo dovuto a fattori endogeni (p.es. una caduta vertiginosa del saggio di profitto), se il capitalismo non riesce a garantire un livello minimo di sussistenza per la maggioranza della popolazione, questa dovrebbe tendere a non resistere alle forze esterne che minacciano l'esistenza dello stesso capitalismo. Esattamente come nella tarda epoca romana la plebe vedeva nei cosiddetti "barbari" dei *liberatori*.

Questo in sostanza sta a significare che se il capitalismo, in teoria, è in grado di perpetuarsi all'infinito, di fatto esso deve assolutamente garantire un minimo vitale di sussistenza alla grande maggioranza della popolazione, se non vuole che questa assuma un atteggiamento di rassegnazione nei confronti delle nazioni o civiltà che premono ai confini e che si presentano come culturalmente o tecnologicamente meno avanzate (almeno rispetto ai canoni cui si era abituati in occidente). La Grecia fiorente fu invasa dai Dori arretrati; la Russia dai Mongoli; Bisanzio dai Turchi.

Valorizzare il pre-capitalismo

Marx ha sempre ritenuto che le forme comunitarie del modo di produzione asiatico sono state le più tenaci nell'opporsi allo sviluppo del capitalismo, e non in virtù di aspetti positivi, ma proprio a causa del fatto che l'individuo veniva praticamente sacrificato sull'altare dell'interesse collettivo, che a sua volta era imposto o tenuto entro certi limiti dal potere autocratico. Queste forme hanno potuto opporsi al capitalismo quando questo era allo stato embrionale; in seguito però, non avendo mutato fisionomia, sono state destinate a soccombere.

In effetti, laddove è avvenuto il mutamento, questo è dipeso dall'acquisizione di alcuni elementi dell'ideologia occidentale (liberale o marxista), adattati successivamente alle esigenze di quelle comunità. Il maoismo e il gandhismo hanno potuto superare il colonialismo europeo (e anche nipponico, nel caso cinese) appunto perché avevano saputo trasformare l'ideologia borghese secondo gli interessi della lotta di liberazione nazionale (in Cina anche secondo gli interessi dell'edificazione del socialismo).[17]

Dunque, il mancato processo d'individualizzazione dell'uomo non è dipeso da una superiorità del modo di produzione asiatico, ma piuttosto da una sua inferiorità, la cui causa Marx non ha mai pensato di attribuire alla cultura religiosa dell'indo-buddismo. Se l'avesse fatto avrebbe capito perché sotto l'influsso del cristianesimo ortodosso quello stesso modo è stato trasformato in Russia nella comune agricola, che ha resistito sino agli inizi di questo secolo.

L'Europa occidentale ha spezzato le forme comunitarie di vita con l'introduzione dell'ideologia schiavista. Nell'alto Medioevo cercò di recuperarle in nome del cristianesimo, ma poi, proprio in nome di un modo sbagliato di vivere questa ideologia religiosa, essa ha riaffermato l'individualismo in tutti i Paesi di religione cattolica e soprattutto protestante.

Marx inoltre ha dato per scontato il fatto che le forme della comunità originaria, primitiva, si siano conservate, sostanzialmente, nelle forme asiatiche, ove gli individui sono elementi puramente naturali della comunità. In realtà, non è affatto dimostrato che le forme asiatiche siano l'unico rispecchiamento delle forme comunitarie primitive. Se così fosse non si spiegherebbe la ragione per cui in Asia quelle forme non si siano evolute, mentre in Europa sì. Peraltro, il concetto stesso di potere autocratico, che ha sempre caratterizzato le forme asiatiche, esclude di per sé ch'esse abbiano conservato tracce significative della comunità primitiva.

---

[17] Caratteristica della Cina, tuttavia, è, a tutt'oggi, l'eclettismo ideologico da un lato e il socialismo autoritario dall'altro. Il primo aspetto ha permesso, prima di ogni altro paese socialista, l'introduzione di elementi dell'economia capitalistica.

Per "cultura" non si devono intendere tanto le cognizioni tecnico-scientifiche, quanto la capacità di usarle per distruggere una tradizione comunitaria che si ritiene superata. Almeno storicamente è stato così. A tale scopo occorre che l'individuo abbia piena fiducia nelle proprie risorse e si consideri assolutamente in opposizione agli interessi della collettività. Si prenda come es. il fatto che la civiltà cinese raggiunse il suo massimo splendore nei secoli XII-XIII; eppure lo sviluppo del suo potenziale tecnico-scientifico non riuscì a spezzare l'involucro della struttura sociale burocratico-agraria, e i rapporti di tipo "asiatico" sopravvissero ancora per secoli, finché vennero a contatto con il colonialismo occidentale.

*

Marx ha affermato che nelle comunità asiatiche primitive, nelle forme greco-romane e germaniche, non ci poteva essere uno sviluppo libero e completo dell'individuo o della società, poiché la "compiutezza", la "soddisfazione" era concepita nell'ambito di uno sviluppo limitato, mentre caratteristica fondamentale del mondo moderno è l'*illimitatezza*. Qui Marx non ha fatto che applicare al passato un pregiudizio formulato nel suo presente. Egli cioè ha rifiutato di considerare libero uno sviluppo "limitato", cioè posto entro rigorosi limiti.

Marx, in sostanza, non ha voluto accettare l'idea di considerare il passaggio dalla proprietà collettiva primitiva a quella privata antagonistica, come il frutto di *una scelta soggettiva dettata da un modo arbitrario d'interpretare il senso della proprietà collettiva*. Secondo lui il passaggio era determinato da una *necessità oggettiva*, dettata da *contraddizioni naturali*, interne a quelle stesse forme primitive d'esistenza. Nel senso cioè che l'uomo avrebbe dovuto superare il collettivismo primitivo appunto per sentirsi "uomo" e non mero prodotto della "natura".

Questo modo di vedere le cose è tipicamente occidentale. Il senso di "umanità" viene considerato un attributo specifico del senso di "individualità". Là dove il soggetto non emerge, col suo bisogno di distinguersi dalla massa, lì - si dice - esistono non rapporti "sociali" ma "naturali". I veri rapporti sociali sono quelli che l'individuo libero si dà da sé, non quelli che riceve dalle generazioni precedenti.

La libertà quindi per Marx non sta nell'accettare la tradizione modificandola negli aspetti che richiedono innovazione, ma sta nel superare ogni tradizione per poter essere veramente innovativi. L'individuo libero è un titano che con decisione combatte contro una massa informe e senza personalità. Da qui al disprezzo della vita contadina il passo è breve.

In altre parole, all'associazione, libera dal dominio del più forte ma sottoposta alle leggi di natura, Marx preferiva un'associazione libera e in grado di dominare la natura: ecco perché egli ha considerato necessario, inevitabile, la disgregazione della comunità primitiva.

Oggi il marxismo deve rimettere in discussione il principio che vede affermata la libertà dell'uomo nel dominio sulla natura. Ciò che è inevitabile, in realtà, è proprio una sorta di dipendenza nei confronti della natura. *La libertà umana è possibile solo entro i limiti imposti dalla natura.* Non a caso l'individualismo ha cercato in un rapporto di dominio con la natura quella compensazione al vuoto che gli aveva procurato la rottura dei rapporti sociali comunitari. Il dominio dell'uomo sulla natura, attraverso il macchinismo, riflette l'alienazione dell'individualismo. Il sociale dunque non può essere contrapposto al naturale.

Lo "sviluppo" delle forze produttive non può essere considerato legittimo se avviene solo a condizione di distruggere la comunità naturale. Non c'è sviluppo ma involuzione se l'uomo perde il rapporto sociale che dà senso alla sua esistenza. Anche perché l'iniziativa indipendente dell'uomo singolo che si stacca dalla comunità, può essere considerata "libera" solo nel senso negativo che si è "liberata" da una dipendenza collettiva. Ma in un senso positivo questa libertà è falsa poiché, per sussistere, essa ha immediatamente bisogno della schiavitù altrui. Questo aspetto il marxismo non l'ha mai sottolineato a sufficienza, poiché, nel tentativo di dimostrare la superiorità della formazione capitalistica su tutte le altre formazioni e quindi la superiorità del proletariato industriale su qualunque altra classe oppressa, esso ha sempre cercato di far vedere che il capitalismo è nato grazie allo sforzo e all'iniziativa di individui privati indipendenti.

È sul concetto di "indipendenza" che bisogna discutere. La vera libertà esiste solo in un *collettivo democratico*; se da questo collettivo ci si emancipa, la propria personale indipendenza viene subito pagata dalla schiavitù o servitù altrui. (Nel racconto biblico del peccato d'origine la prima schiavitù che s'è imposta, dopo la rottura dei rapporti comunitari, è stata quella della donna nei confronti dell'uomo).

L'emancipazione del singolo può trovare una qualche giustificazione se il collettivo non è libero e democratico, ma anche in questo caso bisogna ribadire il valore dei rapporti collettivi: il singolo resta un'astrazione sociale, se si pone al di fuori di ogni contesto. Se l'individuo, traendo pretesto dalla crisi del collettivo, si afferma soltanto come singolo, la sua emancipazione non farà che aggravare la crisi del collettivo e non sarà, in ultima istanza, una garanzia di sopravvivenza neppure per la nuova individualità affermata. Il singolo, senza comunità, è in grado di sussistere solo a condizione di poter sfruttare il lavoro altrui.

Valore d'uso e di scambio

Tra i limiti fondamentali delle comunità primitive e pre-capitalistiche, Marx annovera quello d'essere impostate unicamente sul *valore d'uso*, al punto che dal momento in cui vengono a contatto col valore di scambio, inizia la loro lenta disgregazione. Naturalmente a condizione che lo scambio penetri nella comunità e non resti solo un'attività tra diverse comunità. Dallo scambio infatti si svilupperà la divisione del lavoro, la proprietà privata e l'antagonismo delle classi.

Questo modo di vedere le cose è di tipo deterministico o positivistico. Marx cioè esclude la possibilità che valore d'uso e valore di scambio possano coesistere: la presenza dell'uno esclude necessariamente quella dell'altro.

In realtà, lo scambio di per sé non uccide alcuna comunità, neppure quando è penetrato all'interno della stessa comunità. Certo è che il primato va concesso al valore d'uso, poiché è solo il significato dell'*uso* che può dare il giusto valore allo *scambio*. Se chi pratica lo scambio si arricchisce a spese della comunità, le ragioni per cui lo fa sono due: o il valore d'uso della comunità è già entrato in crisi e un suo ripristino per via autoritaria è ovviamente impossibile, poiché qui solo la comunità, nella sua interezza, può decidere come regolarsi; oppure l'individuo ha compiuto un atto arbitrario, che la comunità, consapevole dell'importanza del valore d'uso, ha il diritto-dovere di contrastare. In questo caso o l'individuo si riadegua liberamente alle leggi comunitarie, oppure deve abbandonare la comunità.

Sia come sia la comunità deve saper cogliere questo fatto come un'occasione per riflettere su se stessa, poiché se l'individuo ha cominciato a usare lo scambio per sottomettere il valore d'uso, significa che all'interno della comunità esistono delle contraddizioni che spingono in questa direzione e che se non vengono risolte in tempo, possono svilupparsi e fossilizzarsi, al punto che la dissoluzione della comunità apparirà non come una disgrazia ma come una liberazione.

Il valore d'uso può essere determinato solo dalla comunità nella sua interezza. Se la comunità agisce all'unisono, il valore di scambio non agirà mai in maniera distruttiva. Allorché accade questo, le ragioni vanno cercate non tanto nell'arbitrio del singolo, quanto piuttosto nella crisi dei rapporti sociali. Se il significato originario di questi rapporti viene recuperato dall'intera comunità (locale) e rafforzato dalla consapevolezza della loro importanza e dal timore di poterli perdere, allora il desiderio di concedere il primato al valore di scambio rientrerà in modo naturale. I frutti del commercio continueranno ad appartenere all'intera comunità, la quale ovviamente premierà ogni rischio individuale.

Il segno che il valore di scambio tende a prevalere sul valore d'uso è la comparsa del *denaro*. È il denaro che permette un arricchimento individuale illimitato, per quanto uno possa arricchirsi anche in una società ove esso non esista affatto, servendosi semplicemente del proprio potere politico. Ma anche una società del genere non potrebbe certo dirsi comunitaria. Quando la comunità arriva a considerare il denaro o il potere politico come fonti di arricchimento illimitato, ciò significa che la comunità, da tempo, non esiste più.

In sostanza, la crisi del valore d'uso dipende dalla crisi del *valore* in generale. È dunque una questione *culturale* e *sociale*, prima ancora che economica o politica.

La transizione dal feudalesimo al capitalismo

Marx ha affermato che le scoperte geografiche dei secoli XVI e XVII hanno accelerato il modo di produzione capitalistico (fase della manifattura) solo là dove le condizioni necessarie per l'applicazione di tale modo produttivo si erano venute creando nel Medioevo. Ed egli precisa che il monopolio privato della proprietà fondiaria costituisce la base storica del capitalismo, in quanto già nel possesso fondiario feudale si realizza un potere estraneo che aliena e opprime il lavoratore.

Marx però non ha mai esaminato l'ideologia (religiosa) che ha permesso una tale evoluzione della proprietà fondiaria. Solo nella tarda maturità comprese che nell'Europa orientale la proprietà fondiaria non aveva subìto la stessa evoluzione di quella occidentale.

Egli capì che rispetto alla proprietà dell'antichità classica (greco-romana), lo sviluppo del feudalesimo (nell'alto Medioevo) rappresentò un arretramento del processo di parcellizzazione o autonomizzazione della terra, ma non ha capito che tale arretramento trovava la sua ragion d'essere nell'ideologia egualitaria del cristianesimo (che nell'Europa occidentale s'è lasciata condizionare dalle tradizioni individualistiche, mentre nell'Europa orientale ha cercato di perfezionare le tradizioni egualitaristiche).

Anzi, per Marx la dipendenza personale nel Medioevo rappresenta un limite rispetto alla proprietà libera e individuale del periodo classico. Mentre in realtà essa voleva costituire una trasformazione in positivo del rapporto schiavistico in agricoltura. Colonato e servaggio rappresentano un'alternativa, seppure parziale, allo schiavismo. E tale alternativa fu resa possibile dall'ideologia del cristianesimo, non solo da fattori di ordine socio-economico.

Il marxismo inoltre dovrebbe chiedersi se la libera proprietà privata del mondo classico non traeva la sua legittimazione proprio dalla presenza della grande proprietà schiavistica. Nel senso cioè che la piccola proprietà fu lasciata sopravvivere dai grandi latifondisti finché questi ebbero l'opportunità di rifornirsi con relativa facilità di un numero ingente di schiavi. La libera proprietà basata sul lavoro individuale, già rovinata dall'esoso apparato fiscale dell'impero, scomparve definitivamente quando, per difendersi dai barbari, i piccoli proprietari chiesero ai grandi proprietari di entrare nella loro orbita. Essi così rinunciarono alla libertà personale e si trasformarono in coloni o servi della gleba.

Il marxismo dovrebbe inoltre chiedersi il motivo per cui mentre in Europa occidentale la borghesia s'è sviluppata all'interno del feudalesimo, in Europa orientale ciò invece non è avvenuto. Se la differenza sta nel tipo di feudalesimo, allora la ragione di questo va ricercata nelle diverse ideologie religiose. Non a caso è stata la Russia ad aver sperimentato, alla fine del secolo scorso (sino all'Ottobre), un certo sviluppo capitalistico: infatti, quale nazione più della Russia, nell'Europa orientale, aveva cercato d'abbracciare la cultura occidentale? Già al tempo di Pietro il Grande la Russia voleva occidentalizzarsi...

Capitalismo e via non-capitalistica

Non si è sottolineato abbastanza il fatto che Marx precisò che l'analisi del *Capitale* intendeva riferirsi esclusivamente all'Europa occidentale, solo dopo che i populisti russi avanzarono la critica che il *Capitale* imponeva un atteggiamento negativo verso quei tentativi di cercare in Russia un'alternativa non solo al feudalesimo ma anche allo stesso capitalismo.

In realtà Marx non imponeva alcun atteggiamento "negativo" verso la ricerca della via non-capitalistica (o post-feudale): semplicemente questi tentativi non li conosceva e, di conseguenza, dava per scontato che il capitalismo si sarebbe affermato ovunque, prima o poi, in un modo o nell'altro, quindi anche nella feudale Europa orientale.

È fuor di dubbio, tuttavia, che Marx simpatizzò con l'idea di una soluzione non-capitalistica solo dopo essere venuto a contatto col populismo russo, ed è assai significativo, in tal senso, che fino a quando si tenne in contatto con tale movimento, egli non ebbe mai la convinzione ch'esso avrebbe potuto evitare lo sviluppo capitalistico della Russia. Semplicemente arrivò a ipotizzare un diverso sviluppo capitalistico della

Russia, legato a una rigenerazione della comune agricola (*obščina*). Ma su questo non aveva delle opinioni precise. Si limitò, al massimo, ad affermare che l'*obščina* non avrebbe potuto bloccare il capitalismo se prima non si fossero eliminate "le influenze deleterie" che l'assalivano da tutte le parti. Il che però non voleva necessariamente dire che Marx stesse pensando a una rivoluzione politica che servendosi, da un lato, dell'industrializzazione capitalistica e, dell'altro, della comune agricola, avrebbe potuto creare una società socialista. Senza una rivoluzione proletaria contestuale, in Europa occidentale, per lui il destino dell'*obščina* era segnato.

La mancanza di chiarezza su una questione così complessa dipendeva, in Marx, dal fatto ch'egli - come d'altra parte Engels - non ha mai creduto, dopo il fallimento dell'esperienza rivoluzionaria del '48, nella possibilità di superare il capitalismo prima che questi avesse esaurito tutte le proprie potenzialità. Non era quindi solo questione di non conoscere delle alternative non-capitalistiche (in atto o in potenza), ma era anche questione di non considerare possibili tali alternative prima della fine del capitalismo.

Marx sembrava accettare l'eventualità proposta dai populisti solo perché in Russia il capitalismo era appena nato e quindi vi erano maggiori possibilità di contrastarlo o d'incanalarlo in una strada meno dolorosa per i lavoratori, rispetto a quanto già era accaduto in Occidente.

Sulla "inevitabilità" del capitalismo a livello mondiale, offre eloquenti delucidazioni la stessa *Prefazione* di Marx alla prima edizione del *Capitale*. Egli infatti, da un lato, considera l'Inghilterra la "sede classica" del modo di produzione capitalistico, dall'altro però esclude a priori l'idea che in Germania si possa realizzare una via non-capitalistica. Questo perché "il paese industrialmente più sviluppato non fa che mostrare al meno sviluppato l'immagine del suo avvenire".

Cioè a dire, per Marx era proprio lo sviluppo industriale del capitalismo inglese che avrebbe obbligato gli altri Paesi a diventare capitalistici. Ogni ritardo su questa via avrebbe avuto delle ripercussioni negative sugli stessi lavoratori, i quali avrebbero avuto a che fare con un capitalismo "selvaggio", preoccupato solo di recuperare il tempo perduto e di fronteggiare la concorrenza straniera. Questo mentre in Inghilterra - dice Marx - gli operai già si difendevano dallo sfruttamento del capitale con la legislazione sulle fabbriche.

Così, invece di lamentarsi d'essere oppresso "non solo dallo sviluppo della produzione capitalistica, ma pure dalla mancanza di tale sviluppo" (mancanza dovuta al fatto che in Germania continuavano a "vegetare metodi di produzione vecchi e sorpassati"), i tedeschi - dice Marx -

avrebbero dovuto accettare "le leggi naturali della produzione capitalistica", cercando di "abbreviare e attutire le doglie del parto" (ciò che poi avrebbero dovuto fare - secondo Marx – anche i populisti russi).

Da un lato insomma Marx non vedeva altra soluzione alla crisi del feudalesimo che quella "naturale" del capitalismo; dall'altro non riteneva possibile opporsi politicamente alla via capitalistica prima ch'essa non avesse mostrato tutte le sue intrinseche contraddizioni ed esaurito la sua spinta propulsiva. La politica doveva restare subordinata al momento in cui si verificavano le inevitabili crisi cicliche del capitale, approfittando di quella che si fosse presentata nella maniera più acuta.

Il "punto di vista" di Marx considerava "lo sviluppo della formazione economica della società come *processo di storia naturale*", alla maniera deterministica del positivismo allora imperante. In questo senso era giusta la sua affermazione di non poter "fare il singolo responsabile di rapporti da cui egli socialmente proviene". Ed altrettanto giusto era il prosieguo di tale affermazione: "pure se soggettivamente egli possa innalzarsi al di sopra di essi".

Tuttavia era proprio questo il punto. Se si ammette la possibilità dell'"innalzamento" del singolo sui rapporti sociali che lo precedono, cioè se si esclude il rigido determinismo del positivismo, allora per quale ragione non si deve accettare l'ipotesi di una via non-capitalistica postfeudale (o comunque di una via non-capitalistica alla disgregazione dei rapporti pre-capitalistici)? Per quale ragione la Russia non avrebbe potuto fare quel che avrebbe dovuto fare la Germania? La "naturalezza" economica delle leggi capitalistiche non poteva forse trasformarsi in "innaturalezza" per la coscienza politico-rivoluzionaria? L'"innalzamento" di cui parla Marx riguarda la sola coscienza individuale (che ovviamente di fronte alle leggi capitalistiche nulla potrebbe fare) o può anche far parte della mentalità collettiva? È forse un caso che nel *Poscritto* alla seconda edizione del *Capitale*, Marx abbia riportato una lunga citazione del russo M. Block, il quale, specificatamente, ribadiva il ruolo subordinato della coscienza rispetto ai fenomeni, ovvero l'inevitabilità del capitalismo?

Qui però occorre precisare, cercando di essere il più obiettivi possibile, che quando Marx affermava l'inevitabilità del capitalismo "in tutti gli Stati del continente europeo" e anche negli Stati Uniti, aveva di mira le classi dominanti europee, che s'illudevano, con i loro legami assolutistici al feudalesimo, di poter fermare l'avanzata del capitalismo.

Marx non ha mai avuto torto quando sosteneva che il feudalesimo, per come era strutturato nell'Europa occidentale, non sarebbe mai stato in grado di fermare il capitalismo. Semplicemente ciò che gli faceva difetto era la convinzione che non potesse esistere un modo non capitalistico di realizzare la rivoluzione industriale, basato su valori alternativi a quelli borghesi.

Industria e agricoltura: integrazione o primato?

Marx non ha mai voluto sottoporre a critica l'industrializzazione *in sé*, il macchinismo *in sé*, prescindendo dalle esigenze del profitto capitalistico. Il *Capitale* vuole essere una critica dell'economia politica *borghese* che considera il capitalismo come una formazione sociale sovrastorica, non vuole essere una critica delle motivazioni *sociali* che hanno permesso lo sviluppo industriale.

Marx ha sempre dichiarato di accettare le *forme* della società capitalistica, rifiutandone piuttosto l'aspetto pratico-oggettivo, cioè l'organizzazione spontaneistica e lo sfruttamento dei lavoratori. Oggi invece ci chiediamo se davvero l'industrializzazione debba prevalere in maniera così esorbitante sull'agricoltura e sull'artigianato, e se sia davvero giusto puntare sulla grande industrializzazione e non invece su quella media e piccola.

Sappiamo che se non ci fosse la possibilità di realizzare un plusvalore non ci sarebbe neanche l'industria. Essa infatti è nata come tentativo di accumulare profitti da parte di un proprietario privato intenzionato a sfruttare lavoro altrui. Si dirà: questo veniva fatto anche dal feudatario attraverso il servaggio. Ebbene, la differenza sta proprio in questo, che il capitalista, prima di sfruttare il lavoro dell'operaio, sfrutta l'*illusione di una libertà*, quella dell'emancipazione dal servaggio.

La rivoluzione industriale è nata sulla base di una falsa libertà giuridica. Quanto più ci si convince di essere liberi, tanto più si è sfruttati, poiché si è incapaci di vedere gli antagonismi da superare. Se in Occidente non ci si accorge di questo aumentato sfruttamento, è perché il capitalismo da un lato possiede i mezzi comunicativi per mascherarlo, dall'altro perché, materialmente, ne ha trasferito le forme peggiori nel Terzo Mondo. Senza sfruttamento delle colonie il capitalismo non potrebbe sussistere se non facendo pagare dei prezzi altissimi ai lavoratori occidentali, rischiando così di aumentare di molto la resistenza anti-capitalistica.

Viceversa, nel servaggio feudale la dipendenza personale comportava sì lo sfruttamento del lavoro, ma entro i limiti imposti da un rapporto non meccanizzato con la natura: il che voleva dire che più di tanto il lavoratore non poteva essere sfruttato.

L'industria invece rappresenta l'illusione di poter creare una libertà personale del lavoratore attraverso un rapporto meccanizzato con la natura: il che effettivamente comporta un notevole aumento delle forze produttive. La libertà del lavoratore è però fittizia in quanto in tale rapporto chi trae i maggiori profitti è il proprietario dei mezzi produttivi, cioè soprattutto il capitalista, il quale, sulla base dei propri profitti, tende a costruire un modello di società che invece di emancipare il lavoratore lo aliena sempre di più (non solo sul luogo del lavoro ma anche in ogni manifestazione della vita sociale).

Marx credette di aver trovato la soluzione a questo problema nella *socializzazione* dei mezzi produttivi. Naturalmente egli non poteva allora rendersi conto che l'industrializzazione aliena di per sé l'uomo, in quanto lo allontana da un rapporto equilibrato con la natura, da un rapporto naturale con l'ambiente... Egli non poteva ancora sapere che l'aumento delle forze produttive causato dall'industrializzazione provoca delle contraddizioni dovute non soltanto al capitalismo, ma allo stesso *macchinismo*, che ha un impatto sulla natura quanto mai deleterio.

Oggi noi dobbiamo ridiscutere il primato concesso all'industria rispetto all'agricoltura. L'industria dovrà, in futuro, essere considerata come "parte integrante" dell'agricoltura, e non come pilastro fondamentale cui anche l'agricoltura deve adeguarsi. Anche perché se il destino dell'industria è quello di diventare completamente automatizzata, tanto da escludere la presenza rilevante dell'operaio, l'esubero di manodopera risulterà catastrofico, poiché nessuno vorrà né potrà tornare all'agricoltura o all'artigianato, e non tutti potranno essere rioccupati nel terziario.

L'industria libera potenti energie ma a scapito dello stesso lavoratore, che ogni giorno di più si vede sostituire dalle macchine. Il lavoro industriale crea ricchezza solo per il capitalista, non assicura un futuro ad alcun lavoratore (che non abbia una grande specializzazione), né garantisce una vera creatività nelle mansioni che si svolgono (se non a livelli intellettuali, tecnico-progettuali). E non si dica che l'automazione permetterà al lavoratore d'avere maggior tempo libero che potrà impiegare secondo la propria creatività, perché questo è in contrasto col noto principio che il lavoro deve diventare un *principio vitale d'esistenza*, non solo per la sopravvivenza o la riproduzione del lavoratore ma anche per la sua personale realizzazione. Le macchine non potranno, anzi non dovranno mai sostituire completamente l'uomo.

Nel "socialismo reale" la situazione non è certo stata migliore: i profitti andavano allo Stato, che poi dall'alto li redistribuiva secondo criteri estranei alla volontà dei lavoratori; il futuro era assicurato, ma solo perché in realtà le mansioni svolte erano poco qualificate, i prodotti di scarsa qualità, i deficit di bilancio coperti dallo Stato, ecc.

Una nuova società industriale dovrà creare un'industria legata ai *bisogni della comunità locale;* dovrà quindi essere un'industria tendenzialmente esaustiva, con capacità globali, in grado di soddisfare molteplici esigenze. Non quindi un'industria specializzata in un settore, sempre più sofisticata perché preoccupata di non reggere la concorrenza straniera, ma un'industria *multilaterale*, competente in tutti quei settori richiesti dalla comunità locale (elettrodomestici, trasporti, trasformazione dei prodotti ecc.).

La stessa parola "socializzazione" va profondamente ripensata in quanto viene usata in maniera fuorviante, sia dall'economia borghese che da quella marxista. Essa ha un significato etico-sociale o sociologico: non può voler dire massificazione in senso economico-produttivo, irreggimentazione in campo lavorativo. Erano forse "socializzati" i detenuti nei lager nazisti o nei gulag siberiani? Lo erano forse gli schiavi che lavoravano in un latifondo d'epoca romana? Non si capisce perché si debba considerare "individualista" il contadino che, con la sua famiglia, lavora in un piccolo podere, sia esso libero proprietario o servo della gleba, mentre invece è "socializzato" quando lo stesso contadino lavorava come operaio in una fabbrica capitalista o in una gestita dallo Stato. La socializzazione non può riguardare una condizione meramente "fisica" dell'attività lavorativa, neanche quando si è in presenza di una nazionalizzazione dei fondamentali beni produttivi. Essa deve per forza presupporre dei *valori etici*. Non può esserci "socializzazione" se non vige l'*uguaglianza sociale* tra tutti i lavoratori e i cittadini di una determinata comunità locale, senza la presenza di alcun padrone, né privato né statale.

Marx e il colonialismo

Che Marx ed Engels avessero un atteggiamento ambivalente nei confronti del capitalismo (lo giudicavano negativamente in rapporto al socialismo, ma positivamente in rapporto a qualunque formazione pre-capitalistica), è testimoniato anche dal fatto che la loro analisi del colonialismo non è sempre stata coerente.

Da un lato infatti era esplicita la condanna del colonialismo come strumento di oppressione e sfruttamento; dall'altro però essi tendevano a considerarlo come occasione di sviluppo per popoli arretrati e "senza storia". In questo loro giudizio pesava ovviamente il retaggio della filosofia occidentale, specie quella hegeliana.

Nel *Capitale* non è affatto chiaro l'apporto determinante del colonialismo alla realizzazione dell'accumulazione originaria. È singolare come nel *Capitale* non venga mai ipotizzata l'inevitabilità di una serie infinita di guerre civili cui in Europa avrebbe portato l'accumulazione originaria, se nel contempo non fossero state conquistate America, Africa e Asia. La popolazione si sarebbe dimezzata e lo sviluppo capitalistico, se ancora ci fosse stato, avrebbe subìto un rallentamento considerevole.

Nel cap. XXV (libro I del *Capitale*) dedicato al colonialismo, Marx afferma che la proprietà basata sul proprio lavoro era presente nei territori extra-europei successivamente colonizzati dalle nazioni capitalistiche più industrializzate. Anche questo però è un modo astratto di vedere le cose, poiché al tempo di Marx la proprietà libera in Asia non esisteva più, mentre in America latina era già in forte disuso nel XV sec. Solo in Africa si poteva ancora ampiamente costatare.

Marx ed Engels capivano perfettamente i limiti del colonialismo, ma, poiché nutrivano forti pregiudizi nei confronti delle società pre-capitalistiche, preferivano indulgere verso certe interpretazioni contraddittorie piuttosto che dover ammettere la sostanziale inadeguatezza delle soluzioni capitalistiche, globalmente intese, all'arretratezza dei paesi pre-capitalistici.

In *Miseria della filosofia* Marx scrive: "Una delle condizioni più indispensabili per la formazione dell'industria manifatturiera era l'accumulazione dei capitali, facilitata dalla scoperta dell'America e dall'introduzione dei suoi metalli preziosi... e dall'aumento delle merci messe in circolazione dal momento in cui il commercio penetrò nelle Indie orientali per la via del Capo di Buona Speranza, dal regime coloniale, dallo sviluppo del commercio marittimo... dal licenziamento dei numerosi seguiti dei signori feudali, i cui membri subalterni divennero dei vagabondi prima di entrare nell'officina... molti contadini, cacciati di continuo dalle campagne in seguito alla trasformazione dei campi in praterie o in seguito al fatto che i lavori agricoli richiedevano meno braccia per la coltivazione della terra, affluirono nelle città per secoli interi" (ed. Samonà e Savelli, Roma 1968, p. 174).

Poi riassume dicendo: "L'allargamento del mercato, l'accumulazione dei capitali, i mutamenti intervenuti nella posizione delle classi sociali...".

Dunque si noti:
1. per Marx, in questo testo, il capitalismo nasce anche e soprattutto in forza dell'espansione dei commerci, resa possibile dalla conquista dell'America, delle Indie ecc.;
2. egli non sembra riporre le cause della nascita del capitalismo soltanto *all'interno* della nazione capitalistica, ma le fa dipendere anche *dall'esterno*, soprattutto dalla conquista militare di paesi non europei.

Viceversa, nel *Capitale* (cap. XXIV) Marx dirà che il capitalismo nasce *tutto* all'interno della nazione mercantile; il rapporto con le colonie è marginale o comunque conseguente rispetto al ruolo che ha avuto il *commercio interno*, che, raggiunto *un certo livello*, ha appunto generato il capitalismo e che, raggiunto un livello superiore, ha prodotto il colonialismo. In pratica il ragionamento del Marx maturo è di tipo hegeliano: da una serie di determinazioni quantitative ad un certo punto sorge una nuova qualità.

Il giovane Marx era invece convinto che il commercio interno si fosse sviluppato grazie soprattutto al commercio *estero*, che, a sua volta, dipendeva dal *colonialismo*. Le domande rimaste senza risposta nel periodo giovanile portarono il Marx della maturità a formulare delle tesi fataliste.

In realtà il marxismo non ha mai spiegato perché il colonialismo sia una caratteristica tipica dell'Europa occidentale e soprattutto perché la nascita del colonialismo abbia favorito in maniera decisiva *soltanto* in Europa occidentale (specie nei paesi protestanti) la nascita del capitalismo.

L'Italia comunale, con le sue *città marinare*, era già un paese colonialista (attività commerciale con attività militare) nei confronti del Medio Oriente (sin dai tempi delle crociate), e tuttavia non diventò un paese capitalista *industriale*, ma si fermò allo stadio *commerciale*; anzi, con la Controriforma regredì a livelli para-feudali. Anche la Polonia, tra i paesi cattolici nord-europei, reagì al progredire del capitalismo delle nazioni vicine, accentuando il peso del servaggio. Basta leggersi i testi dell'economista W. Kula. Anche nei paesi danubiani accadde la stessa cosa (si leggano i testi di H. Stahl).

Spagna e Portogallo, che pur erano già delle *nazioni*, ebbero bisogno di diventare prima di tutto paesi colonialisti, al fine di poter fronteggiare la concorrenza dei nuovi paesi manifatturieri del Nord Europa: eppure gli imperi coloniali che riuscirono a creare non servirono loro per diventare potenze industriali.

Questo significa che se il *colonialismo* appartiene come eredità culturale all'Europa occidentale pre-industriale (anzi, addirittura pre-borghese), il *capitalismo* invece ha bisogno di un terreno culturale specifico, quale solo la *religione protestante* poteva offrire.

Singolare inoltre il fatto che Marx abbia visto nel colonialismo soprattutto la possibilità per l'operaio salariato immigrato di diventare un capitalista. Marx cioè non ha mai analizzato il rapporto di stretta dipendenza che legava le colonie alla madrepatria occidentale (salvo qualcosa nei rapporti tra Irlanda e Inghilterra o tra questa e l'India). Eppure il colonialismo era iniziato con la scoperta-conquista dell'America. Era cioè tempo di rendersi conto che il capitalismo non è mai stato un fenomeno tipicamente euroccidentale, nato in Inghilterra e da qui trasferito in tutto il mondo. Esso in realtà è nato come fenomeno mondiale.

In altre parole, senza colonialismo non ci sarebbe stato il capitalismo, che non avrebbe potuto sopravvivere nel mero ambito dell'Europa occidentale. Esso aveva necessariamente bisogno di espandersi ovunque fosse possibile. Marx insomma considerò il colonialismo un effetto del capitalismo, mentre esso in realtà ne è una *concausa*.

Non bisogna inoltre mai dimenticare che proprio in virtù dell'apporto decisivo delle colonie allo sviluppo delle metropoli europee, la borghesia imprenditoriale ha potuto corrompere, con salari relativamente alti, una parte del proletariato, creando la cosiddetta "aristocrazia operaia".

In Occidente il proletariato industriale è sì sfruttato dalla classe dei capitalisti, ma insieme essi partecipano, secondo proporzioni diverse, allo sfruttamento dei proletari del Terzo Mondo. È quindi dubbio, sotto questo aspetto, che il proletariato occidentale potrà mai solidarizzare col proletariato terzomondista finché resterà immutata questa copertura favorevole all'occidente e allo sfruttamento delle ingenti risorse umane e materiali del Terzo Mondo.

*

Il capitalismo nasce da un centro (l'Europa occidentale), ma ha bisogno immediatamente di una periferia per svilupparsi. La periferia può essere cercata inizialmente all'interno della stessa nazione che ha imboccato la strada del capitalismo (il Mezzogiorno p.es. può essere considerato una colonia interna dell'Italia), ma il capitale ha bisogno di una riproduzione continuamente allargata. È così che la Luxemburg spiega la necessità intrinseca del colonialismo.

In realtà noi vorremmo fare un discorso più *culturale*: poiché il capitalismo, per evolversi, ha bisogno di una ideologia favorevole alla libertà individuale e poiché la consapevolezza di questa libertà porta a un atteggiamento di ribellione nei confronti delle imposizioni (vedi la resistenza prima contadina, poi operaia, durata sino alla fine del XIX secolo, ma in Italia, p.es., sino alla fine della mezzadria e alla costituzione del movimento cooperativistico), il capitalismo, ad un certo punto, per riprodursi agevolmente, ha bisogno di espandersi in territori periferici extranazionali, ove il livello culturale sia più basso di quello nazionale.

Il capitalismo, infatti, da un lato, per imporsi, deve promettere benessere per tutti, dall'altro però non può mantenere le proprie promesse, poiché il benessere di pochi è frutto della miseria di molti. Di qui l'esigenza di sfruttare altri lavoratori, di paesi coloniali, il cui livello culturale è troppo basso perché siano in grado di ostacolare lo sviluppo del capitale e il cui grado di sfruttamento sia tale da permettere al capitalismo metropolitano di soddisfare le esigenze di libertà (economica e culturale) dei lavoratori occidentali. Ecco perché là dove esiste solo "precarietà di mezzi" o produzione per l'autosussistenza, il capitalismo crea miseria, degrado e sottosviluppo.

Questo significa che fino a quando i lavoratori del Terzo Mondo non si emanciperanno dallo sfruttamento imperialistico (e non solo dalla dipendenza politica), sarà molto difficile che i lavoratori dei paesi occidentali lottino per la realizzazione del socialismo.

Lenin aveva già capito molto bene che in presenza dell'imperialismo, la consapevolezza rivoluzionaria della classe operaia occidentale arriva a porre, come massimo, delle rivendicazioni di tipo *sindacale*, cioè perde quell'*istinto sociale alla rivoluzione* che invece Marx le aveva riconosciuto, condizionata com'è e da un relativo benessere pagato altrove e dai potenti mezzi persuasivi (propagandistici) del capitale.

Quando Lenin cominciò a predicare la necessità di offrire *dall'esterno* una vera consapevolezza rivoluzionaria, egli non fece altro che constatare una situazione di fatto: spontaneamente gli operai occidentali, nel sistema dell'imperialismo, non sono rivoluzionari ma piccolo-borghesi, non meno degli intellettuali di sinistra che li rappresentano.

Lettera ad Annenkov

Pavel Vasil'evič Annenkov (Mosca 1813 - Dresda 1887) fu un critico e pubblicista liberale russo. Visse con Gogol' a Roma e fu amico di Turgenev. Negli anni 1853-56, insieme a Nekrasov e Turgenev formò una specie di triumvirato che gestiva le sorti della letteratura pietroburghese, collaborando alle principali riviste del tempo: "Annali patri" e "Il Contemporaneo". "Annali patri" fu il più autorevole periodico democratico e occidentalista russo, in continua polemica con i giornali conservatori slavofili. Scrisse la prima biografia su Puškin: *Puškin nell'epoca di Alessandro I* (1875), poi anche *Problemi storici ed estetici del romanzo "Guerra e pace" di L. N. Tolstoj* (1868), *Lo straordinario decennio 1838-1848* (1880, memorie). Conobbe Marx durante i suoi viaggi all'estero. Qui Marx risponde alla lettera di Annenkov del 1 novembre 1846 (cfr. MEGA III/2, p. 316), in cui questi gli chiedeva un giudizio sull'opera di Proudhon, *Système des contradictions économiques*. Annenkov rispose a sua volta a Marx, per ringraziarlo, con la lettera del 6 gennaio 1847 (cfr. MEGA III/2, pp. 321-322).

*

La lettera[18] di Marx è stata scritta originariamente in francese il 28/12/1846 a Bruxelles: trattasi di un parere, un'impressione generale, sul libro di Proudhon, *La filosofia della miseria*, contro cui, tra la fine del 1846 e il giugno del 1847, scriverà *Miseria della filosofia*. Annenkov avrà quindi modo di leggere in anteprima le critiche di Marx al testo di Proudhon.

Marx si era trasferito da Parigi a Bruxelles nel febbraio del 1845, dopo l'ennesima espulsione. Generalmente si fa risalire al 1846 l'inizio della sua (e di Engels) attività politica vera e propria. Infatti il Comitato di Corrispondenza comunista (la prima organizzazione politica creata da Marx ed Engels) fu costituito a Bruxelles (sede di molti rifugiati tedeschi) nel febbraio di quell'anno, allo scopo di tenere collegati tutti i comunisti europei e soprattutto quelli tedeschi.

In quello stesso anno Marx romperà non solo con la Sinistra hegeliana e Feuerbach, ma anche con Weitling, Kriege e soprattutto con

---

[18] Testo di riferimento: K. Marx, *Miseria della filosofia*, Ed. Samonà e Savelli, Roma 1968.

Proudhon (forte la critica anche contro la Lega dei Giusti, con sede a Londra). Ciò che non sopportava assolutamente erano tutte le idee di socialismo artigianale, filosofico, sentimentale, neocristiano. Marx ed Engels volevano una "rivoluzione violenta e democratica", fondata su conoscenze economiche scientifiche, sebbene in Germania non esistesse ancora un partito organizzato e attivo. Il partito doveva nascere dal basso verso l'alto e non doveva essere una "società segreta" né qualcosa che assomigliasse al partito giacobino, favorevole a un colpo di stato. Notevoli, in tal senso, erano le simpatie nei confronti del Cartismo, specie per la sua ala radicale. Proudhon, sebbene fosse stato favorevole alla rivoluzione all'inizio degli anni '40, aveva smesso di crederci: di qui la critica di Marx.

*

Annenkov sembra essere convinto che il libro di Proudhon, *Filosofia della miseria*, pur essendo molto limitato sul piano filosofico, possa essere ritenuto valido su quello economico. Marx invece ribalta la cosa dicendo che Proudhon offre "una teoria filosofia assurda perché è incapace di comprendere l'odierna situazione sociale nel suo *engrènement*..." (p. 217), cioè nel suo "ingranaggio". Quindi Proudhon non è solo un mediocre filosofo (nella lettera a Schweitzer del 1865 Marx dirà che "Proudhon sta a Saint-Simon e a Fourier press'a poco come Feuerbach sta a Hegel"), ma anche un pessimo economista.

A Marx era piaciuto, sia nella "Gazzetta Renana" che nella *Sacra Famiglia*, un altro libro di Proudhon: *Che cos'è la proprietà?*, ma già nei *Manoscritti del '44* aveva iniziato a prenderne le distanze, giudicando Proudhon debitore di Fourier.

Nella lettera ad Annenkov la prima critica di Marx è relativa al fatto che siccome Proudhon capisce poco di economia, è costretto a spiegare le contraddizioni più complesse ricorrendo al misticismo.

Marx qui delinea molto sinteticamente la sua concezione della storia (concezione *economica* della storia o concezione della *storia economica*?). Gli uomini ereditano dalle generazioni precedenti determinate forze produttive ("energia umana pratica", "materia prima per una nuova produzione", p. 219). "La storia sociale degli uomini non è altro che la storia del loro sviluppo sociale, ne siano essi coscienti o no" (ib.).

Dopodiché aggiunge: "I loro rapporti materiali sono la base di tutti i loro rapporti". In che senso la "base"? È importante saperlo perché è "base" di *tutti* i rapporti.

Poco sopra aveva scritto: "Scegliete stadi particolari di sviluppo della produzione e avrete un'organizzazione corrispondente della famiglia, degli ordini e classi..." (p. 218). Dunque i "rapporti materiali" sono i rapporti strettamente connessi a ciò che in ultima istanza dà un senso alla materialità della vita: la *proprietà*.

Sulla base della tipologia e dell'uso di questa proprietà si può dedurre la tipologia della famiglia, delle classi, dei ceti... in una parola il rapporto antagonistico che gli uomini vivono nelle società, nelle civiltà. Non si può dar torto a Marx su questo: in effetti, da quando son nate le civiltà è la proprietà il criterio utile per cercare di capirle.

Tuttavia Marx astrae da ciò che non è "economico". Egli infatti sostiene che sono i rapporti "materiali", quelli connessi al concetto di "proprietà", che costituiscono la "base" di *tutti* i rapporti. Cioè i *rapporti sociali* non si *autorappresentano*, poiché all'interno di questi rapporti Marx ha bisogno di estrapolare un aspetto particolare: quello *economico*, ponendolo al disopra di tutti gli altri.

E non solo riduce il rapporto *sociale* a rapporto *economico* o materiale, ma isola questo rapporto dalle altre due sfere che gli sono strettamente connesse: il *culturale* e il *politico*. A dir il vero la sfera culturale (sostanzialmente la *filosofia* e la *critica della religione*) ha interessato Marx fino al maggio 1846, data in cui ha chiuso la stesura con Engels dell'*Ideologia tedesca*. Mentre, per quanto riguarda la *politica*, va detto che quella attiva vera e propria lo riguarderà sino a quando emigrerà a Londra.

Max insomma non vede l'uomo come una sintesi dei tre aspetti, come un tutto unico e integrato, ma vede sostanzialmente solo i *rapporti di proprietà*, i quali danno un senso a tutto il resto.

Qual è la differenza tra questa concezione e quella borghese? È la stessa che passa tra il *sistema* hegeliano e il *metodo* hegeliano della dialettica: il primo è conservatore, il secondo è rivoluzionario. Se Hegel fosse stato coerente coi principi affermati in sede filosofica, avrebbe dovuto lottare contro lo Stato prussiano e non difenderlo sino all'ultima pubblicazione.

La differenza di sostanza sta nel fatto che per la borghesia i rapporti di proprietà privata sono un totem da adorare; per Marx invece da distruggere. Egli infatti sostiene che la necessità di "mutare tutte le forme sociali tradizionali" (p. 219) serve per adeguare i *rapporti* produttivi alle *forze* produttive ed egli è altresì convinto che il modo migliore di utilizzare le forze produttive acquisite grazie al capitalismo sia quello di realizzare dei rapporti sociali ove la proprietà non sia privata ma *pubblica* o *sociale*. È la logica dell'*interesse*, non quello per il profitto privato ma quello *per il bene comune*, che deve far scattare la rivoluzione.

Ovviamente anche la borghesia fa continuamente un discorso di adeguamento dei rapporti alle forze produttive, ma lo fa senza mai mettere in discussione i limiti della proprietà *privata* dei mezzi produttivi. Anche la borghesia è mossa da un interesse, ma è quello privato dei profitti.

Come si può notare sembra non esistere una differenza abissale tra Marx e la borghesia. La differenza sta piuttosto nella "forma sociale" con cui Marx vorrebbe che fossero gestite le forze produttive. Egli infatti non mette in discussione il valore, la legittimità, la tipologia di tali forze, ma piuttosto l'involucro in cui vengono utilizzate, che è quello dell'industria privata.

Qui siamo nel 1846 e, da quello che dice, pare che Marx voglia sperare di convincere la borghesia ad accettare in maniera indolore, come una "necessità storica", la transizione dal capitalismo al socialismo. Lui stesso, d'altra parte, nella lettera è disposto ad accettare come cosa necessaria la transizione dal feudalesimo al capitalismo. Infatti, il feudalesimo permise, seppure in maniera nascosta, non ufficiale, l'accumulo di capitali, il commercio transoceanico, la fondazione delle colonie, e quando queste realtà si svilupparono - dice Marx -, il feudalesimo non fu più in grado di opporvisi, e se lo fece con la forza, con la forza venne distrutto (p. 220).

Marx ragiona in termini hegeliani, anche se ha tolto all'hegelismo ogni sovrastruttura mistica. Proudhon non capisce l'economia perché non sa applicare ad essa la categoria hegeliana della *necessità storica.*

Marx non ragiona mai col "se ipotetico", non si chiede mai cosa sarebbe potuto accadere se fossero state fatte scelte diverse. Lui si considera come uno scienziato che prende le cose come un dato di fatto, dopodiché le analizza a fondo sul piano economico per riuscire a proporre il modo migliore per farle funzionare. In un certo senso si comporta come uno scienziato della natura, con la differenza che l'oggetto dei suoi studi è l'*homo oeconomicus.*

Ecco perché vede Proudhon come un hegeliano vecchia maniera, che spiega la realtà partendo dalle idee, invece di andare a cercare nella realtà stessa le ragioni del suo sviluppo.

Tuttavia i metodi di Marx erano troppo radicali perché una qualunque borghesia li potesse accettare. Persino negli ambienti del socialismo utopistico risultavano inaccettabili.

In effetti, di diverso tra Marx e gli ideologi borghesi (e i socialisti utopistici) è soprattutto il modo di concepire l'adeguamento dei rapporti alle forze produttive. Marx crede poco ai processi spontanei o pacifici, anche se non li esclude a priori. Anzi, il *Capitale* è in fondo un gigantesco tentativo di dimostrare la necessità di un processo che se fosse avvenuto in maniera spontanea sarebbe stato un bene per tutti, in quanto avrebbe fatto risparmiare innumerevoli sofferenze.

Tuttavia in questo periodo (1846-49) Marx è tutt'altro che un politico tollerante e la lettera ad Annenkov lo dimostra. A suo giudizio Proudhon rappresenta in Francia la quintessenza del tradimento degli intellettuali di sinistra, che da rivoluzionari sono diventati al massimo riformisti. Ecco perché in luogo di una transizione indolore, Marx preferisce pensare a un "grande movimento storico che sorge dal conflitto tra le forze produttive già conquistate dagli uomini e le loro relazioni sociali, che non corrispondono più a queste forme produttive"; a "guerre terribili che si preparano tra le diverse classi entro ciascuna nazione e tra nazioni differenti"; all'"azione pratica e violenta delle masse che è l'unica via attraverso la quale questi conflitti si possono risolvere" (p. 229).

La "violenza" rivoluzionaria come "unica via" - Marx è esplicito, e non solo in questa lettera privata, anche perché ha già sperimentato su di sé il fallimento del compromesso della Sinistra hegeliana con la borghesia liberale tedesca. Marx è stato non solo espulso dalla Germania ma anche dalla Francia. Per questo non voleva farsi illusioni. E crede fermamente nella necessità di un "movimento politico" popolare, di massa, che risolva le contraddizioni tra capitale e lavoro. Cioè non vuole più un compromesso tra proletariato e borghesia, tra società civile e Stato politico. Vuole una rivoluzione come quella francese dell'89, dove però il protagonista non sia la borghesia ma il proletariato.

Notevole è la sua descrizione del socialismo piccolo-borghese di Proudhon: "In una società progredita e costrettovi dalla propria situazione, *il piccolo borghese* diventa da un lato socialista, dall'altro economista, cioè egli è accecato dallo splendore della grande borghesia e ha compassione per le sofferenze del popolo. Egli è borghese e popolo al tempo stesso. Nell'intimo della sua coscienza si lusinga di essere imparziale, di aver trovato l'equilibrio giusto, che avanza la pretesa di essere qualcosa di diverso dal giusto mezzo. Un piccolo borghese del genere divinizza la *contraddizione*, perché la contraddizione è il nucleo del suo essere. Egli non è altro che la contraddizione sociale messa in azione. Egli deve necessariamente giustificare mediante la teoria ciò che egli è nella pratica, e Proudhon ha il merito di essere l'interprete scientifico della piccola borghesia francese; e questo è un merito reale, perché la piccola borghesia sarà una parte integrante di tutte le rivoluzioni sociali che si stanno preparando" (p. 231).

Quindi Marx non esclude la possibilità di un'intesa politica con la piccola-borghesia: non a caso, dopo la costituzione del Comitato di Corrispondenza comunista, Marx cercherà proprio con Proudhon di costruire, per la parte relativa alla Francia, la rete europea dei comunisti, ma dopo il ripiegamento di quest'ultimo verso posizioni moderate, la rottura sarà inevitabile e definitiva. Il giovane Marx non poteva accettare compromessi che non giustificassero la necessità della rivoluzione. Persino un "largo settore" del partito comunista tedesco - com'egli dice nella lettera ad Annenkov - lo ostacola, poiché non sopporta le sue critiche alle "utopie" e alle "declamazioni" (p. 232).

Oggi tuttavia, guardando le cose col senno del poi, ci chiediamo quali garanzie di democrazia per il socialismo scientifico possa offrire una trasformazione della proprietà da *privata* a *sociale*. Marx non dice nulla su questo, almeno in questa lettera (però vedi la *Critica del programma di Gotha* del 1875). La trasformazione sembra essere uno slogan, o un compito da porsi non prima ma *dopo* la conquista rivoluzionaria del potere politico. Non a caso nella Russia bolscevica si arrivò a fare coincidere "sociale" con "statale", determinando la più grande illusione di tutto il socialismo reale.

Noi sappiamo che la grandezza di Marx sta nell'aver avuto il coraggio di dire, dimostrandolo concretamente, che il capitalismo non può essere considerato come una formazione sociale destinata a durare in eterno, e che le stesse categorie dell'economia politica borghese sono destinate a essere superate, e sappiamo anche che a Marx non piaceva né la concorrenza (a questa preferiva l'emulazione tra operai o tra imprese), né ovviamente il monopolio (come anche in questa stessa lettera dice a p. 226).

Per realizzare il comunismo ci vuole un progetto che indichi, a grandi linee, non solo il modo di conquistare il potere, ma anche quello di gestirlo dopo averlo preso, perché le questioni sociali, culturali, di valore, non sono meno importanti delle strategie politiche e delle analisi economiche.

In caso contrario si rischia di condividere idee che di per sé sono inaccettabili, come queste di Proudhon, che Marx riprende senza neppure criticarle: "La schiavitù diretta, la schiavitù dei negri a Surinam, in Brasile, nelle regioni meridionali del Nordamerica... è il cardine del nostro industrialismo attuale proprio come le macchine, il credito ecc. Senza schiavitù niente cotone. Senza cotone niente industria moderna. Solo la schiavitù ha conferito alle colonie il loro valore, solo le colonie hanno creato il commercio mondiale e il commercio mondiale è la condizione necessaria della grande industria meccanizzata. Così le colonie, prima della tratta dei negri, fornivano al vecchio mondo pochissimi prodotti e non cambiarono in modo percepibile il volto del mondo. Perciò la schiavitù è una categoria economica della massima importanza. Senza la schiavitù l'America del nord, che è il paese più progredito, si trasformerebbe in un paese patriarcale. Si cancelli l'America del nord dalla carta delle nazioni e si avrà l'anarchia, la decadenza totale del commercio e della civiltà moderni. Ma fare scomparire la schiavitù vorrebbe dire cancellare l'America dalla carta delle nazioni. Così pure la schiavitù, essendo una categoria economica, si trova presso tutti i popoli fin dall'inizio del mondo. Le nazioni moderne hanno saputo semplicemente mascherare la schiavitù nei loro paesi e introdurla apertamente nel Nuovo Mondo" (p. 226).

*

Oggi possiamo dire che qualunque progetto relativo al socialismo democratico non può prescindere da un riesame delle civiltà pre-capitalistiche e addirittura primitive. Gli intellettuali marxisti non hanno mai apprezzato il pre-capitalismo, e in questo sono figli dell'ideologia borghese, e sostanzialmente non hanno mai messo in discussione il progresso scientifico e tecnologico e quindi l'impatto ch'esso ha avuto non solo sugli uomini ma anche sulla natura.

Oggi sappiamo che nelle civiltà primitive o primordiali (il "*previous*", come si potrebbe definire), il vero progresso stava nell'assicurarsi facilmente una riproduzione compatibile con la riproduzione della natura. È da questo che bisogna partire.

Se dovessimo decidere un criterio per determinare quando un mezzo tecnico è davvero utile, dovremmo dire ch'esso lo è, anzitutto, quando è compatibile con le *esigenze riproduttive della natura*, che dobbiamo conoscere preventivamente, ancor prima di decidere qualunque tipologia di formazione sociale. Questo perché il progresso economico o tecnologico non è di per sé un indice sicuro del miglioramento dello stile di vita di una società o civiltà.

Non ha senso sostenere che le rivoluzioni avvengono non per abbandonare le conquiste ottenute, ma, al contrario, per meglio conservarle. Non si può dare per scontato che il processo dello sviluppo materiale (tecnico-scientifico, economico-produttivo) non possa essere messo in discussione e che l'unico problema sia quello di decidere come gestirlo.

Noi dobbiamo abituarci a considerare l'economico come strettamente subordinato al *sociale*. Il "sociale" è la vera dimensione che indica il "benessere" di una collettività. Nel sociale l'economico è solo una parte, altre parti sono, oltre al già citato *rispetto della natura*, il *rispetto di ogni persona*, anche quella meno produttiva in rapporto a una media generale, anche quella del tutto improduttiva, perché impedita da qualcosa;

quindi il *rispetto della diversità*: fisica, etnica, linguistica o di concezioni di vita.

Se non si chiarisce che il sociale abbraccia molti più campi dell'economico, si finisce col formulare degli enunciati che, a motivo della loro astrattezza, genericità e ambiguità, risultano falsi in partenza o falsati nelle loro immediate applicazioni.

Marx non si rende conto che il progresso tecnico-scientifico può essere anche frutto di una *deviazione dall'essenza umana* e che non si tratta semplicemente di gestirlo in maniera diversa ma proprio di superarlo, ripensando il concetto di *civiltà* che l'ha generato. Se il socialismo deve servire a tenere in piedi, assicurandone la prosecuzione, un progresso scientifico contrario agli interessi della natura, allora è meglio chiarire da subito che un socialismo del genere non è molto diverso dal capitalismo che vorrebbe superare.

Marx fa l'esempio della transizione dal feudalesimo al capitalismo, e dice che se non ci fossero state le rivoluzioni borghesi del 1640 e del 1688 il feudalesimo in Inghilterra avrebbe continuato a sussistere per molto più tempo, in contraddizione con lo sviluppo dei commerci oltreoceanici, delle colonie, con l'accumulo dei capitali in generale.

Cioè egli dà per scontato che il feudalesimo *qua talis* andasse superato. Eppure le conquiste tecnologiche-produttive che decisero la fine del feudalesimo, in quel momento appartenevano a un'infima minoranza della popolazione: la *borghesia*. Per quale ragione le esigenze di questa classe sarebbero state in diritto di eliminare quelle di un'altra classe, di molto maggioritaria, come quella *contadina*? Per quale motivo Marx ha sostenuto che l'unico modo di far progredire l'economia era quello di abbandonare il feudalesimo *tout-court* e di abbracciare il capitalismo? Per quale motivo egli non ha pensato a una *rivoluzione agraria*, contadina, capace di trasformare i rapporti produttivi (eliminando p.es. il servaggio e le rendite), senza però mettere in discussione la natura di quelle forze produttive, ch'erano agricole, in quanto legate al primato della terra? La sua analisi nei confronti del feudalesimo non è stata forse viziata da un personale pregiudizio nei confronti del mondo rurale? Marx ha giustificato la teoria dell'adeguamento dei rapporti alle forze, prendendo come modello non le forze contadine ma quelle borghesi.

Marx ha mostrato di non essere interessato a un'analisi *culturale*, valoriale, con cui pesare i pro e i contro di ogni civiltà; ciò che gli preme è semplicemente la dimostrazione che il passaggio da una civiltà a un'altra è necessario e se ciò, in rapporto al feudalesimo, ha voluto dire che l'alternativa era il capitalismo, e non p.es. un socialismo agrario, significa che il capitalismo era destinato a imporsi in Europa occidentale e che esso va comunque considerato di gran lunga migliore di qualunque forma di feudalesimo.

In realtà noi sappiamo che il *discrimen* che distingue una formazione sociale da un'altra è proprio il carattere *umano*, *democratico*, conforme alle esigenze della natura, che si è in grado di far valere. Una caratteristica del genere non può essere patrimonio di una singola classe sociale: o appartiene all'insieme del collettivo o è falsa. Cioè anche se è una classe che la fa valere, questa stessa classe deve avere come obiettivo qualcosa di più generale.

Quando nell'antica Grecia si affermò la democrazia sull'aristocrazia o sull'oligarchia o sulla dittatura, si trattava sempre di una conquista politica ottenuta in un sistema sociale basato sullo schiavismo e sulle differenze di classe. Considerare più utile al socialismo il concetto greco di democrazia che non la democrazia praticata (non codificata da leggi scritte) dalla comunità primitiva di villaggio, significa avere un concetto di democrazia non molto diverso da quello dei teorici borghesi.

È in tal senso da escludere a priori che il socialismo possa accettare alcunché dal mondo borghese o da qualunque altra civiltà che non nasca da esigenze specifiche dello stesso socialismo, le quali non possono essere dettate *dall'alto*.

Si può ritenere possibile che una rivoluzione possa essere condotta con l'aiuto di intellettuali professionisti o comunque di cittadini e lavoratori più disponibili o più consapevoli di altri, ma è da escludere a priori che tali soggetti, a rivoluzione compiuta, possano accampare più diritti del popolo lavoratore.

Peraltro il modo deterministico d'impostare il problema della transizione, da parte di Marx, è sempre stato affrontato diversamente in Russia, sin dai tempi del populismo. Lenin si sforzò di dimostrare, contro i populisti, che Marx aveva ragione e che il capitalismo in Russia stava diventando una realtà inevitabile. Ma poi, decidendo di compiere la rivoluzione nel paese più feudale d'Europa, non arrivò forse a dimostrare che il determinismo economico poteva essere superato proprio dal volontarismo politico dei rivoluzionari?

È assurdo pensare che le rivolte contadine o operaie, anti-borghesi o anti-feudali, dei secoli pre-capitalistici siano fallite perché i rivoltosi erano poco consapevoli delle contraddizioni sociali o dei loro interessi di classe. Questa mancanza di consapevolezza esiste anche ai giorni nostri, nonostante sia notevolmente aumentato il livello culturale generale.

Le rivoluzioni del passato non sono fallite perché mancava il "*Capitale*" di Marx. Per realizzarsi, le rivoluzioni non avevano bisogno di trattati di economia. È vero che non può esistere "prassi rivoluzionaria" senza "teoria rivoluzionaria", ma è anche vero che senza coerenza e determinazione rivoluzionaria, da parte di intellettuali e masse oppresse, senza organizzazione e divulgazione capillare delle idee rivoluzionarie, ogni definizione di "teoria" e di "prassi rivoluzionaria" rischia di rimanere puro *flatus vocis*. Ecco perché il marxismo non può fare a meno del leninismo. Poiché la reazione controrivoluzionaria non si farà attendere, occorre sempre una *resistenza popolare*: una rivoluzione che non si sa difendere, non vale nulla, diceva Lenin.

Bisognerebbe trovare una legge che indichi la proporzione tra fallimento della rivoluzione e consapevolezza rivoluzionaria necessaria per compiere la rivoluzione successiva. Tuttavia oggi il problema è quello di capire in che maniera superare il concetto *in sé* di "forze produttive". Poiché è nel processo stesso di *produzione tecnologica* che va rilevata una delle fonti principali dell'alienazione umana, cioè di violazione delle leggi di natura, precedenti allo stesso sfruttamento del lavoro altrui, noi dovremmo chiederci se il crollo del cosiddetto "socialismo reale" non debba essere interpretato come il fallimento dell'idea di credere possibile uno sviluppo del socialismo salvaguardando gli aspetti tecnico-scientifici del capitalismo.

Glosse marginali di Marx al *Manuale di economia politica* di Adolph Wagner

Dai brevi appunti[19] di Marx, che evidentemente quando si accingeva a leggere un testo di economia politica la prima cosa che andava a vedere erano le considerazioni sulla legge del valore, si evince immediatamente come A. Wagner, nel suo *Manuale di economia politica*, non avesse capito il nocciolo fondamentale del I libro del *Capitale*, ch'era lo sfruttamento del lavoro altrui intrinseco a tutte le leggi del capitalismo. Stesso giudizio negativo Marx lo esprime anche nei confronti di J. K. Rodbertus e di A. E. F. Schäffle, tedeschi come Wagner.

Ciò che differenziava gli economisti inglesi da Marx era la loro superficialità, ma ciò che differenziava gli economisti tedeschi da lui era la loro astrattezza. E infatti Marx più volte lo dice nelle *Glosse*: il valore, il valore di scambio, il valore d'uso non sono "soggetti"; l'unico vero soggetto è la "merce". Marx non voleva fare il "filosofo dell'economia in generale" ma il "fenomenologo critico dell'economia politica borghese e del capitalismo in particolare". Ecco perché, scrivendo il *Capitale*, era partito con la descrizione della *merce*.

Se si parte dalla merce si arriva a capire che, nel capitalismo, tutto è anzitutto "merce", non anzitutto "denaro", anche se ovviamente non può esserci merce senza denaro (senza denaro c'è solo "valore d'uso", "autoconsumo"). È importante ribadire il primato della merce, in quanto nella storia le civiltà fondate sugli antagonismi sociali conoscevano il primato del "denaro", senza però conoscere quello della "merce", che invece è tipico del capitalismo, dove infatti anche chi lavora, la sua stessa *forza-lavoro*, è mercificata.

I tre elementi del tutto nuovi del *Capitale* Marx li spiega a Engels in una lettera dell'8 gennaio 1868:
1. a differenza di ogni economia del passato, la quale considera come dati a priori i frammenti particolari del plusvalore con le loro forme fisse di rendita, profitto, interesse, nel mio libro viene trattata per prima cosa la forma generale del plusvalore, in cui tutto questo si trova ancora indistinto, per così dire in una solu-

---

[19] Le *Glosse* si trovano in un quaderno di estratti degli anni 1881-82, che porta il titolo di *Oekonomisches en general* (X). La traduzione si trova in Marx, *Scritti inediti di economia politica*, Editori Riuniti, Roma 1963. Probabilmente è l'ultimo suo scritto di carattere economico.

zione [cioè il plusvalore viene trattato indipendentemente dalle sue forme particolari: profitto, interesse e rendita, proprio perché lo sfruttamento gli è intrinseco];
2. a tutti gli economisti senza eccezione è sfuggita la cosa semplice che, essendo la merce un che di duplice di valore d'uso e di valore di scambio, anche il lavoro rappresentato nella merce deve avere carattere duplice [concreto e astratto, ed è proprio in quello "astratto" che si cela lo sfruttamento tipico del capitale];
3. il salario è rappresentato per la prima volta come forma fenomenica irrazionale di un rapporto che si cela dietro a questa forma (sia nel salario a tempo che in quello a cottimo)... [in quanto non può mai essere dato un salario corrispondente al lavoro, anche se formalmente il capitale pretende di farlo].

E in quella lettera Marx indicava anche una possibile soluzione per uscire da queste contraddizioni fondamentali del capitalismo: "realmente, nessuna forma sociale può impedire che, in un modo o nell'altro, sia il tempo di lavoro disponibile della società a regolare la produzione. Ma finché questa regolazione non si attua mediante il controllo diretto, consapevole, del tempo di lavoro da parte della società - il che è possibile solo con la proprietà comune -, bensì mediante il movimento dei prezzi delle merci...", le cose non cambieranno mai.

Dunque se "merce" vuol dire "scambio di equivalenti" (*merce contro denaro*), essa vuol dire anche che in questo scambio i contraenti sono entrambi *liberi, giuridicamente* e quindi *formalmente liberi*. Se Marx fosse partito dal denaro, non sarebbe stata chiara questa realtà di *schiavitù sociale* mascherata da una *libertà giuridica*.

Nel capitalismo lo scambio non serve anzitutto per mantenere la *schiavitù sociale* (*anche* per questo, benché la "schiavitù fisica o personale" sia formalmente abolita), quanto piuttosto per *accrescere il capitale*, cioè per *valorizzare il denaro*. Lo scambio, nella società borghese, non avviene perché c'è "schiavitù" (come in quella greco-romana), ma perché c'è la "libertà", una libertà fittizia, in quanto serve soltanto, in definitiva, a valorizzare il capitale investito, grazie allo sfruttamento della forza-lavoro, che dà alle merci un surplus di valore non pagato, estorto in forza della proprietà privata dei mezzi produttivi.

Sotto questo aspetto il "valore" di una merce non può stare anzitutto nel fatto d'essere "scambievole", anche se certamente una merce, essendo prodotta per essere venduta, finché non entra in un mercato ha un valore non riconosciuto (gli economisti borghesi direbbero che il suo prezzo è nullo).

Marx aveva perfettamente ragione quando sosteneva che il valore di scambio è solo "la forma fenomenica del valore", essendo la sua sostanza frutto di un'estorsione. Quando la merce entra nel mercato, gronda già di sangue e sudore - quello del lavoratore -, ed è questo il suo valore economico, che è anche e anzitutto *sociale*. Nella società borghese, una merce non è anzitutto "valore d'uso" per chi l'acquista né "valore di scambio" per chi la vende, ma è "valore", cioè *lavoro non pagato*.

Il prezzo della merce è indipendente dal suo valore, come il valore è indipendente dal modo come viene gestito, tant'è che - si potrebbe aggiungere alla tesi marxiana - nel cosiddetto "socialismo reale" il plusvalore non era estorto da capitalisti privati ma dallo *Stato sociale*, che non aveva neppure bisogno di un mercato. Anche in quel socialismo i lavoratori erano giuridicamente liberi, ma socialmente restavano schiavi di uno Stato poliziesco che li imboniva sul piano ideologico, facendo loro credere di costruire un sistema alternativo al capitalismo. Mentre cioè nei paesi capitalisti l'illusione della piena libertà è data dal potere d'acquisto della *moneta*, nei paesi socialisti autoritari era data dall'*ideologia*.

*

Il prezzo di una merce è dato da fattori più economici che *sociali* o, se si preferisce, più finanziari che *economici*. Nelle *Glosse* Marx fa l'esempio del grano: "se per un cattivo raccolto sale il prezzo del grano, sale dapprima il suo *valore*, poiché una data quantità di lavoro si è *realizzata in un prodotto minore*; poi sale ancor più il suo *prezzo di vendita*. Quanto più il grano viene *venduto* al disopra del *suo valore*, tanto più altre merci, nella forma naturale o nella forme di denaro, vengono vendute *al disotto del loro valore*, e questo anche se *non* scende il loro prezzo in denaro [questa differenza, posta da Marx, tra valore e prezzo è impossibile capirla se non si capisce la differenza tra *lavoro concreto* e *lavoro astratto*]. La *somma di valore* rimane la stessa [proprio perché esiste una media del valore data dal lavoro astratto], quand'anche fosse aumentata l'espressione in denaro di questa *somma* complessiva *di valore*".

Marx in sostanza si era annotato che se si guardano solo i *prezzi* (come in genere fanno gli economisti borghesi, che non a caso non vedono il plusvalore ma solo il profitto), non si capisce la natura dello *sfruttamento* intrinseco al capitale: al massimo si può costatare la *speculazione* (che in effetti si verifica quando una merce molto richiesta scarseggia sul mercato). E aggiunge, molto giustamente, prevedendo quasi i limiti di quello che nel secondo dopoguerra verrà chiamato dai keynesiani il *Welfare State*, con cui si doveva porre rimedio ai disastri delle guerre mondiali frutto della logica del *laissez faire*, e con cui si volle trovare un'alternativa al cosiddetto "Stato socialista di tutto il popolo", che se anche esistesse uno "Stato sociale" (espressione usata da Schäffle in *Capitalismo e socialismo*, del 1870, e attribuita erroneamente a Marx), in caso di cattivo raccolto del grano, non sarebbe assicurata sin dall'inizio sia la produzione che la distribuzione dello stesso, sottraendola agli "usurai", proprio perché la definizione di "Stato sociale" è una contraddizione in termini, in quanto nessuno Stato capitalistico è in grado di opporsi alla legge del valore (neppure se mettesse delle "tariffe sociali" sui beni di prima necessità).

Insomma mentre nella definizione di "prezzo" entrano in gioco molte componenti, in quella di "valore" la principale è una sola: lo *sfruttamento della forza-lavoro* (ovvero l'*intensità* e la *durata* di questo sfruttamento), cosa che nessun economista aveva capito prima di Marx, anche se molti avevano capito la natura dello sfruttamento del lavoro come forma di arricchimento per il capitalista.

In particolare quello che non si era capito era che nello sfruttamento il valore di una merce non può mai essere un equivalente del lavoro impiegato per produrla. La merce contiene un *plusvalore*, cioè un valore supplementare che non viene pagato, proprio perché il *salario* è stabilito *prima* della produzione, sulla base di un certo tempo del lavoro. Finché c'è salario c'è sfruttamento del lavoro. È vero che il salario si può contrattare, ma fino a un certo punto, poiché l'eccedenza di forza-lavoro (dovuta alla mancanza di proprietà privata), gioca a favore del capitalista, che può imporre un *salario minimo di sopravvivenza* (quel salario - si può aggiungere - che andrà oltre la soglia della sopravvivenza in seguito allo sfruttamento imperialistico della periferia coloniale dei paesi occidentali).

"Il capitalista - scrive Marx - appena ha pagato all'operaio l'effettivo valore della sua forza-lavoro [qui Marx vuol dire "quello stabilito per contratto"], si appropria del *plusvalore* con pieno diritto... Nel valore, non 'costituito' dal lavoro del capitalista, c'è una parte di cui egli può appropriarsi 'legalmente', cioè senza violare il diritto corrispondente allo scambio delle merci".

Per quale motivo nei rapporti schiavili del mondo greco-romano non ci poteva essere "plusvalore" nella forma borghese? Proprio perché non c'era *salario*, che presuppone l'esistenza di due persone libere sul mercato del lavoro, di cui una proprietaria e l'altra nullatenente. Là dove il lavoratore è socialmente e giuridicamente schiavo, lo schiavista non ha interessi particolari a sviluppare tecnologia e macchinari per contenere il costo del lavoro, per supplire alle rivendicazioni salariali, per intensificare lo sfruttamento senza aver bisogno di ricorrere alla coercizione fisica.

Essendo diventato il lavoratore un soggetto giuridicamente libero (e ha potuto diventarlo liberandosi prima dello schiavismo poi del servaggio feudale), il capitalista ha necessità di porre fra sé e il salariato dei mezzi macchinari per realizzare lo sfruttamento del lavoro (che in tal caso non è proprio sfruttamento della "persona" quanto piuttosto della sua "forza-lavoro"). Questo significa che il capitalismo è basato sullo *sdoppiamento* tra realtà di fatto (la non proprietà dei mezzi produttivi da parte del lavoratore) e un'astrazione formale (la libertà giuridica universalmente riconosciuta, indipendentemente dalla propria origine sociale).

Responsabile di tale dicotomia non è il capitalista in sé ma la *cultura borghese* ch'egli rappresenta, la quale, a sua volta, per come è venuta formandosi, è figlia prima della *teologia cattolica*, poi di quella *protestante*. Cosa che Marx qui non dice e che nel *Capitale* si limitò a brevissimi cenni, lasciando però capire che su questa strada si dovessero fare ancora molti studi. E se si fossero fatti (evitando che il loro sviluppo fosse patrimonio dei soli intellettuali "borghesi" come p.es. M. Weber e W. Sombart), avremmo sicuramente saputo accogliere con maggiore intelligenza questi lasciti marxiani. Soprattutto si sarebbe capita l'importanza di questa sua affermazione, che racchiude la vera alternativa al capitalismo: "Nelle comunità primitive, dove ad es. i mezzi di sussistenza vengono prodotti e ripartiti in comune tra i componenti della comunità, e il prodotto comune soddisfa direttamente i bisogni vitali di ciascun membro della comunità, di ciascun produttore - il carattere sociale del prodotto, del valore d'uso, sta nel suo carattere *comunitario*" (e non - si potrebbe aggiungere - nel fatto che diventa "valore di scambio" sul mercato).

In un'altra lettera scritta a Engels il 25 marzo 1868, Marx considerava "straordinariamente importanti" i libri di G. L. Maurer, poiché in essi trovava conferma una sua tesi secondo cui in Europa, originariamente, vi era stata una *proprietà comune, sociale*, di derivazione asiatico-indiana, e non la proprietà privata di ogni singolo coltivatore. Prima di espropriare questi contadini liberi era stato distrutto il *comunismo primitivo*. "Cose evidenti non sono esaminate neanche dalle menti più notevoli - dice Marx facendo anche autocritica - a motivo di certa cecità dovuta a pregiudizio (*judicial blindness*)". Si resta "sorpresi di trovare nelle cose più antiche le cose più recenti".

Insomma, e per concludere, quando Wagner, Rodbertus e Schäffle dicono che la merce ha un valore d'uso sociale o che esistono "beni statali" (come la salute, l'istruzione ecc.) che non possono essere qualificati come "merci", non si rendono conto che nello Stato capitalistico tutto è *mercificato*, ivi incluse le loro lezioni accademiche.

Conclusione

Marx costituisce indubbiamente uno spartiacque tra le idee a favore del capitalismo e quelle a favore del socialismo. Prescinderne significa mettersi dalla parte sbagliata.

Non meno sbagliata però è la posizione di chi fa della sua teoria un dogma. Oggi siamo tentati dal considerare tutte superate le sue analisi economiche, in quanto il cosiddetto "socialismo reale" è crollato rovinosamente. Ma anche questo atteggiamento è sbagliato.

Da quando è crollato quel tipo di socialismo, il capitalismo non ha fatto che rafforzarsi ulteriormente. Il che non vuole affatto dire che le sue contraddizioni antagonistiche siano meno acute. Semplicemente vuol dire che ad esse si deve trovare una nuova soluzione, la quale va cercata in direzione del *socialismo democratico*, che è ancora tutto da costruire. In caso contrario non sarà mai possibile uscire dalla spirale dello sfruttamento dell'uomo sull'uomo e dell'uomo sulla natura.

Il socialismo è una strada obbligata per la sopravvivenza del genere umano, con o senza i riferimenti al marxismo. In questo libro si è semplicemente cercato di dimostrare che la strada che si sceglierà dovrà tenere in grande considerazione quell'epoca che, con grande supponenza, siamo soliti chiamare "preistoria".

Se questo periodo storico ci appare troppo lontano (benché gli indiani nordamericani l'abbiano vissuto sino alla metà dell'Ottocento e ancora oggi si possano trovare delle comunità primitive in qualche luogo remoto del pianeta), possiamo sempre rifarci al Medioevo, a condizione però che si rinunci a due sue condizioni fondamentali: il *servaggio* e il *clericalismo*.

Bibliografia su Lulu

www.lulu.com/spotlight/galarico

- Cinico Engels. Oltre l'Anti-Dühring
- Amo Giovanni. Il vangelo ritrovato
- Pescatori di uomini. Le mistificazioni nel vangelo di Marco
- Contro Luca. Moralismo e opportunismo nel terzo vangelo
- Arte da amare
- Letterati italiani
- Letterati stranieri
- Pagine di letteratura
- L'impossibile Nietzsche
- In principio era il due
- Da Cartesio a Rousseau
- Le teorie economiche di Giuseppe Mazzini
- Rousseau e l'arcantropia
- Esegeti di Marx
- Maledetto capitale
- Marx economista
- Il meglio di Marx
- Io, Gorbaciov e la Cina (pubblicato dalla Diderotiana)
- Il grande Lenin
- Società ecologica e democrazia diretta
- Stato di diritto e ideologia della violenza
- Democrazia socialista e terzomondiale
- La dittatura della democrazia. Come uscire dal sistema
- Etica ed economia. Per una teoria dell'umanesimo laico
- Preve disincantato
- Che cos'è la coscienza? Pagine di diario
- Che cos'è la verità? Pagine di diario
- Scienza e Natura. Per un'apologia della materia
- Siae contro Homolaicus
- Sesso e amore
- Linguaggio e comunicazione
- Homo primitivus. Le ultime tracce di socialismo
- Psicologia generale
- La colpa originaria. Analisi della caduta
- Critica laica
- Cristianesimo medievale
- Il Trattato di Wittgenstein

- Laicismo medievale
- Le ragioni della laicità
- Diritto laico
- Ideologia della Chiesa latina
- Esegesi laica
- Per una riforma della scuola
- Interviste e Dialoghi
- L'Apocalisse di Giovanni
- Spazio e Tempo
- I miti rovesciati
- Pazìnzia e distèin in Walter Galli
- Zetesis. Dalle conoscenze e abilità alle competenze nella didattica della storia
- La rivoluzione inglese
- Cenni di storiografia
- Dialogo a distanza sui massimi sistemi
- Scoperta e conquista dell'America
- Il potere dei senzadio. Rivoluzione francese e questione religiosa
- Dante laico e cattolico
- Grido ad Manghinot. Politica e Turismo a Riccione (1859-1967)
- Ombra delle cose future. Esegesi laica delle lettere paoline
- Umano e Politico. Biografia demistificata del Cristo
- Le diatribe del Cristo. Veri e falsi problemi nei vangeli
- Ateo e sovversivo. I lati oscuri della mistificazione cristologica
- Risorto o Scomparso? Dal giudizio di fatto a quello di valore
- Cristianesimo primitivo. Dalle origini alla svolta costantiniana
- Le parabole degli operai. Il cristianesimo come socialismo a metà
- I malati dei vangeli. Saggio romanzato di psicopolitica
- Gli apostoli traditori. Sviluppi del Cristo impolitico
- Grammatica e Scrittura. Dalle astrazioni dei manuali scolastici alla scrittura creativa
- La svolta di Giotto. La nascita borghese dell'arte moderna
- Poesie: Nato vecchio; La fine; Prof e Stud; Natura; Poesie in strada; Esistenza in vita; Un amore sognato

Indice

Premessa..5
La questione del lavoro..6
    La divisione del lavoro nell'Ideologia tedesca.........................6
    Riflessioni sulla divisione del lavoro..9
    Riflessioni sul lavoro astratto...10
    Differenza tra schiavismo e lavoro salariato..........................13
    Lavoro produttivo e improduttivo...13
    Oltre il concetto di lavoro produttivo......................................17
La legge del valore...19
    Per il socialismo democratico - Proprietà e lavoro................30
Teorie sul plusvalore..32
    Marx e il capitale produttivo d'interesse................................32
    La questione del feticismo..34
    Il valore della cultura per il capitalismo finanziario.................42
    Le trasformazioni del capitale...44
    Economia e cultura..46
    Che cos'è l'emancipazione borghese?..................................54
    Conclusioni..62
Un cenno ai Grundrisse...64
    L'Introduzione di Marx...67
    Borghese e Uomo di natura..68
    Produzione e distribuzione..71
    Il metodo dell'economia politica...76
    Arte ed economia..89
    Il denaro..92
    Sulla genesi del denaro...98
    Baratto - Eccedenza - Consumo..101
    Dipendenza naturale e materiale...105
    Il denaro come capitale..112
    Dall'autoconsumo al mercato...117
Commento alle Formen..133
Critica del programma di Gotha..140
    Premessa...140
    La critica di Marx..141
Marx, Engels e il pre-capitalismo..150

    Le possibili transizioni al socialismo..166
    Valorizzare il pre-capitalismo..172
    Industria e agricoltura: integrazione o primato?......................181
Marx e il colonialismo..184
Lettera ad Annenkov..189
Glosse marginali di Marx al Manuale di economia politica di
Adolph Wagner...199
    Conclusione...204
    Bibliografia su Lulu..205